주먹을 꼭 써야 할까?
- 십대를 위한 폭력의 심리학

2011년 9월 16일 1판 1쇄
2024년 2월 29일 1판 14쇄

지은이 이남석
그린이 변기현

편집 정은숙, 서상일　**디자인** 권지연
제작 박홍기　**마케팅** 이병규, 이민정, 강효원　**홍보** 조민희
출력 블루엔　**인쇄** 코리아피앤피　**제본** 정문바인텍

펴낸이 강맑실　**펴낸곳** (주)사계절출판사　**등록** 제406-2003-034호
주소 (우)10881 경기도 파주시 회동길 252
전화 031)955-8558, 8588　**전송** 마케팅부 031)955-8595 편집부 031)955-8596
홈페이지 www.sakyejul.com　**전자우편** skj@sakyejul.com
블로그 blog.naver.com/sakyejul　**페이스북** facebook.com/sakyejul

ⓒ 이남석 2011

값은 뒤표지에 적혀 있습니다. 잘못 만든 책은 서점에서 바꾸어 드립니다.
사계절출판사는 성장의 의미를 생각합니다. 사계절출판사는 독자 여러분의 의견에 늘 귀 기울이고 있습니다.
이 책은 저작권법에 따라 보호받는 저작물이므로 무단전재와 무단복제를 금합니다.

ISBN 978-89-5828-569-4　43370
ISBN 978-89-5828-570-0　(세트)

십대를 위한
폭력의 심리학

주먹을 꼭 써야 할까?

이남석 지음

사□계절

차 례

1. **비닐 책가방** _ 7
   - 서열화의 폭력 성찰하기

2. **악동의 숙제** _ 31
   - 인정 욕구에서 벗어나 성장하기

3. **무대는 없다** _ 55
   - 사회적 가면 뒤에 있는 자기 찾기

4. **방과 후 선생** _ 81
   - 공감에 대한 희망 키우기

5. **누가 문제인가?** _ 111
   - 비폭력 대화 시도하기

6. **누가 진짜 문제인가?** _ 125
   - 방관자에서 벗어나기

7. **벼랑과 늪** _ 149
   - 작심삼일에서 벗어나기

8. **선배의 비밀 미션** _ 165
   - 폭력에 젖어 드는 심리 이해하기

9. **주먹을 꼭 써야 할까?** _ 191
   - 폭력에 젖은 사회 돌아보기
   - 건강한 역할 모델 찾기

10. **누구를 노려야 하는가?** _ 217
    - 일상의 폭력에 적절하게 반응하기
    - 웃으며 폭력을 이겨 내기

- **저자 후기** _ 247
- **참고 자료** _ 252

1
비닐 책가방

"어, 비닐 책가방!"

종훈은 그 소리가 자기를 부르는 것이라고는 꿈에도 생각지 못했다. 하교하는 어떤 아이가 종훈이 새로 선택한 아이템에 놀라 저도 모르게 낸 소리인 줄로만 알았다. 그런데 잠시 후 똑같은 소리가 들려왔다. 이번엔 좀 더 큰 목소리였다.

"어이, 비닐 책가방!"

종훈은 그제야 뒤를 돌아보았다. 어떤 남자가 신기하다는 표정으로 종훈을 쳐다보고 있었다. 중학교 3학년이 된 첫날, 아무리 학교를 대충 다니는 종훈이라고는 하지만 처음 보는 얼굴이었다.

'새로 온 선생인가? 그렇다면 더더욱 처음부터 기가 죽으면 안 되지. 내가 누군지 확실히 알게 해 줘야지. 나야, 나. 이 학교 짱, 박종훈.'

종훈은 턱을 앞으로 내밀고 일부러 부정확한 발음으로 대답했다.
"어, 왜요?"
남자는 종훈을 보고 웃으며 말했다.
"너 정말 명물이구나. 오늘 새 학기 시작하는 날인데 이게 뭐니? 목욕탕 가니?"
남자는 종훈의 가방을 툭툭 쳤다. 종훈이 든 가방은 옆으로 길쭉한 직사각형 모양의 수영복 가방이었다. 긴 끈이 달려 있어 팔에 달랑달랑 걸면 영락없이 목욕탕 가는 꼴이었다. 가방은 투명한 비닐로 되어 있어서 안이 훤히 들여다보였다. 지갑을 빼면 가방에 들어 있는 거라고는 볼펜과 샤프 한 자루씩뿐이었다. 그나마 그것도 필통에 넣지 않아 서로 부딪힐 때마다 달그락거렸다. 두 놈은 마치 제 주인이 얼마나 공부에 관심이 없는지를 온몸에 생채기를 내며 말해 주는 듯했다.
오늘 아침 종훈은 버스에서도 사람들의 시선을 한몸에 받았다. 학교에서는 말할 것도 없었다. 자신과 눈도 제대로 못 마주치고 슬슬 피하는 아이들이 뒤에서 소곤거리는 소리가 종훈의 귀에 들렸다.
"역시 짱이야."
작년 일진은 교복에다 스카우트 배지, 축제 배지, 관광지 방문 기념 배지 등을 훈장처럼 주렁주렁 달고 학교에 오는 것으로 힘을 과시했다. 그 전해의 일진은 교복을 개량 한복에 가깝게 수선하여 입는 식으로 힘을 보여 주었고, 또 그 전의 일진 선배는 다양한 형태의 머리 염색으로 학교 역사에 한 획을 그었다. 그러나 수영복 가방을 책가방으로 가져온 것은 종훈이 처음이었다.
'그래, 나도 두고두고 애들이 기억할 만한 역사가 되는 거야.'

아침에 종훈은 집을 나서며 미소를 지었다. 종훈은 이 학교에서 뭘 해도 되는 유일한 존재가 자신이라고 생각했다. 이 수영복 가방은 얼마 전 옆 동네 애들과 벌인 패싸움처럼 두고두고 전설이 되리라. 종훈은 아이들이 모두 구경하도록 급식 시간에도 비닐 책가방을 들고 돌아다녔다. 그런데 첫날부터 교사에게 밀려서 이 소중한 아이템을 포기할 수는 없는 노릇이었다.

"어라, 책이 하나도 없네! 너 오늘 수업은 대체 어떻게 들었니?"

종훈은 구부정한 자세로 눈에 한껏 힘을 주며 대답했다.

"제 스타일이에요. 전 이렇게 아주 간단하게 하고 다녀야 공부가 잘 돼요. 그렇게 생겨먹은 걸 어쩌라고······."

종훈은 일부러 말끝을 흐려 반말처럼 들리게 했다. 어른 앞이라 해도 절대 지기 싫을 때 쓰는 방법이었다.

"어쭈, 네가 무슨 무소유 스님 제자냐? 학교에 오는데 뭐가 이렇게 단출해? 적어도 책 한두 권은 들고 다녀야 할 거 아냐."

"아, 증말. 제가 다 알아서 한다니까요."

종훈은 학교에 책을 가져올 필요가 없었다. '책 셔틀'이라고 지정한 아이가 있어, 그 아이가 교과서 외에도 참고서나 문제집까지 가져온다. 그것도 종훈이 승진시켜서 그 정도다. 지난 일 년 동안 숙제를 잘해 와서 자리를 이동시켜 주었기에 망정이지, 아니면 여전히 모든 교과목 숙제를 대신 하고 있었을 것이다. 그뿐 아니라 김밥이나 빵 같은 간식을 담당하는 아이, 피시방 돈을 대 주는 아이 등도 있었다. 종훈은 여러 가지 것들을 일방적으로 받을 수 있는 구조를 만드는 것에만 신경을 쓰면 되었다. 새로 전학 온 학생이 있으면 싸움 서열 5위 정도 되는 아이를 보내서 간을 보고, 힘이 좀 센 것 같으면 직접 나서서 겁을 주면 되었다. 조직의 기강이 풀어졌다 싶으면 가끔 애들 앞에서 물건을 막 부수거나, 본보기로 누구 한 명을 지정해서 집중적으로 때리는 모습을 보여 주었다.

또 수업 시간에 선생님 질문 같은 것은 언제 폭발할지 모른다는 듯 반항심 가득한 눈으로 무게를 잡으면 대부분 해결되었다. 지금처럼 존댓말을 써도 어금니를 물고 뚝뚝 끊어서 말을 하면 더 확실하게 의사가 전달되어 상황이 종료되었다. 체벌이 없어지면서 선생님이 할 수 있는 것이라고는 기껏해야 설교 아니면 반성문 쓰기, 해도 그만 안 해도 그만인 봉사 활동 등이었다. 이런 것은 어차피 다른 아이들이 다 대신 해 주는 것이었다. 체력 단련을 위한다는 명목으로 오리걸음이나 쪼그려뛰기를 시킬 때도 있었지만, 적당히 하다가 힘들다고 막무가내로 퍼져 버리면 교사는 난감해하다 그냥 끝내고 말았다. 종훈은 학교에서 자유롭게 일진에 맞는 활동을 하는 데에만 집중하면 되었다. 학교를 그만두지 않아도 되는 수준 안에서 자신의 힘을 보여 줄 수 있는 여러 사건, 사고, 도발은 오히려 환영이었다.

하지만 지금 종훈이 하굣길에 당하고 있는 이 일은 예상치 못한 일이었다. 운동장 한가운데에서 다른 평범한 아이들처럼 불러 세워져 훈계조의 이야기를 듣고 있는 것 자체가 종훈에게는 큰 모욕이었다. 다른 아이들이 본다면 자신이 힘겹게 쌓아 온 잘나가는 일진 이미지에 흠이 갈 사건이었다. 종훈은 일부러 큰 몸짓으로 목을 옆으로 한 번 꺾고 나서는 휙 고개를 돌려 발걸음을 천천히 옮겼다. 손을 주머니에 찔러 넣고 입으로는 구시렁거리면서. 하지만 두 걸음을 채 떼기도 전에 다시 목소리가 들렸다.

"어이, 비닐 책가방. 말 다 안 끝났는데 어디 가?"

고개를 다 돌리지도 않고 헛웃음을 웃으며 종훈이 말했다.

"선생님, 제가 누군지 모르세요?"

"내가 어떻게 아니? 오늘 처음 이 학교에 왔는데. 그리고 너 교복 위에 잠바 걸쳐서 명찰도 안 보이잖아."

"어휴, 신참 선생님이시군요. 앞으로 제 이름 마이니 듣게 될 겁니다. 조급하게 굴지 마세요. 또 볼 기회가 있을 테니."

종훈은 다시 발걸음을 옮겼다. 그때 종훈의 어깨에 커다란 손이 얹혔다. 종훈은 반사적으로 몸을 빼려고 했다. 하지만 상대방 손아귀 힘이 세서 쉽지 않았다. 졸지에 명랑 만화책에 나오는 주인공처럼 팔다리만 바둥거리게 되었다. 종훈은 무엇보다 다른 아이들이 이 모습을 본다면 어떻게 생각할지 그게 걱정되었다. 종훈은 젖 먹던 힘까지 다 내서 겨우 몸을 빼냈다. 그러고 나서 상대방을 찬찬히 살펴봤다.

'이런 힘을 순간적으로 쓸 수 있다니……. 무슨 운동을 했을까?'

종훈은 교사고 뭐고 간에 선제공격을 한 뒤 그대로 맞붙을 경우까지 생각했다. 싸움을 못 하는 애들은 일진들이 무조건 이성을 잃고 싸우는 줄 안다. 하지만 그렇지 않다. 확실히 만만한 상대일 때는 마치 이성을 잃은 것처럼 짓밟는다. 그러나 처음 본 상대라면 미리 힘을 재 본다. 모범생이 어려운 수학 문제를 풀 때 공식을 조심스럽게 적용해 보는 것처럼 정신 바짝 차리고 집중해서.

그런 특성이 가장 잘 드러날 때가 전학생이 나타났을 경우다. 일단 간을 보는 것처럼 말을 툭 던지고 상대편의 반응을 본다. 상대편이 겁을 먹거나 기세가 자기보다 못해서 이길 만하다는 결론이 나면 싸운다. 대부분 으름장 수준에서 서열이 정해지지만 밟을 수 있을 때 확실히 기를 죽여야 한다. 그래야 서열이 확실해진다. 아무리 서열 2위인 아이라 해도 수시로 괴롭혀 자기보다 낮은 서열에 있음을 확인시키고, 애들이 힘을 보태 주지 않도록 하는 것도 다 머리를 써야 하는 일이다. 만약 자기보다 강할지도 모르는 상대를 만나면 애들 앞에서 일대일로 싸우지 않는다. 따로 싸워야 한다.

'서열에서 밀려나면 찌질이가 되는 거라고.'

종훈은 늘 이렇게 생각했다. 도저히 힘에 부쳐 무릎을 꿇거나 동맹을 맺는 한이 있더라도 자기가 쌓아 온 서열은 어느 정도 지킬 수 있도록 머리를 써야 한다. 아니면 전학을 가는 편이 오히려 낫다. 새로운 짱 밑에서 자기보다 서열이 낮았던 애들에게 굴욕을 당할 것이 뻔하니까. 자신이 그렇게 했던 것처럼. 이것이 중학교 생활을 통해 차근차근 서열을 올린 종훈이 터득한 것이었다. 그래서 종훈은 지금 이 상황을 해결할 방법을 찾느라 열심히 눈알을 굴렸다.

남자가 먼저 입을 열었다.

"네 이름 좀 알자! 나는 일주일에 한 번밖에 학교에 안 나오니까 지금 네 이름을 알아야겠다."

'일주일에 한 번? 그렇게 출근하는 교사도 있나? 임신했던 작년 우리 반 담임도 아기 낳을 때까지 매일 나왔는데.'

종훈이 어린아이처럼 눈을 동그랗게 뜨자 남자는 웃었다. 그리고 말투를 한껏 누그러뜨리며 말했다.

"난 방과 후 활동 교사야. 너희들 심신 단련하라고 교장 선생님이 이번 학기부터 특별히 만든 태껸반을 맡게 되었어."

종훈은 남자의 말이 끝나기도 전에 헛웃음을 쳤다.

'이거 뭐야. 정식 교사도 아니잖아. 괜히 쫄았네.'

종훈은 성큼 발걸음을 떼며 내뱉었다.
"태껸 같은 거 안 배울 거니까, 그냥 놔둬요."
"거 참, 이름 한번 알기 힘드네."
상대방이 뭐라고 하든 종훈은 뒤도 돌아보지 않고 운동장을 가로질러 갔다. 종훈의 뒤통수에 대고 방과 후 교사가 소리쳤다.
"좋아, 그럼 이렇게 부르는 수밖에 없군. 어이, 비닐 책가방 군! 내일부터 자발적으로 책가방다운 가방을 들고 다니기 바란다. 안 그러면 내가 특별 지도를 해 줄 테니까."
종훈은 발걸음을 멈췄다.
'아이들이 다 듣는 데서 저런 말을 하다니.'
종훈은 고개를 돌려 방과 후 교사를 째려봤다. 교사가 천천히 다가왔다. 아까 자신의 어깨를 짚었던 교사의 커다란 손이 종훈의 눈에 들어왔다. 종훈은 짐짓 태연한 척하면서 주변 애들에게 들리도록 목소리를 높였다.
"아유, 진짜 내가 새 학기 첫날이라 참는다."
종훈은 다시 고개를 돌리고 발걸음을 재촉했다. 그리고 한쪽 입꼬리를 올리며 희미하게 웃었다.
'일주일에 한 번 오는 방과 후 활동 교사라니 마주칠 일도 별로 없으리라. 일단 피하고 나면 내일부터는 거칠 것 없이 생활할 수 있겠지.'
하지만 그것은 착각이었다. 다음 날 1교시 수업이 이미 시작된 시간에 종훈이 버스에서 내렸다. 어슬렁어슬렁 학교 앞 인도를 발로 꾹꾹 누르며 교문으로 걸어 들어가는데, 어제 봤던 방과 후 교사가 교문 앞에 떡 버티고 서 있었다.

"인제 오냐? 어라, 또 비닐 책가방 가져왔네."

"아니, 남이야 책가방 뭘 가져오든 무슨 상관이에요? 새 나라의 일꾼이 되겠다며 열심히 공부하려고 등교하는 학생에게 격려는 못해 줄망정 아침부터 잔소리나 하고."

"어제 말했지? 또 이런 가방 가져오면 특별 지도 해 준다고."

종훈은 아무 대답도 하지 않고 그대로 교문 안으로 들어가려 했다. 그러나 어제처럼 종훈의 어깨를 잡는 손이 느껴졌다. 순간적으로 몸을 빼려 했지만 이번에도 쉽게 빠져나올 수 없었다. 종훈은 몸을 돌리면서 주먹을 뻗으려 했다. 그러나 곧바로 상대방에게 팔을 잡혔다. 다시 다른 팔을 뻗으려 했으나, 방과 후 교사가 어깨에 있던 손을 내려 종훈의 주먹을 잡았다. 어느새 종훈은 양손을 잡혀 낑낑대고 있었다. 발로 상대방 무릎을 차려 했지만 교사는 발바닥으로 여유 있게 막았다. 종훈은 분노로 얼굴이 일그러지면서 거친 욕을 퍼붓기 시작했다. 그래도 상대방의 표정에는 변화가 없었다. 아니, 방과 후 교사는 되려 빙긋이 웃고 있었다. 종훈은 더 크게 소리를 질렀다. 교문 가까운 교실에 있던 아이들 몇이 창문 밖으로 고개를 빼고 내다보았다. 종훈이 눈을 부라리자 아이들의 고개가 쑥 들어갔다.

'어떻게든 이 상황을 빨리 벗어나야 한다.'

종훈은 교사의 얼굴에 침을 뱉었다. 그러자 교사가 종훈을 잡고 바닥에 메쳤다. 종훈은 순식간에 공중에서 한 바퀴 돌아 떨어졌고, 비닐 책가방은 주인을 떠나 땅에서 굴렀다. 교사는 엎드린 종훈 위에 올라타서 무릎으로 양팔을 눌렀다. 아까보다 더 끔찍한 꼴을 아이들한테 보이게 될지도 모른다는 생각에 종훈은 더 화가 났다.

"에이, 씨······."

욕을 하려는데 교사가 손수건을 종훈의 입에 물렸다. 종훈이 뱉으려고 하자 뒤통수를 눌러 종훈은 땅바닥에 얼굴을 처박고 말았다.

"네가 반항할수록 나도 더 격하게 무력을 쓸 거다. 자, 아이들이 보는 앞에서 이러지 말고 아예 도장으로 와서 정식으로 한번 붙어 보는 게 어떠냐?"

종훈은 땅바닥에 박힌 채 얼굴을 조금 들고 고개를 끄덕였다.

"그 전에 약속을 해라. 네가 지면 한 달 동안 내가 시키는 대로 한다고. 딱 한 달 동안. 일주일에 한 가지씩 내가 내는 숙제를 하는 거다. 물론 네가 이기면 다시는 네 일에 간섭하지 않으마."

'숙제? 숙제는 무슨 숙제야.'

종훈은 팔에 힘을 주었다. 하지만 이미 상대방의 무릎에 눌려 있는 상태라 힘을 줄수록 고통이 더 심해졌다. 허리를 비틀고 다리를 움직이려 해 보았지만 도저히 상황이 달라질 것 같지 않았다. 종훈은 자신의 힘으로는 이 상황에서 벗어날 수 없다는 생각이 들었다.

'일단 황당한 이 상황을 피하고 보자.'

종훈은 교사가 말한 숙제가 뭐가 되었든 다른 애를 시키면 되니까 상관이 없다고 생각했다. 종훈은 어금니를 꽉 깨물면서 고개를 끄덕였다. 그제야 교사는 종훈을 놔 주었다. 땅바닥에서 일어나자마자 종훈은 교사를 잡아먹을 듯이 째려보았다. 교사는 바닥에 떨어진 종훈의 비닐 책가방을 주워 들고, 어깨에 메고 있던 가방 속에서 태껸 도장 약도가 그려진 전단지를 꺼냈다.

"사흘 안에 도장으로 찾아와라. 그렇지 않으면 네가 어디에 있든 다시 창피한 일을 당하게 될 거니까. 이 비닐 책가방은 내가 가져간다. 네가 도장으로 와서 직접 찾아가기 바란다. 치사하게 내가 훔쳐

갔다고 신고하지는 말고. 너 그 정도로 못난 놈은 아니지?"

종훈은 교사가 건넨 전단지를 받지 않았다. 교사는 싱긋 웃으면서 교문 틈 사이에 전단지를 끼웠다. 그리고 전단지를 가리켜 종훈이 쳐다본 것을 확인하고 나서야 자리를 떴다.

종훈은 교실로 들어가기 전에 화장실로 달려갔다. 흙을 털면서 거울을 보았다. 교복 어깨 부분이 찢어져 있었다. 누가 봐도 무슨 일을 당했다는 걸 알 수 있는 모습이었다.

'어떻게 할까?'

여러 생각이 종훈의 머리를 스쳤다. 종훈은 바지 주머니에서 휴대폰을 꺼내 전화번호를 눌렀다. 얼마 전 일진 모임에서 받은 대선배의 전화번호가 이렇게 바로 요긴하게 쓰일 줄은 몰랐다.

"무슨 문제가 있으면 언제든 연락해. 우린 이제 한가족이니까. 이 형이 잘 봐줄게."

그때 들은 말이 귓가에 남아 있었다. 종훈이 당한 일을 말하면 당장 쫓아가서 방과 후 교사를 박살 내 줄 것 같았다. 그러나 선배의 전화는 꺼져 있었다. 교실에 들어가서도 수업 내내 전화를 만지작거렸다. 부재중 전화번호가 찍혀 있을 텐데도 점심시간까지 전화가 오지 않았다. 마음이 급해져 작년 일진 선배에게 문자를 보냈다.

'형. 족보도 없는 놈에게 밟혔어요. 같이 복수하러 가 줄래요?'

괜히 자존심이 상해 씁쓸한 기분이 들었다. 초등학생 시절 종훈은 키가 작았다. 키 큰 애들은 종훈을 함부로 대했다. 그 기에 눌려 종훈도 그 애들이 시키는 대로 했다. 뭘 사 달라면 사 주고, 숙제를 해 달라고 하면 숙제도 해 주었다. 놀리면 놀림을 당할 수 밖에 없었다. 그런데 초등학교 6학년 겨울방학 직전부터 종훈은 갑자기 키가 부쩍 자랐다. 엄마는 한의원에 가서 성장탕을 해 먹인 것이 이제야 효험을 본다며 좋아했다. 병원에 갔더니 호르몬 체계가 바뀌는 것이라고 했다. 의사 선생님이 엄마 앞인데도 몽정을 했냐고 물어봐서 종훈은 당황스러웠다. 안 그래도 화장실에 가서 오줌을 눠도 시원하지 않은 이상한 뻐근함을 느끼던 터였다. 그런데 신기하게도 얼마 후에 실제로 몽정을 했다. 엄마는 보약을 더 열심히 챙겨 주었다.

"갈비씨로 키만 크면 안 돼. 체력도 좋아야 열심히 공부하지."

엄마는 종훈에게 운동을 시켰다. 종훈은 헬스클럽에서 운동을 열심히 했다. 아령이 점점 더 무거운 것으로 바뀌었다. 달리기를 하는 거리도 달라졌다. 그런 변화를 눈으로 확인하니까 더 신이 났다. 자신이 완전히 다른 존재가 되는 것 같았다.

중학교에 입학해서 2학기가 되었을 때 종훈은 더 이상 덩치 작은 아이가 아니었다. 앞에서보다는 뒤에서 키 순서를 따지는 것이 더 빠르게 되었다. 그 사이 한 번도 싸움을 하진 않았지만, 여러 초등학교 출신이 모인 중학교에서 저절로 권력 순위가 올라간 기분이었다. 초등학생 때는 종훈이 운동장에서 공을 차고 있으면 뒤늦게 온 아이들이 종훈에게 비키라고 했다. 그러나 중학교에 와서는 다른 아이들에겐 막 비키라고 해도 종훈에게는 조심스럽게 말을 건넸다.

"좀 비켜 줄래?"

몸이 커지자 같은 초등학교 출신 아이들도 태도가 변하는 것이 느껴졌다. 종훈은 그동안 당했던 것만큼 기를 펴고 살아야겠다고 다짐했다. 종훈은 집에서나 학교에서 틈틈이 운동도 계속했다. 아이들 앞에서 일부러 무거운 것을 들어 보이기도 하고, 속으로 겁이 나도 애들에게 거칠게 대하기도 했다. 초등학교 시절 종훈을 '쫑'이라고 불렀던 애들에게 진지한 표정으로 그렇게 부르지 말라고 했다. 2학년 2학기 때부터는 그나마 아이들이 종훈의 이름을 부르는 경우도 별로 없었다. 종훈이 아이들 별명을 부르는 경우가 많았고, 웬만한 애들은 종훈과 말도 제대로 섞지 않았다. 함께 어울리는 애들도 '짱', '통', '찐'이라는 말로 종훈을 불렀다.

점심시간이 끝나 갈 때쯤 작년 일진 선배에게서 전화가 왔다.

"새 학기 시작부터 병신처럼 누구에게 밟힌 거야?"

종훈은 애들이 없는 곳으로 가서 전화를 받았다. 씩씩거리면서 사정을 털어놓고, 대선배에게도 연락을 해 봤다는 말까지 했다.

"어, 그래? 야, 그 선배 학교 들어갔어."

'학교?'

종훈은 멈칫했다. 감옥에 갔다는 말이리라. 뭐든지 다 해결해 주마던 그 선배는 자신의 문제도 해결하지 못한 것이다. 일진 선배는 주변 사람이 들으라는 듯 쩌렁쩌렁한 목소리로 통화했다.

"야야. 내가 해결해 줄게. 그런데 지금은 좀 그렇다. 일단 나도 여기 일 먼저 정리해야 해서 말이야. 이 고등학교가 개판이라서 이 몸이 직접 체계적으로 교육 좀 시켜야겠더라고. 아무튼 네 문제는 이 형이 한 방에 정리해 줄 테니 믿고 기다려."

선배는 혼자서 한참 지껄이더니 전화를 끊었다. 종훈은 쩝 하고 입맛을 다셨다.

'어떻게 하면 좋을까? 당분간 다른 사람의 도움을 받기는 글렀다. 내일이라도 그 교사를 다시 보게 되면 어떻게 해야 할까?'

종훈은 자신의 최고 야심작인 비닐 책가방을 새 학기 시작하고 이틀 만에 뺏겼다는 소문이 돌기 전에 빨리 되찾아야겠다는 생각이

들었다. 같은 가방을 사 갖고 올 수는 있지만, 또다시 교문 앞에서 같은 꼴을 당할 것을 생각하니 저절로 고개가 저어졌다. 종훈은 선배가 해결해 주기 전까지 자신의 특권을 지킬 방법을 생각했다. 동맹! 그것은 패싸움을 해서도 결론이 날 것 같지 않을 때 쓰는 방법이었다. 방과 후 교사와 동맹을 맺고 책가방을 돌려받은 다음, 선배의 도움을 받아 자신을 건드리지 못하게 만들면 되는 것이었다. 종훈은 그제야 마음이 조금 편해졌다.

학교 수업이 끝나자마자 종훈은 짐짓 휘파람을 불며 약도에 그려진 대로 태껸 도장을 찾아갔다. 종훈은 태껸 도장이 있는 낡은 5층 상가 건물을 바라보며 피식 웃었다. 3층에 있는 태껸 도장의 간판은 화려한 노래방 간판과 파출부 용역 간판에 파묻혀 더욱 초라해 보였다. 종훈은 묘한 통쾌함을 느끼며 건물 안으로 들어섰다.

"아 쒸, 엘리베이터도 없잖아."

하는 수 없이 종훈은 계단으로 걸어 올라갔다. 3층까지 올라가면서 보니 모서리가 제대로인 계단이 별로 없었다. 쇠 난간도 낡고 덜그럭거렸다. 도장 시설이 어떨지 보지 않아도 짐작이 갔다. 종훈이 다니던 15층 건물 꼭대기에 있는 헬스클럽과는 비교가 되지 않을 것이 뻔했다.

'샤워 시설은커녕 꿉꿉한 땀 냄새가 가득할 거야. 수강생들도 없겠지. 모르긴 몰라도 이 건물 월세 하나는 쌀 거야.'

생각은 꼬리를 물었다. 종훈은 학교에서도 무게를 잡느라 다른 애들과 수다를 떨지 않으니 혼자 생각하는 버릇만 늘었다.

'이런 구질구질한 데에 누가 오겠어? 수강생이 없으니 돈을 메우려 방과 후 교사까지 하는 거겠지. 결국 나 같은 애 끌어들여서 재미

좀 보자는 거구만. 공부 잘하는 놈들도 학원에서 장학금 받으며 애들 몰아 주는 역할을 한다더니만, 나도 이 도장에 애들 좀 집어넣고 팔자에 없는 장학금 좀 받으려나? 흐흐흐.'

종훈은 동맹이 쉽게 맺어질 것 같은 생각이 들었다.

'내 말 한마디면 넙죽 이 도장을 찾을 애들이 수십 명은 되겠지? 실전에서 도움이 될 수 있으니 나도 배우면 좋고.'

종훈은 무협 영화의 한 장면을 떠올렸다. 스승의 필살기를 배워 천방지축 제자에서 일약 무림을 제패하게 되는 이야기 속의 주인공. 종훈의 머릿속에서 이미 방과 후 교사는 적이 아니라 잘만 이용하면 자신을 도와줄 파트너가 되었다.

이윽고 종훈은 도장에 들어섰다. 생각했던 대로 수강생은 아무도 없었다. 실내에는 매트리스가 깔려 있어 밟을 때마다 뽀드득 소리가 났다. 하지만 벽이 너무 낡았기 때문에 종훈의 귀에는 오래된 나무 마루를 밟을 때와 같은 소리로 들렸다. 시멘트 벽에 페인트칠을 새로 한 것 같기는 한데 예전 인테리어를 뜯어내고 거칠게 메운 자국이 그대로 남아 있었다. 종훈이 두리번거리고 있는데 도장 한편 사무실 안에서 사람이 나왔다.

"생각했던 것보다 일찍 왔네."

방과 후 교사는 종훈을 반겼다. 도복을 입고 있으니 분위기가 달라 보였다. 무도를 아는 스승의 풍모가 보였다. 방과 후 교사가 종훈에게 도복을 건넸다.

"입어. 대련해야지. 그러려고 온 거 아니야?"

"전 태껸을 할 줄 모르는데 이걸로 붙으면 제가 너무 불리한 거 아니에요?"

"그럼 뭐, 아침에는 네가 족보 있는 무술로 나랑 붙은 거니?"

잠시 정적이 흘렀다. 교사는 도복을 든 손을 거두며 말했다.

"대련이 아니면 왜 왔는데? 어디, 비닐 책가방 군의 이야기나 한 번 들어 볼까?"

교사는 종훈을 사무실 안으로 데리고 들어갔다. 그리고 조그만 냉장고에서 주스를 꺼내 주고는 가만히 종훈을 살펴보았다. 종훈은 뭐부터 이야기할까 생각하며 눈알을 굴렸다. 교사가 먼저 입을 열었다.

"그나저나 네 이름이 뭐지?"

"박종훈이요."

"그래. 종훈이. 나는 김우경이야."

"아, 네."

다시 대화가 끊겼다. 종훈은 주스를 아껴 마셨다. 가끔 주스라도 홀짝거려야지 그렇지 않으면 더 어색할 것 같았기 때문이다. 그러나 어느덧 주스도 바닥을 드러냈다. 종훈은 비닐 가방 이야기를 꺼내기 위해 입을 열었다.

"저기요."

"저기요가 뭐니? 내 이름은 김우경이라고 말했을 텐데."

교사가 종훈의 말을 끊으며 말했다.

"아…… 그럼 김우경 선생님이라고 부를까요? 아니면 김우경 사범님?"

"뭐, 아무렇게나 불러. 뭐가 되었든 앞의 두 글자에만 힘을 주지는 마. 마지막 님 자가 거의 안 들리게 부르는 애들이 많더라고. 그러지만 않으면 돼."

종훈은 '김우경 선생', '김우경 사범'이라고 아이들과 함께 놀리며 부르는 장면을 떠올리다 피식 웃었다.

"사범님. 제 비닐 가방 돌려주시면 안 되나요?"

"그 비닐 가방이 뭐라고. 왜 그렇게 집착하는데? 소중한 사람이 준 거야? 무슨 사연이라도 있니?"

"아뇨."

"그런데 왜 그래?"

"제 거잖아요."

"그래, 네 것이니까 돌려는 줄게. 하지만 그거 학교 책가방으로는 가지고 다니지 마. 다른 애들에게 나쁜 영향을 줄 뿐만 아니라, 공부에 집중해야 하는 학생인 너에게도 안 좋으니까."

"대체 누구를 위해 안 좋다는 거예요? 그냥 사범님 보기에 안 좋으니까 못 하게 하는 거 아니에요? 다른 애들도 모두 별별 패션 가방 다 들고 다녀요. 유치원생들처럼 모두 같은 가방을 들고 다녀야 하는 건 아니잖아요?"

"패션의 문제라 이거냐? 그럼, 다른 애들 가방에도 너처럼 책도 없고 달랑 볼펜 몇 개가 전부냐?"

"아뇨. 저는 배워도 별 소용 없는 놈이니까 그렇게 갖고 다니는 거고, 공부 잘하는 애들은 지들 배우고 싶은 만큼 갖고 다니는 거지요. 사람이 어떻게 다 똑같이 살 수 있나요? 그리고 공부 못하는 게 죄는 아니잖아요?"

"배워도 소용이 없다면 학교는 왜 다니니?"

"그러게 말입니다. 딱 그만두고 싶은데 부모님이 다니래요."

"너 정말 학교 다니고 싶지 않니?"

"네. 뭐가 재미있다고 다녀요?"

"그럼 다니지 마. 넌 네가 하고 싶은 대로 해야 직성이 풀리는 애 아니었니? 네가 원하는 비닐 가방도 들어야 하는 아이잖아. 학교도 네가 원하는 대로 자퇴해."

종훈은 움찔했다. 교사나 친척이 위협을 하려고 퇴학 운운한 경우는 많아도, 잘 모르는 사람이 자퇴를 권하는 경우는 처음이었다. 하지만 종훈은 이내 버릇처럼 목을 한번 꺾고 나서는 한쪽 입꼬리를 올리며 말했다.

"세상이 어디 자기 마음대로 되나요? 하기 싫은 것도 해야죠."
"그럼, 하기 싫어도 해야 하는 목록에 비닐 가방 포기도 넣어라."
종훈은 머리를 굴렸다.
'오늘은 싸움이 아니라 동맹을 맺으러 온 것이다.'
그렇게 생각하자 종훈은 말이 쉽게 나왔다. 마치 물건값을 흥정하듯이.
"그럼, 비닐 가방 대신 평범한 책가방에 볼펜 몇 개 넣고 다니면 만족하실 거예요?"
"아니, 내가 말장난이 아니라 뭘 원하는지 너도 잘 알잖니?"
"어차피 다 쓸데없는 일이에요. 교과서 몇 권 넣고 다니는 거 정히 원하시면, 뭐 까짓것 그렇게 해 드리지요. 대신 제 앞에 나타나서 또 귀찮게 하지 말아요. 그러면……."
"그러면 어떻게 할 건데?"
"또 그러면 제가 아는 형님들에게 연락할 것입니다. 사범님이 감당하기 힘든 조직에 있는 형님들이요."

종훈은 말 한 마디 한 마디에 힘을 주었다. 최후통첩을 하는 장군처럼. 하지만 그 분위기는 오래가지 않았다.

"다행이네. 난 또 경찰에 남학생 쫓아다니는 변태라고 신고할 줄 알았지. 그것만 아니면 됐어."

종훈은 어이가 없어 피식 웃었다.

"지금 제가 장난하는 줄 아세요? 정말 무서운 형님들이라고요."

"너는 왜 내가 장난한다고 생각하니? 네가 장난처럼 말해서 나도 그런다고 생각하는 거니?"

"저는 장난치지 않았습니다."

사범은 의자에 앉은 채 종훈의 코에 닿을 정도로 몸을 가까이 디밀더니 또박또박 이야기했다.

"그럼 나도 너만큼이나 장난치지 않았어."

사범은 몸을 다시 펴서 의자 등받이에 기댔다. 그 모습을 보면서 종훈은 한숨을 쉬었다.

"대체 왜 저한테 이러세요? 뭘 바라시는 거예요?"

"말했잖아. 비닐 가방 들고 다니지 않고 딱 한 달만 내가 시키는 대로 할 것."

"제가 왜 그래야 하지요?"

"너도 이미 잘 알고 있잖아."

"뭘요?"

"내가 너보다 더 힘이 세니까."

"아니, 그게 말이 돼요?"

"너는 친구들보다 더 힘이 세다는 이유로 맘대로 하지 않니?"

"아 놔, 황당하네. 사범님은 어른이고 저는 학생이잖아요. 힘으로 그냥 누르는 게 어디 있어요? 불법이잖아요?"

"네가 그렇게 어른과 아이 구별 잘하고 준법정신이 투철한 아이인 줄 몰랐다. 오늘 아침에 교문에서 내게 욕하는 걸로 봐서는 그런 성품이 전혀 아니던데."

종훈은 사범을 노려보았다. 하지만 자기보다 더 강렬한 사범의 눈빛에 눌려 슬그머니 고개를 숙일 수 밖에 없었다.

"나는 네가 지금 행동하는 기준 그대로 너를 대하는 것뿐이야. 그게 부당하다면 너도 네 기준을 바꾸면 돼."

"아 쒸, 복잡해. 무슨 기준이고 나발이고. 그냥 내 마음대로 할 거야."

종훈이 홱 자리를 박차고 일어났다. 그리고 재빨리 달려 나가 문을 열려고 했다. 하지만 사범이 뒤에서 종훈을 잡았다. 종훈은 앞으로 쓰러졌고, 사범은 종훈의 손을 뒤로 꺾었다. 학교에서와 마찬가지로 종훈은 사범의 품 안에서 또 버둥거렸다. 사범이 종훈의 귀에 대고 큰 소리로 말했다.

"센 척하지 마라. 그래 봤자 너만 더 다친다. 무조건 반항하지 말고 상황을 잘 봐라."

"젠장, 뭘 보라는 거야?"

"난 네가 움직일수록 어깨가 더 꺾이게 잡고 있다. 팔은 한번 빠지면 자꾸 빠지게 되지. 싸움도 제대로 못 할 정도로."

종훈은 숨이 더 거칠어졌다. 힘을 줄수록 꺾인 팔이 아파 와 종훈은 더 이상 힘을 주지도 못하고 성난 황소처럼 씩씩거렸다. 이렇게 황당한 꼴이 벌써 몇 번짼가 싶더니 눈에서 눈물이 왈칵 쏟아지기 시작했다. 눈물을 들키지 않으려고 어금니를 꽉 깨물고 고개를 바닥에 박았지만, 어깨가 들썩이는 건 어쩔 수가 없었다. 슬픔 때문인지 분노 때문인지 종훈도 몰랐다. 얼마 후 성난 황소와 같은 숨소리는 잦아들었다. 사범은 팔에 힘은 여전히 빼지 않은 채 누그러진 목소리로 종훈에게 말했다.

"종훈아, 한 달이다. 한 달 동안 일주일에 하나씩 내는 숙제를 하기만 하면 더 이상 간섭하지 않으마."

"정말 왜 저한테 이러는 거예요?"

"그건 나중에 말해 주마. 대답해라. 나하고 마주칠 때마다 이렇게 내 손에서 버둥거릴래, 아니면 한 달 동안 숙제를 할래?"

"젠장, 그게 무슨 선택이에요? 숙제할 수밖에 없게 만들어 놓고."

"아니, 선택이야. 네가 정말로 숙제하는 것이 싫다면 다른 것을 선택하는 거지. 그게 고통스럽더라도 더 싫어하는 것을 피하는 거야. 네가 공부가 아니라 일진 생활을 선택한 것처럼."

"선택은 무슨 선택. 그냥 흘러오다 보니 이렇게 된 거라면요? 재수 없는 선생들에게 반항하고 저를 공격하는 애들에게 지지 않으려고 그런 것이라면요?"

"그것도 네 선택이다. 반항과 싸움도 네 선택이야. 순종을 선택한 아이들도 있어."

"저는 다시는 그런 찌질이가 되기 싫어요."

"자, 지금 내 밑에 깔려 있는 아이는 어떤 모습이지?"

이 말을 듣자 종훈은 자기도 모르게 욕이 나왔다. 특별히 화가 나지 않아도 거친 욕을 써 버릇하던 종훈이지만, 얼마나 화가 났는지 평소에 생각지도 못한 욕이 거침없이 입에서 튀어나왔다.

"요놈, 말하는 본새가 고약한 입부터 깨끗하게 씻어 줘야겠구나."

사범은 욕을 듣고도 이상하게 화를 내지 않았다. 그게 종훈을 더 화나게 만들었다. 아무리 욕을 해도 상황 해결에 도움이 되지 못했다. 목이 쉬도록 소리를 질러 대느라 입이 바짝 말랐다. 욕을 더 하려고 해도 이제 헛구역질이 나왔다. 몸을 새우처럼 구부려 구역질을 했다. 꺽꺽! 구역질은 좀처럼 멈추지 않았다. 그제야 사범은 종훈을 놔주었다.

사범이 냉장고에서 생수병을 꺼내 건넸다. 종훈이 받지 않자 탁자에 생수병을 놓고 문을 닫고 나갔다. 종훈은 억지로 입을 다시며 침을 넘기려 했다. 하지만 침이 나오지 않았다. 이번에는 헛구역질과 딸꾹질이 번갈아 나왔다. 하는 수 없이 종훈은 생수병을 따서 물을 한 모금 입에 넣었다. 목구멍으로 넘기기 전에 물을 잠시 입에 머금고 있었다. 뱉고 싶었지만 속에서 올라오는 딸꾹질 기운 때문에 서둘러 넘겼다.

종훈은 바닥에 그대로 앉아 사무실을 둘러보았다. 성질대로라면 사무실을 다 부숴 버리고 싶었다. 종훈은 주먹에 힘을 주었다. 그러나 그렇게 했을 때 뒷일이 걱정되었다.

'대체 이 인간이 내게 왜 이러지? 어디서 튀어나온 인간이야?'

종훈은 계속 이런 생각만 했다. 그러다가 문득 그것을 알아보고 싶다는 생각이 들었다.

"월요일에 숙제를 내줄 테니 수업 끝나자마자 여기로 와라. 한 달이야, 한 달."

사범이 문밖에서 외쳤다.

"숙제 못했다고 더 연장하고 그럴 거잖아요."

종훈이 문밖에다 대고 소리쳤다.

"아냐, 성의 있게 해 오기만 하면 인정해 줄게. 잘했든 못했든."

"그걸 어떻게 믿어요?"

"네 말대로라면 네게 선택할 여지가 없잖아? 사실은 진심으로 믿거나 믿지 않고 억지로 따라오는 것 중에서 선택하는 거지만."

종훈은 사범의 말을 듣고 잠시 생각했다. 그리고 입을 열었다.

"좋아요. 그럼 한 달 지나면 딱 제 인생에서 사라지는 거예요."

"그럼 당연하지."

"두말하기 없기입니다."

"너야말로 다른 비닐 가방 사서 갖고 다니거나 월요일에 오지 않기 없기다!"

"남자가 한번 하기로 했으면 하는 거죠. 안 하려면 아예 안 하든가."

"좋아. 그럼 약속한 거다."

사범은 그제야 문을 열었다. 종훈은 사범의 얼굴을 쳐다보지도 않고 휙 밖으로 나와 버렸다.

집에 돌아온 후에도 종훈은 내내 사범이 왜 자기한테 이러는지, 숙제는 무엇일지, 정말 약속을 지키기는 할지 여러 생각이 뒤엉켜 머릿속이 복잡했다. 그 바람에 잠도 제대로 자지 못했다. 결국 다음 날 아침 종훈은 느지막이 일어나 학교로 갔다. 사범이 또 교문에 있는 것은 아닐까 은근히 걱정이 되었다. 하지만 교실에 이를 때까지 사범은커녕 개미 새끼 한 마리 보이지 않았다. 이상하게 서운했다. 종훈은 어기적어기적 교실 안으로 들어섰다. 아이들의 시선이 느껴지자마자 종훈은 눈알을 부라리며 소리쳤다.

"뭘 봐!"

서열화의 폭력 성찰하기

학교에서 이른바 '문제 학생'이라고 불리는 청소년들은 단지 성격이 좋지 않아서 일진이 되는 것이 아니다. 그들은 자신이 일진이 될 수밖에 없었던 이유가 있다고 여긴다. 오히려 자부심을 갖기도 한다. 심지어 주어진 상황에서 나름대로 열심히 산다는 생각으로 일진을 하고 있으며, 탁월한 성취처럼 자랑하고 싶어 한다. 그래서 자신의 특권이라 생각되는 것은 어떻게든 누리고자 한다. 이 소설에서 종훈이 비닐 가방에 집착하는 것처럼. 그러나 학생 본분에 맞는 생활에는 마음이 없다. 그런 행동 특성을 보이는 이유는 오직 비공식 영역의 서열을 중시하고 다른 가치는 무시하기 때문이다.

그들의 마음속 깊이 자리한 서열은 사실 한국의 모든 청소년이 겪어야 하는 학교생활을 그대로 모방한 것이다. 공식 영역의 '공부'가 아니라 비공식 영역의 '폭력'이라는 차이가 있을 뿐, 청소년들은 수직적 가치관인 서열을 강요받는다. 공부 영역에서는 글로벌 우수 인재로 손꼽히는 최우등생을 정점으로 등수에 따라 우등생, 열등생이 서열화되어 있다. 비공식 영역에서도 짱, 귀족, 평민, 찐따, 종 따위로 서열화되어 있어 역시 같은 구조다.

더 큰 문제는 청소년은 물론이고 대부분의 사람들이 이런 폭력적 구조를 그대로 놓아두고, 자신만 또는 자신의 자녀만 서열의 꼭대기를 차지하면 된다는 생각을 갖고 있다는 것이다. 이런 생각은 폭력적인 사고와 행동을 부추길 뿐이다. 문제를 해결하기 위해서는 우선 우리 사회의 폭력적인 서열화에 대한 통찰이 이루어져야 한다.

서열처럼 수직적 가치관이 지배하는 사회에서는 다른 가치도 함께 인정하는 생활 환경이 조성되어 있지 않기 마련이다. 돈이나 특정 종교, 직업 등을 정점에 올려 놓고 거기에 미치지 못하는 사람을 업신여긴다면 그것도 폭력이다. 학교에서는 성적이라는 가치 하나로 모든 것을 평가하는 태도가 일반적이다. 이는 또다른 폭력이다. 청소년들은 이와 같은 서열화를 그대로 모방해 자신들의 비공식적인 질서를 만든다. 이를 극복하기 위해 다양한 가치를 함께 인정하는 풍토를 만들 필요가 있는 것이다.

2 악동의 숙제

 생각한 것은 뭐든지 당장 해야 직성이 풀리는 종훈에게 다음 주 월요일까지 기다리는 일은 옷 안에 벌레가 기어다니는데도 그냥 놔두는 것과 같은 느낌이었다. 중간에 도장으로 찾아가서 다시 협상을 해 볼까 하는 생각도 들었다. 하지만 그런다고 사범이 쉽게 결정을 바꿀 것 같진 않았다.
 '차라리 숙제에 대해서 물어볼까? 아니야. 그러면 숙제하고 싶어 안달이 난 것처럼 보일 수 있어.'
 종훈은 사범이 자신을 어떻게 볼지 생각했다. 그러고는 자신은 억지로 숙제를 하게 된 아이라는 역할에 충실해야 하는 의무라도 있는 듯 선을 그었다.
 드디어 월요일이 되었다. 종훈은 며칠 동안 도장에 들어갈 때 어떻게 말할지, 어떤 자세를 취할지 머릿속으로 연습했다. 종훈은 심호흡을 한 다음 사무실 문을 벌컥 열었다. 하지만 컴퓨터 모니터를 보던 사범은 종훈의 얼굴을 한번 쓱 쳐다보고는 무덤덤하게 자리에 앉으라고 말했다. 종훈은 속이 부글부글 끓어올랐다. 종훈은 최대한 천천히 의자로 걸어가서, 최대한 큰 소리를 내며 털썩 자리에 앉았다. 그러거나 말거나 사범은 아랑곳없이 얼굴을 모니터에 박고 있었다.

'대체 숙제는 언제 내줄 거야?'

종훈은 속으로 투덜거렸다.

"쯧쯧, 기사들이 한결같네."

사범은 손바닥으로 책상을 쳤다. 그리고 한숨을 내쉬었다. 무엇 때문에 저러나 싶어 종훈은 고개를 빼고 모니터를 쳐다보려고 했다. 사범은 종훈에게 가까이 오라고 손짓을 했다.

사범은 유튜브에서 동영상을 하나 보여 주었다. 몸집이 작은 학생이 덩치가 큰 학생을 벽으로 몰아 세웠다. 그리고 뭐라고 말을 하며 멱살을 잡더니 바로 주먹을 날렸다. 종훈은 자신도 모르게 손에 힘이 들어갔다. 얼굴을 맞은 덩치 큰 학생은 덤덤하게 서 있었다. 하지만 작은 학생이 두 번째 주먹을 날리자 태도를 바꿔 팔을 올려 막으려 했다. 그러자 작은 학생은 권투를 하듯 스텝을 밟으면서 상대방의 배를 때리기 시작했다. 다음 순간 얻어맞던 덩치 큰 학생이 때리던 학생을 끌어안았다. 그러고는 그 학생을 번쩍 들어 올렸다가 바닥으로 던졌다.

"오케이!"

종훈은 주먹을 불끈 쥐며 소리쳤다. 마치 컴퓨터 게임을 할 때처럼. 아니, 애들끼리 싸움을 시켜 놓고 게임을 하듯이 지켜봤을 때와 같이. 동영상은 계속되었다. 작은 학생의 발목이 화단에 부딪히며 다친 것 같았다. 종훈의 눈에는 깐족거리던 작은 학생이 간신히 일어나 절뚝거리며 달아나는 모습이 통쾌하게만 보였다.

동영상을 다 보고 나서 사범은 종훈에게 느낌을 물었다.

"뭐, 애들끼리 싸운 것 찍어서 올린 동영상이네요. 이런 거 유튜브에 많아요. 블로그에도 많고. 새삼스러울 것도 없네요."

"그래? 그게 다니?"

"뭐, 말할 거야 많지요. 애초에 덩치가 작은 놈이 뭘 믿고 큰 놈에게 덤볐는지 모르겠네요. 덩치가 차이 나면 가까이 맞붙어 싸우는 것보다 상대적으로 빠른 스피드를 이용해서 치고 빠져야 하는데……."

사범은 종훈이 말하는 동안 인터넷 신문 사이트에 접속했다. 그리고 기사를 클릭하고 종훈에게 보라고 손짓했다. 자연스럽게 종훈의 말은 끊겼다. 기사의 내용은 대략 다음과 같았다.

화제의 동영상 주인공은 호주 시드니 북서부 세인트 메리 노스 지역 치플리 고교에 다니는 케이시 헤인스다. 열여섯 살인 그는 뚱뚱한 체격과 소극적 성격으로 학교에서 왕따로 괴롭힘을 당해 왔다. 그러나 자신을 공격한 열세 살짜리 리처드 게일에게 반격을 해 전 세계 네티즌 사이에서 일약 '영웅'으로 떠올랐다.

기사를 읽으며 종훈은 자신의 과거를 떠올렸다. 헤인스와 같이 왕따를 당한 적도 있었다. 하지만 멋지게 복수를 하며 현재의 위치까지 올라왔다. 만약 자신의 무용담을 찍은 동영상이 있다면 자신이야말로 네티즌 사이에서 영웅으로 떠올랐을 것이라는 생각이 들었다.

'헤인스는 자기보다 어린 아이와 상대했지만 나는 동급생과 싸웠

으니 더 멋져 보일 것 아닌가.'

종훈이 기사를 다 읽자 사범은 다른 신문사의 기사를 클릭했다. 내용은 별 차이가 없었다. 헤인스가 왕따로서 받은 고통에 대한 글이 더 많이 나와 있었다. 헤인스가 호주 텔레비전의 한 시사 프로그램에 출연해서 "왕따가 너무 심해 자살을 생각할 정도였다."고 고백한 내용도 나와 있었다. 아이들은 헤인스의 뒤통수를 때리며 뚱뚱하다고 놀렸고, 심지어는 테이프로 기둥에 묶어 놓기도 했다. 동영상이 찍힌 날도 마찬가지였다. 헤인스는 당시 수업 시간표를 가지러 가던 중이었다. 그런데 게일과 그의 친구들이 헤인스를 둘러싸며 벽으로 몰아 세웠다. 그리고 게일은 여유 있게 달려들어 헤인스의 얼굴에 주먹을 날렸던 것이다.

"덩치도 작고 나이까지 어린 동생들한테 맞고 다닐 정도로 왕따라니. 얼마나 칠칠치 못했으면……. 그래도 잘되었네요. 멋지게 복수를 해 줬으니."

"너 정말 그렇게 생각하니?"

"그럼요. 당연하지요. 그럼 헤인스가 계속 왕따를 당했어야 했나요? 비겁하게 선생님에게 고자질이나 하면서? 모름지기 애들 사이에 일어나는 문제는 이렇게 자신의 힘으로 해내는 게 가장 좋아요. 어른이 끼면 더 이상해지고, 무엇보다도 왕따에게 더 안 좋아요. 더 심하게 대한다니까요."

"집단 괴롭힘은 괴롭힘을 당하는 애가 아니라 괴롭히는 애가 문제잖아."

"집단 괴롭힘? 아, 왕따 말이군요. 거 봐요. 어른들은 정작 문제는 해결하지 못하면서 쓸데없이 말만 어렵게 바꾼다니까요. 아무튼.

괴롭히는 애가 문제라고 해서 어른들이 내놓은 해결책이 성공한 게 있나요? 정말로 왕따 없는 학교가 있다는 말은 들어 본 적이 없거든요?"

종훈은 씹어뱉듯이 말했다. 계속해서 기사를 읽던 종훈이 입을 쩍 벌렸다.

"아 놔. 꼭 이렇다니깐, 어른들은."

종훈은 헤인스와 게일 모두 정학 처분을 받았다는 내용을 손가락으로 가리키며 말했다.

"끄떡하면 쌍방 책임이래. 뭘 모르면 자세히 알아보는 게 아니라 무조건 관계된 애들을 처벌하고 본다니까. 그리고 나서는 문제를 해결했대. 그건 처벌을 한 거지, 문제의 원인을 파악해서 해결한 게 아니잖아요? 교장과 교감은 사건이 났다 하면 밖으로 새어 나갈까 봐 쉬쉬 하면서, 뭔가 조치를 취하고 있다는 모습을 보이려고 서둘러서 이렇게 해 버린다니까. 정말로 문제를 해결하는 데는 관심들이 없어요. 그러니 애들한테 물어보면 다들 아무 문제 없다고 말하죠. 괜히 문제 있다고 했다가 해결도 못 하면서 귀찮게 오라 가라 하고 설문 쓰게 하고 그러니까."

"문제 해결? 오호라. 제법 많이 고민한 것 같은데. 네 생각에는 어떻게 해야 하는데?"

"애들끼리 잘 지내기 위해서 애들이 만든 법도 있어요. 어른들이 그런 것을 존중해야지요. 왕따인 애는 그럴 만한 행동을 해서 그런 경우도 있고, 헤인스처럼 이게 아니다 싶으면 반격할 수도 있어요. 아이들의 법칙이 무엇인지 먼저 살펴야 해요. 이런 거 다 자세히 알아보고 처벌도 가려서 해야지요. 무조건 쌍방 책임으로 처벌만 할게 아니라니까요. 왕따인 애가 그럴 만한 행동을 했으면 때린 애들이라도 좀 눈감아 주고, 왕따를 시킨 애들이 좀 심해서 왕따가 반격했다 싶으면 그에 맞는 판결을 내려야죠."

"구체적으로 어떻게?"

"헤인스는 잘했다고 상을 주고 게일이란 놈만 정학을 줬어 봐요. 그야말로 정의 구현이 따로 없고 조오찮아요. 왕따인 애들도 용기를 갖고 뭘 해야 하는지 똑똑히 알게 되었을 거 아니에요. 모든 학교 왕따가 헤인스처럼 한 방에 멋진 반격을 하면 어떤 애를 왕따시키겠어요? 아, 그리고 보니까 왕따들에게 태껸을 가르치는 것도 방법이겠네. 확실한 기술 배워서 복수하라고."

말이 끝나기가 무섭게 사범은 종훈의 어깨를 잡았다. 그리고 급소를 눌렀다.

"이렇게 말이지?"

종훈은 비명을 질렀다.

"아아, 잘못했어요."

"벌써 포기하는 거니? 네 말대로라면 이 방법이 가장 좋잖아. 힘에는 힘, 폭력에는 폭력. 왕따시킨 애는 목이 부러지든 말든 바닥에 집어 던져서 복수하고 말이야. 자, 힘 좀 써 봐."

"에이, 진짜."

종훈은 주먹에 힘을 모으려 했지만 이미 어깨 급소가 눌려 그쪽 근육만 긴장을 하고 있는 터라 힘이 주어지지 않았다. 버둥거리는 것도 포기했다. 그러자 사범은 바로 어깨를 놔주며 말했다.

"장난은 이만 하고, 숙제를 내야겠군."

종훈은 얼굴을 찡그렸다.

'이게 장난이었다고?'

종훈은 사범을 슬쩍 째려보았다. 그러고는 꼭 멋지게 복수를 해야겠다고 다짐했다.

'그래, 나중에 보자. 누가 웃게 되는지. 제대로 준비해서 당신과 붙을 때는 애들 시켜서 동영상도 찍게 할 거야.'

종훈은 머릿속에서 이미 동영상을 찍고 있었다. 생각만 해도 통쾌한 장면들이 스쳐 지나갔다. 사무실 바닥을 기어다니는 사범의 모습, 양쪽 어깨를 잡혀 꿈쩍도 하지 못하는 모습 등 일주일 사이에 종훈이 당했던 일에서 역할만 바뀐 장면들이었다.

"뭘 그렇게 히죽거려? 숙제하는 게 그렇게 좋아?"

"아니 그게 아니라……."

"자식 싱겁기는. 숙제는 왜 아이들이 폭력 동영상을 인터넷에 올리는지 이유를 생각하되 최소한 한 페이지 이상으로 정리해서 써 오는 거야. 그냥 한 줄로 '다른 애들에게 자랑하기 위해서.'라는 식으로 써 오면 안 된다."

"네?"

종훈은 속마음을 들킨 것처럼 깜짝 놀라 자기도 모르게 반문했다. 사범은 짧게 웃고 나서 말을 이었다.

"그리고 생각을 쓸 때는 인터넷 정보나 책을 찾아서 네 생각의 근거를 꼭 밝혀야 한다. 그냥 대충 머릿속에 떠오르는 생각을 써 오면 안 돼. 그 근거가 있어야 해. 양심에 맡기겠지만 절대 다른 애에게 시키면 안 된다. 네가 썼는지 안 썼는지는 딱 보면 아니까."

"어, 이게 뭐예요? 논술 숙제도 아니고."

"논술 숙제 내면 안 돼?"

"태껸 사범님이 무슨 논술 숙제예요? 어울리지 않게."

"학생이 무슨 싸움질이냐? 어울리지 않게."

"그거랑 이거랑은 다르지요. 다 그럴 만하니까 싸움도 하는 거예요."

"맞아. 이 숙제도 다 낼 만하니까 내는 거야."

"정말 말도 안 되게 우기는 데는……"

"뭐가 말이 안 돼?"

"뭐, 사범님답게 필살기 같은 건 안 가르쳐 주나요?"

"필살기?"

"네. 그냥 한 방에 상대방을 골로 보내는 거. 이런 논술 문제 같은 거 말고."

"보내기는 뭘 보내? 무술이 무슨 택배냐?"

종훈은 입을 삐죽거렸다.

"그리고 기본기도 안 되어 있는 놈이 무슨 필살기 타령이야."

"그럼 우선 기본기라도요. 운동 신경 장난 아니라서 금방 배운다고요."

종훈은 잽을 내지르며 권투하는 시늉을 했다.

"그런지 안 그런지는 일단 숙제해 온 다음에 보도록 하자."

"숙제 해 오면 필살기 가르쳐 주시는 거지요?"

사범은 잠시 생각하다가 고개를 끄덕였다.

"그러지 뭐. 그런데 넌 태껸이 뭐 하는 것인지 알고나 있니? 방금 네가 한 것은 권투잖아."

"그건 제가 타고난 파이터라서 뭐 몸에 배어 있는 동작이다 보니 자동으로 나온 것이고요, 태껸은 텔레비전에서 본 적 있는데 취권처럼 흐느적대면서 싸우는 것 아닌가요? 발만이 아니라 손도 쓰고, 잔기술도 많고 좋은 거 같아요. 사범님이 저한테 쓰는 것처럼 쓸 수만 있다면……."

"있다면 뭐? 오호라, 이제 보니 내 기술을 배워서 더 이상 당하지 않으려고 그러는 거구나."

속마음을 들킨 것 같아 종훈은 얼굴이 붉어졌다. 서둘러 대답을 하려다 보니 말까지 더듬게 되었다.

"아, 아니, 꼬, 꼭 그런 것은 아니고요."

"좋아. 숙제 열심히 해 오면 싸움을 한 방에 끝낼 수 있는 기술 하나씩 가르쳐 주기로 하지."

티를 안 내려 했지만 종훈의 얼굴이 환하게 펴졌다. 한 달 뒤에는 사범과도 이별이고, 자신을 꼼짝 못하게 했던 필살기도 배워서 나갈 수 있으리라. 마지막에 그 기술을 총동원해 사범을 손봐 줄지 말지는 사범이 내게 하는 거 봐서 결정하리라.

집으로 돌아오는 길에 종훈은 온통 숙제 생각만 했다. 아니, 이 숙제를 한 방에 해결할 수 있는 아이들의 얼굴을 떠올렸다. 그리고 최고 적임자를 마음속으로 정했다. 이제 그 아이에게 시키기만 하면 숙제는 끝이다. 흐흐흐. 종훈은 소리내어 웃었다. 머릿속에서 아이를 어떻게 협박해서 숙제를 하게 할지 생각했다. 문제가 있었다. 이 숙제를 해야 하는 이유를 말할 수 없었다. 그냥 알아보고 싶다고 둘러대는 것도 평소 종훈의 스타일이 아니라 이상해 보일 것이다. 하긴 학교에서 숙제로 내지 않는 것을 부탁한다는 것 자체가 이상했다. 숙제를 표나지 않게 시키는 방법을 계속 생각했지만 머리만 복잡해졌다. 차라리 숙제를 직접 하는 게 더 간단할 것 같았다.

"내가 차라리 학교 공부를 하고 말지. 팔자에도 없는 이런 숙제는 뭐람."

집에 돌아온 종훈은 투덜거리며 컴퓨터를 켰다. '폭력 동영상 올리는 이유'라는 말로 검색했다. 성폭력, 청소년 집단 폭행, 사이버 폭력 등 다양한 내용의 글들이 검색 결과로 나왔다. 하나씩 클릭해서 내용을 보았다. 폭력 동영상의 한 장면을 자극적으로 떼어 놓은 기사, 복잡한 학문 용어로 사건을 설명한 글 등 종류가 다양했다. 하지만 정작 폭력 동영상을 올리는 이유를 찾는 것은 힘들었다. 종훈은 포털 사이트의 지식 거래 게시판을 찾아 검색을 계속했다. 하지만 사범이 좋아할 만한 내용은 보이지 않았다. 아니, 자신이 보기에도 뻔한 말들이어서 마음에 들지 않았다. 종훈은 아예 점수를 빵빵하게 걸어 놓고 질문을 남겼다.

'사람들이 폭력 동영상을 올리는 이유는 무엇인가요?'

질문을 올려놓긴 했지만 다른 질문에 대한 답을 보건대 별로 기대하지 않는 것이 좋겠다는 생각이 들었다. 아무래도 내일 공부 잘하는 애한테 물어봐야 답을 얻을 수 있을 것 같았다. 컴퓨터를 끄고 침대에 벌렁 누워 천장을 쳐다보았다. 그렇지만 내일까지 기다리자니 답답했다. 전화기를 집어 들었다. 연락처 메뉴로 들어가 '책 셔틀'이라고 저장된 번호를 눌렀다. 하필 전화기가 꺼져 있었다. 문자를 남겼다.

야, 전화해.

다른 연락처를 찾아보았지만 전화를 걸고 싶은 데가 그다지 없었다. 친구로 분류된 아이들이 별로 없었다. 가나다순으로 연락처를 정렬해 보았다. 마찬가지로 전화를 할 만한 연락처가 나오지 않았다. 누군가 찾을 필요가 있으면 다른 애를 시켜 연락을 했기 때문에 번호를 저장하지 않은 것이 후회되었다.

　연락처를 계속 검색하던 종훈은 '빡코'라고 표시된 연락처를 보았다. 1학년 때 같은 반이었다가 3학년 올라오면서 다시 한 반이 된 아이였다. 1학년 때는 친했다. 처음에는 덩치가 비슷해서 옆자리에 앉아 공부도 함께 했다. 성도 같은 박씨였는데 굳이 촌수를 따지면 종훈의 삼촌뻘이었으나 아옹다옹 장난치며 지냈다. 무엇보다도 종훈이 싸움을 하면 걱정해 주던 친구였다. 하지만 종훈이 2학년 때부터 공부에 관심을 잃고 주먹 서열에 더 신경을 쓰게 되면서 함께하는 시간이 줄어들게 되었다. 그러다 3학년 때 다시 같은 반이 되었는데 왠지 둘 사이에 벽이 생긴 것 같아 불편했다. 종훈은 끝내 그 번호를 누르지 못했다. 그 애와 친한 척하면 서열이 꼬일지도 모른다는 생각이 떠올랐다. 종훈은 '빡코'의 전화번호를 지워버렸다.

　휴대폰을 바꾸면서 딸려 들어온 다른 예전 전화번호도 지워 나갔다. 괜히 볼 때마다 자신이 많이 변한 것만 같은 기분이 들게 할 여지가 있는 사람의 이름은 모두 지웠다. 일진으로서 자신의 이미지에 충실한 사람만 남겼다. 연락처를 지울 때는 좀 울적했지만, 다 지우고 나서 다시 훑어보니 불순물을 없앤 것처럼 말끔한 기분도 들었다. 그때 '책 셔틀'에게서 전화가 왔다.

　"야, 왜 전화를 꺼 놓고 그래?"

　상대방은 한껏 기죽은 목소리로 대답했다.

　"학원 수업 중이어서 꺼 놨어. 그래도 지금 확인하자마자 전화하는 건데?"

"됐고. 야, 폭력 동영상이 왜 인터넷에 많이 올라온다고 생각하냐?"

전화가 갑자기 뚝 끊긴 듯 아무 소리가 들리지 않았다.

"야, 폭력 동영상이 왜 인터넷에 올라오는 것 같으냐고 물었잖아?"

또 한참 소리가 안 들렸다. 그러다가 떨리는 목소리가 전화선을 타고 들렸다.

"잘못했어. 내가 더 잘할게."

종훈은 순간 상대방이 뭐라고 하는지 잘 못 알아들었다.

"야, 폭력 동영상이 왜 인터넷에 올라오는지 알고 있냐고 물었잖아? 너 죽고 싶냐? 왜 대답을 안 하고 엉뚱한 소리를 해?"

"내가 기분 나쁘게 한 것 있다면 정말 잘못했어. 내가 더 잘할게."

"김한석, 야, 너 지금 장난하냐?"

"장난은 무슨. 난 네가 말한 대로 책 다 챙긴 것 같은데. 그래도 네 마음에 안 드는 점 있다면 말해 줘. 꼭 고칠게."

일명 '책 셔틀'인 한석은 자신이 잘못한 것이 있어 종훈이 자신을 때리는 동영상을 찍어 올리겠다고 위협하는 줄로만 생각했던 것이다. 마치 때리기 전에 "왜 싸가지 없는 놈들은 맞아야 하는지 알고 있냐?"고 시비를 거는 것처럼.

종훈은 기가 차서 말이 나오지 않았다. 잔뜩 겁먹은 아이에게 상황을 설명을 해 봤자 우스운 일만 계속될 것 같았다.

"야, 됐다. 끊어. 내일 책이나 잘 챙겨."

종훈은 전화를 끊고 나니 참 어이없었다.

'숙제 내용을 듣고 자신을 위협하는 말로 이해하다니. 사내자식이 겁은 많아서…….'

헛웃음이 절로 나왔다. 공부 잘하는 애 전화번호를 얻어내 연락한다고 해도 비슷한 일이 벌어질지 모를 일이었다. 어쩌면 내일 직접 만나서 말을 해도 겁을 집어먹은 녀석이 쓸데없는 말만 되풀이할 수도 있을 거라 생각하니 기가 막혔다.

종훈은 일단 스스로 답을 찾아야겠다고 생각했다. 더구나 사범은 종훈이 스스로 숙제를 했는지 아닌지 알 수 있다고 했으니 차라리 잘되었다고 생각했다. 종훈은 자신을 무시하는 사범의 코를 납작하게 해 주고 싶었다. 온전히 자신의 힘으로 그렇게 할 수 있다면 더 기분 좋을 것 같았다.

종훈은 입을 앙다물고 컴퓨터를 켜서 다시 검색했다. 사범이 말했던 것처럼 남의 주목을 끌고 잘난 체하기 위해 동영상을 올린다는 내용이 나왔다. 하지만 이렇게 단순하게 한 줄로 쓰면 안 된다고 했던 사범의 말이 생각났다. '잘난 체하고 싶은 이유'라고 검색했다. 연예인의 자기 자랑은 더 튀어 보여서 인기를 끌기 위한 것이라는 식의 단편적인 이야기가 나왔다. 계속 클릭하며 정보를 찾았다. 그중에는 다음과 같은 제법 진지한 정보도 있었다.

사람과 사람의 관계에 있어 최고의 욕구는 '인정받고 싶은 욕구'다. 사람은 기본적으로 사회적 동물이다. 다른 사람에게 인정을 받음으로써 자신의 가치를 확인하여 안정감을 누리고 싶어 한다. 그래서 사람들에게 인정받을 수만 있다면 어떤 일이든 잘해 내려 한다. 그리고 그것을 다른 사람이 잘 알 수 있도록 기회가 될 때마다 잘 꾸며서 이야기한다.

아이가 부모의 칭찬을 듣기 위해 심부름을 하고 공부를 열심히 하는 것도 자신의 인생에 대한 진지한 설계에서 나온 행동이라기보다는 인정과 관심을 받고 싶어 하는 욕구 때문이다. 상대방이 나를 인정하는 모습을 보고 자신에 대한 긍정적인 생각을 키워 나가면서 자신이 몰랐던 존재 가치를 발견하기도 한다.

그러나 능력과 상황이 여의치 않다 싶으면, 반대로 반항을 해서 상대방이 자신의 존재를 어떻게든 인정할 수밖에 없게 만들기도 한다. 반항을 하면 상대방이 혼을 내거나 다른 사람에게 도움을 구하려 알리는 등 어떻게든 문제를 일으킨 당사자에게 주의를 기울이게 된다. 바로 이 점을 노리고 청소년도 반항을 하는 것이다.

청소년 반항이 나오는 부분에서 종훈은 더 천천히 글을 읽었다. 책을 많이 읽지 않아 긴 글은 일단 보기가 싫었다. 쓱 훑어봐서는 도무지 무슨 의미인지 알 수 없었기 때문이다. 그래서 잘 모른다 싶을 때는 자기도 모르게 천천히 읽게 되었다.

유치원 때는 부모가 일일이 챙겨 주는 것에서 사랑을 확인하고 자신의 존재 가치를 확인한다. 하지만 초등학교 시기를 거치면서 부모가 그렇게 챙겨 주는 것을 간섭이라 여기며 벗어나려고 한다. 그러면서도 아직 독립할 마음의 준비는 되어 있지 않기 때문에 불안해하기도 하는 이중성을 갖고 있다. 그래서 부모나 자신을 사랑하는 사람이 얼마나 자신에게 관심이 있는지 확인하기 위해 반항을 하기도 한다. 물론 불합리한 명령에 대한 거부감과 독립적인 자아 정체성 발달도 반항과 관계가 있다. 하지만 무시해도 되는 사람이라면 반항을 하지 않고 그냥 피하는 게 더 편할 것이다. 자신에게 중요한 사람들이기 때문에 그들의 반응에 신경이 쓰이는 것이다. 그리고 그들이 자신에게 소홀하다 싶으면 관심을 끌 만한 사고를 치거나, 동정심을 자극할 수 있도록 약한 척하는 등의 행동을 한다.

특히 청소년기에는 어느 정도 세상에 대해서 알고 어른이 되는 과정에 있다고 생각하기 때문에 약한 척하기보다는 반항을 더 많이 하게 된다. 그리고 가족과 주변 사람들에게 자신의 존재 가치를 확인받지 못한 사람일수록 주변의 시선을 끌 수 있도록 더 심한 일탈 행동을 보인다. 특별하게 눈에 띄도록 말이다. 이들은 나쁜 행동 자체가 목적이 아니라 관심을 기울이도록 만드는 것이 목적이므로 자신이 한 행동을 숨기려 하지 않는다. 오히려 자랑스럽게 드러내려고 한다. 어떤 경우에는 소문을 적극적으로 내고 증거가 될 자료를 인터넷 등에 공유하기도 한다. 어른이 보기에는 문제가 될 수 있는 동영상을 찍어 올리는 것도 바로 이 때문이다.

종훈은 비로소 정답을 찾았다는 생각이 들었다. 당장이라도 사범에게 전화를 걸어 자랑스럽게 이야기해 주고 싶었다. 마음이 편해진 종훈은 두 다리 쭉 뻗고 자리에 누웠다.

그날 밤 종훈은 꿈을 꿨다. 그런데 꿈은 마음과는 정반대로 아주 불편했다. 사고를 쳤는데도 알아주는 사람이 없자 왠지 허무했던 일이 영화의 한 장면처럼 나왔다. 자신의 모습을 찍는 카메라는 아주 냉정했다. 종훈이 더 큰 관심과 인정을 받으려고 부풀려 넣었던 이야기를 정확히 걸러 냈다. 그리고 싸움을 하기 전에 겁이 나서 도망가고 싶었던 마음까지 음성 설명이 곁들여 나왔다. 아무도 모르는 비밀이 공개되는 순간 종훈은 깜짝 놀라 잠에서 깼다.

기분 나쁜 꿈 때문에 종훈은 잠을 설쳤다. 다음 날 1교시가 끝날 무렵 교실 문을 열고 들어서는 종훈의 모습을 본 아이들은 그러한 사실을 알아채지 못했다. 그저 학교 짱이 여느 때처럼 느지막이 등교하는 것이라 생각했다. 그리고 종훈이 더 예민하게 구는 것도 새 학기에 기선을 잡기 위한 것이라 생각했다. 종훈을 무서워하는 아이는 많았지만 종훈이 무엇을 무서워하는지 아는 아이는 한 명도 없었다. 어쩌면 종훈을 포함해서.

흔히 기분이 나쁠 때 그랬던 것처럼 종훈은 더 심하게 욕을 했다. 그래도 속이 시원하지 않고 답답했다. 더 답답한 것은 학교 아이들을 모두 두들겨 패도 화가 풀릴 것 같지 않다는 사실이었다. 지난밤 꿈에서처럼 온 세상이 자신을 짓누르는 듯한 답답함은 견디기 힘들었다.

따지고 보면 평소에도 답답한 때가 많았다. 일진 생활을 하다보면 해야만 하는 일도 많기 때문이다. 다른 학교와 연대하기 위해 일진들 간의 관계도 형성해야 하고, 선배 일진이 불러 얼차려를 주거나 하기 싫은 심부름을 시켜도 따라야 한다. 종훈의 의사와는 상관없이 술을 먹게 하거나 담배를 사 오게 하거나 돈을 뺏게 하거나 가게 물건을 훔치게 하는 등 여러 일탈 행동을 부추기기도 한다. 처음에는 신기했다. 그런 경험을 하는 것이 특권 같아서 좋기도 했다. 하지만 여러 번 그런 상황을 겪으면서 마냥 좋지만은 않았다. 내가 하고 싶지도 않을 때 해야 하니 점점 짜증이 났다.

그리고 일진이라는 이유로 감내해야 하는 나쁜 일도 많았다. 얼굴이나 몇 번 본 친하지도 않은 어떤 여자애가 자신과 잠자리를 함께해서 임신했다고 거짓말을 해서 곤욕을 치르기도 했다. 어른들은 모범생도 독서실이나 학원, 아파트 놀이터, 공원 등에서 이성 친구와 성적 행동을 한다는 생각을 하지 못한다. 학생에게 어울리지 않는 행동은 일진의 전유물이라고만 생각한다. 그 때문에 종훈은 으레 나쁜 사건이 터지면 최우선 용의자가 되어 불려 다녔다. 그런 것이 차곡차곡 마음의 상처가 되었다.

'그래, 이왕 그렇게 생각하는 거 진짜 막 나가 주마.'

종훈은 이렇게 속으로 외치며 의지를 다졌다. 그러나 사실은 즐거운 일을 만들고 싶은 마음이 더 컸다. 그렇지만 학교를 다니며 즐거운 일을 만드는 것이 쉽지 않았다. 학교는 공부하는 애들 위주로 돌아가고 있었다. 거기에서 공부를 못하는 종훈이 어른들에게 인정받을 수 있는 것은 없었다. 그 대신 아이들에게 인정받을 수 있는 틈이 남아 있기는 했다. 얼굴이 연예인처럼 잘 생겼거나 유머가 있어 인기가 있거나 다른 애들이 감히 생각하지 못하는 일탈 행동을 벌이는 아이면 되었다. 그런데 꽃미남, 간지남, 몸짱, 게임짱도 아이들을 확실히 휘어잡을 수 있는 일진 앞에서는 기가 죽었다.

종훈에게 학교는 공부든 외모든 힘이든 뭐든 저마다 최선을 다해 다른 사람에게 인정받고 싶어 하는 아이들의 싸움터였다. 그 싸움터에서 아이들에게 확실히 인정받을 수 있는 일진의 자리를 차지한 것에 종훈은 자부심을 갖고 있었다. 그래서 일진의 자리에서 더 잘나가고 싶었다.

그런데 이상하게 혼자 있을 때면 자부심에 가슴 뿌듯한 것이 아니라 오히려 가슴이 답답했다. 며칠이고 잠을 쉽게 이루지 못할 정도였다. 그게 극에 이른 순간 충동적으로 새로운 문제를 만들어 냈다. 누구를 때리거나, 술을 먹고 물건을 부쉈다. 그러면 그 문제를 해결하느라 여기저기 불려 다녔다. 경찰관이나 부모, 교사한테 반항을 하면서도 그들 사이에 있으면 답답함을 잊었다. 그러나 그 문제가 해결되어 다시 혼자가 되면 답답함이 더 커져 또 잠을 설쳤다. 이런 일이 반복되었다.

종훈은 세상 모든 것이 다 불만이었다. 애들이 읽는 인터넷 소설 속 짱은 멋진 놈으로 인정받으며 거칠 것 없이 사는데 자신은 오히려 사방을 둘러싼 벽에 갇힌 듯한 기분이 들었다. 게다가 새롭게 사범까지 나타나 자신을 괴롭히지 않는가. 종훈은 사범 얼굴을 떠올리자 욕이 튀어나왔다.

종훈은 오전 내내 찌뿌듯한 기분으로 시간을 보냈다. 그나마 점심을 먹고 나자 기분이 좀 나아졌다. 밥을 먹고 옥상에 올라가 다른 아이가 갖다 준 요가 매트에 누워 하늘을 쳐다보았다. 삼월의 맑은 햇살은 눈이 부실 정도였다. 맞짱을 뜨는 것처럼 계속 햇살을 쳐다보다가 결국 눈을 감아 버렸다. 종훈은 눈을 감고서 오후에 할 일을 생각했다. 다른 때처럼 노래방을 가거나 여자애들을 불러서 놀아도 별로 재미있을 것 같지 않았다. 빨리 이런 방황의 시간이 지나고 인터넷 소설처럼 멋진 일들이 펼쳐지면 좋겠다고 생각했다. 멋진 여자애를 만나서 멋진 사랑을 하고 멋진 놈이 되어 멋진 차를 몰고 좋은 시간을 보내는 상상을 하자 종훈은 가슴이 시원해졌다.

종훈은 그렇게 점심시간을 다 보내고 교실로 들어갔다. 5교시 수업이 끝날 무렵 국어 선생님은 중간고사 전에 끝내야 하는 수행 평가 과제에 대해 설명해 주었다.

"여러분의 희망 직업에 해당하는 사람을 찾아 인터뷰하면 됩니다. 팀원은 네 명으로 하고, 각자 다른 역할을 맡아서 하면 돼요. 기획을 할 사람, 연락 업무를 맡을 사람, 인터뷰를 할 사람, 인터뷰 내용을 정리할 사람. 이렇게 정한 다음에 다음 주까지 내게 알려 주기를……. 일주일마다 어떻게 되고 있는지 아무 팀이나 지적해서 물어볼 테니 매주 세부 과제를 진행시키기 바랍니다. 어정쩡하게 지내다 보면 금방 한 달이 지나고 중간고사 공부도 해야 하니까요."

국어 선생님의 말을 들으며 종훈은 문득 떠오르는 생각이 있었다.

'그래, 빨리 해치우고 자유를 얻는 거야.'

물론 종훈이 국어 과제를 하기로 결심한 것은 아니었다. 한 달 안에 해결해야 하는 과제가 떠오른 것이었다.

'4일 동안 하루에 하나씩 해결하지 뭐. 그러고는 그 지긋지긋한 인간이랑 쫑내는 거야.'

종훈은 어제처럼 답을 찾으면 될 거라 생각했다. 무엇보다 자기 힘으로 사범의 코를 납작하게 해 주리라 생각하니 기분이 좋아졌. 히죽히죽 웃으며 하교하는 종훈을 보고 아이들은 그저 종훈이 오전에 화풀이를 했기 때문이라고 생각했다.

종훈의 가방을 들어 주는 상석은 종훈의 기분이 좋아져서 자신을 더 괴롭히지 않는 게 다행이다 싶었다. 하지만 혼자 집으로 돌아오는 길에 생각해 보니 하루 종일 종훈의 눈치만 보며 스트레스를 받은 자신이 한심했다. 그러다 차라리 종훈의 괴로운 시간이 더 심한 상태로 길었어도 좋았다는 생각까지 하게 되었다. 종훈과 인사를 나누고 헤어지면서 가슴속에서 이런 목소리가 들려왔다.

'오늘 또 피 빨렸군.'

상석도 종훈처럼 중학교 생활을 하면 할수록 답답함이 느껴졌다.

위압적인 선배들이 없어지고 자신이 최고 학년인 3학년이 되었지만 편해진 것도 없었다. 종훈과 그 패거리들이 더 활개를 치기 때문이었다. 함께 어울려 다니지만 자신은 종훈과 일당에게 친구라기보다는 휴대용 도시락이자 지갑과 같은 존재라는 생각이 들었다. 싸움으로는 상위에 드는 아이들과 같이 다니지만 상석은 평민인 아이들도 무시하는 종이었다. 무시를 하며 굳이 건드리지는 않는 아이. 그러니까 마치 상석을 건드릴 권리가 종훈에게 있다는 사실을 인증받기라도 한 것처럼 말이다. 노예의 기분이 이런 것일까? 상석은 종훈 앞에서는 노예, 다른 아이들 앞에서는 투명인간과 같았다. 아이들은 몰랐다. 투명인간도 귀와 눈을 갖고 있다는 것을. 상석은 뒤에서 아이들이 수군거리는 소리나 자신을 한심하게 보는 눈이 느껴질 때면 답답했다.

'자기들도 종훈이와 그 패거리들이 겁나서 찍 소리 못하면서 나를 욕하다니.'

상석은 이렇게 생각하며 쓰린 속을 달랬지만 가슴이 답답한 것은 어쩔 수 없었다. 상석은 매년 새 학기가 시작될 때마다 편하게 장난을 치면서 놀 친구를 사귀게 되기를 간절히 원했다. 그래서 상석이 용기 내어 한 걸음 다가갔지만 상대방은 질겁해서 두 걸음 물러섰다. 아이들은 혹시라도 종훈 일당과 엮이게 될까 봐 상석을 멀리하는 것이었지만, 상석은 자신이 그만큼 매력이 없다는 생각을 했다. 싸움이 아니면 공부, 공부가 아니면 연예인 뺨치는 재능, 재능이 아니면 적어도 유머가 넘쳐야 아이들에게 인정받을 수 있는데 자신이 갖고 있는 것은 너무 초라했다. 갑자기 키가 크는 통에 각목같이 더 가늘어진 다리와 팔, 손바닥으로 턱을 괴는 버릇 때문인지 점점 뾰족해지는 턱, 성적은 중간에서 왔다 갔다 하며 어정쩡하고, 만성적인 소화 불량으로 지독한 냄새가 나는 방귀나 뀌어 대는 아이, 그게 자신이라고 생각했다.

상석은 자신이 무슨 전염병이라도 걸린 것처럼 방어막을 치는 아이들 틈바구니에서 지쳤다. 반장 선거의 단골 구호인 "우리 반을 왕따 없고 재미있는 반으로 만들겠다."는 말에도 지쳤고, "문제가 있을 땐 언제든지 선생님과 상의하라."는 담임 선생님의 말만 믿고 얘기했다가 고자질쟁이로 찍혀 아이들에게 더 괴롭힘을 당하게 되는 것에도 지쳤다. 그냥 주어진 대로 사는 게 자신의 팔자라고 생각했다.

이번 새 학기에도 달라질 게 없어 보였다. 반 아이들이 바뀌었지만 상석이 함께 어울리자고 말해도 거절당할 가능성이 없는 아이들만 상석 주변에 남았다. 상석보다 더 왕따인 아이들, 그들과 어울리면 생활이 더 힘들어질 것 같아 오히려 상석이 나서서 더 무시하는 아이들. 결국 상석을 일방적으로 심부름꾼 삼아 선택한 종훈 일당만이 남아 있을 뿐이었다. 상석은 다른 학교로 전학을 간다고 해도 이런 생활이 확 바뀔 것 같지 않다는 생각이 들었다.

집에 들어온 상석은 쓴 입맛을 다시며 컴퓨터를 켰다. 상석은 헤드폰을 쓴 다음 볼륨을 최대한 높였다. 그리고 패션 마스크를 썼다. 지난번 종훈이 아이돌의 패션 액세서리를 보고 상석에게 사 달라고 했던 마스크였다. 상석은 친구 생일 선물을 산다며 엄마한테 돈을 타서 종훈이한테 줄 마스크를 사면서 자기 것도 하나 챙겼다. 이 마스크를 쓰면 종훈과 비슷한 수준으로 신분 상승을 하는 듯한 기분이 들어 좋았다. 상석은 마치 전사가 된 것처럼 표정이 바뀌었다. 게임

속에서 적을 죽이며 피바다를 만들었다. 종훈에게 들었던 것보다 더 심한 욕을 내뱉으며.

　큰 소리로 욕하는 것이 밖으로 새어 나가지 않게 하기 위해 상석이 쓴 마스크. 하지만 사실은 소리를 막아 준다기보다는 재갈 물린 채 울부짖는 동물의 소리로 바꾸고 있었다. 상석은 마스크가 축축해지고 핏발이 선 눈에서 눈물이 흘러 더 이상 게임을 하지 못할 때까지 컴퓨터 앞에 앉아 있었다.

인정 욕구에서 벗어나 성장하기

　인정 욕구에 휩싸인 청소년들은 주변의 관심을 끌기 위해 일부러 문제를 일으키거나 위기 상황을 스스로 만들기도 한다. 그런데 이상한 것은 인정을 받고 싶다면서도 주변 사람들에게 짜증을 잘 낸다는 점이다. 그리고 그 짜증은 쉽사리 폭력으로 옮아간다. 이것은 다음과 같은 심리 작용 때문에 벌어지는 일이다.

　다른 사람의 시선에 신경을 많이 쓰는 사람일수록 그들의 반응에 예민하다. 그렇게 긴장을 풀지 못하고 상대방에게 집중하니 스트레스가 생긴다. 그래서 쉽게 피곤해지기 때문에 다른 사람과 함께하는 것을 즐기지 않게 된다. 또한 다른 사람의 인정이 필요하지만 그것에 매달리는 자신의 모습을 확인하는 것도 마음이 불편해지는 요인이 된다. 마치 자신이 다른 사람에 의해 좌우되는 무가치한 존재처럼 느껴지기 때문이다. 그래서 한참 환심을 얻기 위해 신경을 쓰다가 반대로 파국으로 치닫기도 하는 것이다. 이는 단지 소설 속 종훈에게만 해당되는 것이 아니다. 평소에 얌전하던 사람도 인정 욕구가 충족되지 않았을 때 순식간에 폭력적으로 변하는 모습을 쉽게 볼 수 있다.

　최근 극단적인 경쟁 상황으로 인해 한국 청소년들의 인정 욕구는 더욱 강해졌다. 맹목적인 인정 욕구와 폭력적인 행동들은 매우 밀접한 관련이 있다. 따라서 문제를 해결하기 위해서는 우선 청소년들을 다양한 활동과 방법으로 인정해 주어 욕구를 해소시켜야 한다.

　그리고 폭력의 심층 원인을 해결하기 위해 청소년 스스로도 인정 욕구에 대한 집착에서 벗어나야 한다. 심리학자 에이브러햄 매슬로는 인정 욕구 외에도 안정의 욕구, 소속의 욕구, 심미적 욕구, 자아실현의 욕구 등 여러 욕구가 있다고 주장했다. 또 특정 욕구에 집착하면 성장하지 못하고 평생을 그 자리에 머물러 있게 된다고 보았다.

　청소년들에게는 다른 건강한 욕구도 경험해 보는 시간이 필요하다. 그리고 여러 욕구는 결국 성숙한 자아실현과 연결되어야 할 것이다.

3
무대는 없다

    종훈은 학교가 끝나자마자 집에 들러 어제 해 놓은 숙제를 챙겼다. 그리고 한걸음에 태껸 도장을 찾았다. 오늘도 역시 수강생은 없었다. 그런데 사범이 어떤 여학생과 이야기를 나누고 있었다.
    여학생은 파란 체크무늬 스커트에 하얀 블라우스를 입고 있었다. 언뜻 보기에 교복 같았지만, 종훈이 사는 주변에는 그런 교복을 입는 학생은 없었다. 종훈은 물끄러미 여학생의 모습을 살폈다. 여자치고는 좀 짧게 자른 듯한 좌우 비대칭 머리가 인상적이었다. 눈은 크고 맑아서 청소년 잡지에 나오는 모델처럼 호감을 갖기에 충분해 보였다. 여학생은 슬쩍 종훈을 쳐다보고 나서 다시 사범 쪽으로 고개를 돌렸다. 종훈을 본 사범은 눈을 동그랗게 떴다.
    "아니, 네가 오늘 웬일이냐?"
    종훈은 피식 웃고는 목소리를 최대한 깔며 대답했다.

"사나이가 결심했으면 한 번에 제대로 해야지요. 안 하면 제대로 개기면서 안 하든지."

사범은 헛 하고 소리를 내더니 종훈을 물끄러미 쳐다보고 나서 이렇게 말했다.

"좋아, 그래 뭐. 그래서 우리 사나이의 선택은 뭐지?"

"약속이나 지키세요. 숙제 네 번 하면 더 이상 제게 나타나지 않겠다는 약속."

"나야 확실하지."

"저도 확실합니다."

"말로만?"

"아니요."

종훈은 숙제한 종이를 주먹을 내지르듯이 사범의 코앞까지 뻗었다. 사범은 슬쩍 고개를 옆으로 돌려 피했다.

"자식, 깜짝이야. 좀 고분고분하게 주면 안 되냐?"

그때 여학생이 끼어들었다.

"저럴 때가 귀엽잖아요."

귀엽다니. 종훈의 비위를 제대로 뒤집는 말이었다. 여학생을 쳐다보았다. 여학생은 곁눈으로 슬쩍 보고는 손에 들고 있던 서류에 눈을 떨구었다.

'감히 나더러 귀엽다고? 그리고 무시해? 나야 나. 목인 중학교 짱 박종훈. 내가 얼마나 강한 남자인지 한번 보여 줄까?'

종훈은 눈에 힘을 주고 허리를 곧게 펴며 몸의 근육을 일부러 긴장시켰다. 그러나 여학생은 여전히 서류에 눈을 박고 있었다.

'어떻게 내가 누구인지 알 수 있게 할까?'

종훈의 시선이 느껴졌는지 여학생은 고개를 들어 종훈을 아래위로 쓱 한 번 훑어보았다. 그러고 나서 종훈의 눈을 빤히 쳐다보았다. 예쁜 얼굴의 한가운데에서 강한 기가 뿜어져 나오는 것처럼 느껴졌다. 종훈은 기에 눌리지 않으려 째려보듯이 여학생을 보았다. 여학생은 빙긋이 웃었다. 그리고 발랄한 목소리로 말했다.
 "센 척하기는. 에유. 정말 귀엽다, 너."
 "너? 나 언제 봤다고 반말이야?"
 "그러는 너는 왜 반말이니?"
 "네가 반말하니까."
 "나는 딱 봐도 네가 어려 보여서 반말하는 거야. 제 딴에는 키가 좀 크다고 굉장히 성숙했다고 생각하나 보네. 얼굴이 '나, 중학생이에요.' 하고 있는데."
 여학생은 고개를 돌려 사범에게 물었다.
 "사범님, 쟤 몇 학년이에요?"
 중학교 3학년이라고 사범이 대답하자 여학생은 기세등등한 목소리로 말했다.
 "거 봐, 내가 너보다 두 살 더 많으니까 반말해도 되잖아."
 "에구. 그러세요, 누님. 나이 많아서 좋으시겠어요. 여기저기 반말 찍찍 뱉어도 되고. 나도 빨리 고딩 돼서 첨 보건 말건 반말 작렬시켜야 하는데. 에이 씨발. 시간이 안 가요, 시간이."
 "아유. 그래도 동생은 첨 보건 말건 욕 작렬시키는 재주는 있으니 맘 풀어."
 띵. 여학생의 말이 몽둥이가 되어 종훈의 뒤통수를 치는 느낌이었다. 종훈이 숨을 크게 들이마신 뒤 눈을 더 크게 뜨고 복수의 말을 돌려주려고 하는 순간, 사범이 종훈의 말을 가로막았다.

"둘이 만나자마자 왜 그래? 이제 그만 하고 수정이는 서류 챙겨서 빨리 가 봐라. 센터장님께도 안부 전하고."

그러자 여학생이 자리에서 일어나 사범에게 깍듯이 인사를 했다. 하지만 종훈에게는 차가운 미소를 날리고는 사라졌다. 종훈은 속이 부글부글 끓었다.

'으이그, 내가 숙제를 빨리 처리해야 이런 인간들을 안 만나지.'

사범은 종훈에게 시원한 음료수를 건넸다. 화를 내느라 목이 탔던 종훈은 단숨에 음료수를 들이켰다. 사범은 종훈이 해 온 숙제를 꼼꼼히 읽었다. 그리고 가끔 밑줄도 그었다. 글을 다 읽은 사범은 종훈을 물끄러미 바라보며 말했다.

"이거 네가 쓴 거니?"

'훗, 날 무시하더니 놀랐군.'

종훈은 당당히 말했다.

"뭐, 그럼요. 당연하지요."

"그래? 그런데 왜 네 이야기가 없니?"

종훈은 눈을 크게 떴다.

"내 이야기라니요?"

"이건 딱 봐도 네 경험을 바탕으로 한 이야기나 네 생각이 들어간 글이 아니야. 네 시각을 하나 정해서 하나의 이야기로 정리한 자료도 아니고, 인터넷 사이트 여기저기에서 정보를 짜깁기한 것 같아. 그나마 인정받고 싶어 하는 욕구 부분 정리가 가장 나은 편이지만 이 역시 네 생각을 정리한 것이 아니라 그냥 퍼 온 글이잖니?"

"언제 숙제에 제 생각을 넣으라고 하셨나요? 애초 약속이 그런

게 아니었잖아요?"

"이거 뜻밖인걸. 생각보다 네가 정답을 찾는 모범생 타입이었나 보구나. 난 네가 짱답게 네 마음대로 숙제를 할 줄 알고 기대하고 있었지."

사범은 종훈의 눈을 똑바로 쳐다보며 덧붙였다.

"숙제는 당연히 네 생각을 넣어서 해야 하는 거 아니니? 이게 수학 문제도 아니고, 고생해서 했는데 남과 똑같은 결과물을 낸다면 그게 더 이상한 거지. 아니, 억울한 거지. 다른 사람과 다른 존재인 내가 한 것인데 다른 사람이 했어도 되는 것을 굳이 힘들여 했다는 사실이 말이야."

종훈은 정말 오랜만에 제 손으로 숙제를 한 것인데 이런 평가를 받으니 화가 났다. 다른 애에게 시키지 않고 스스로 숙제를 했다는 사실만으로도 얼마나 놀라운 일인데. 종훈은 불만 가득한 눈으로 사범을 쳐다보았다. 사범이 입을 열었다.

"뭐, 그래. 그럼 이번만은 그냥 통과시켜 주마. 하지만 다음에는 네 생각을 더 많이 녹여서 숙제를 하렴."

"그냥 통과라뇨? 기분 나쁘게. 숙제를 하는 방법에 대해서 잘 알려 주지도 않고. 그건 사범님 잘못이지, 내 잘못이 아니라고요."

"네 생각을 넣어서 하라고 말하지 않은 게 잘못이라고? 인터넷 정보나 참고서를 베끼지 말라고 하는 게 더 이상하지 않나?"

종훈은 사범을 째려보았다. 그러나 사범은 아랑곳없이 아주 느긋한 표정을 지으며 말했다.

"그래, 좋아. 태어나 억만 년은 스스로 숙제를 하지 않은 듯한 너에게 아주 자세히 설명하지 않았으니, 일단 내 잘못으로 쳐. 미안하다. 하지만 숙제의 중요한 가치는 단순한 지식 획득이 아니라, 제 스스로 생각해 보는 경험을 갖는 데 있단다. 다음번에는 내가 말한 대로 네 생각을 좀 더 집어넣어서 숙제를 하기 바란다. 그냥 인터넷에서 남의 생각을 모으지 말고 말이야."

"요즘 애들 다 그래요. 모범생도 그렇게 숙제를 한다고요. 다른 사람의 지식을 모아서 숙제하는 게 뭐 어때서요? 나보다 똑똑한 사람들 것을 활용하는 건데."

"그런데 그 사람들의 생각이 꼭 네 생각보다 더 좋다는 확신은 어디에서 나오는 거지?"

"딱 보면 몰라요? 다들 저보다 더 공부를 많이 한 사람들이 하는 말이잖아요. 또 그 말을 다른 사람들이 듣고 가만히 있는 것은 그만큼 그 말이 맞는다는 거고요."

"태양이 지구 주위를 돈다는 생각도 그런 식으로 수천 년을 이어 왔지. 유명한 철학자가 쓴 책, 유명한 종교인이 했던 말을 인용하고 많은 사람들이 관찰한 바를 바탕으로 말이야. 하지만, 너도 알다시피 지구가 태양 주위를 돌지, 태양이 지구 주위를 돌지는 않잖니? 너보다 더 공부를 많이 했거나 권위가 있는 사람이 한 말이라고 무조건 믿으려 하지 마라. 그들의 논리가 확실하고 네가 스스로 검증을 해 보아서 옳다는 생각이 들면 그때 받아들여. 그래서 내가 숙제에 네 이야기가 더 들어가야 한다는 것이다. 주변의 사례나 네 자신의 사례에 적용될 수 있는 원리라면 그나마 검증이 어느 정도 된 것이라 할 수 있으니 말이야."

"뭐가 그렇게 복잡해요. 논리? 검증? 그냥 제 숙제는 딱 봐도 이게 답이었어요. 검증하고 자시고 할 것도 없었다고요."

"왜 그렇게 생각하지?"
"여기 마지막 부분을 보세요."
종훈은 숙제의 마지막 부분을 찾아 밑줄을 그었다.

특히 청소년기에는 어느 정도 세상에 대해서 알고 어른이 되는 과정에 있다고 생각하기 때문에 약한 척을 하기보다는 반항을 더 많이 하게 된다. 그리고 가족과 주변 사람들에게 자신의 존재 가치를 확인받지 못한 사람일수록 주변의 시선을 끌 수 있도록 더 심한 일탈 행동을 보인다. 특별하게 눈에 띄도록 말이다. 이들은 나쁜 행동 자체가 목적이 아니라 관심을 기울이도록 만드는 것이 목적이므로 자신이 한 행동을 숨기려 하지 않는다. 오히려 자랑스럽게 드러내려고 한다. 어떤 경우에는 소문을 적극적으로 내고 증거가 될 자료를 인터넷 등에 공유하기도 한다. 어른이 보기에는 문제가 될 수 있는 동영상을 찍어 올리는 것도 바로 이 때문이다.

종훈은 밑줄 친 부분을 손가락으로 가리키며 힘주어 말했다.
"쓸데없이 힘든 말로 쓰여 있지만, 결론적으로 말해 다 튀고 싶어서 동영상을 올리는 것이라고요."
"그래? 그렇다면 우리가 직접 실험을 해 볼까?"
"무슨 실험이요?"
"이렇게 다른 사람의 시선을 끌기 위해 청소년들이 튀는 행동을 하지만, 그렇게 행동하는 것이 얼마나 효과가 있는지 말이야."
"그걸 뭘 실험을 해요? 폭력 동영상 조금만 인터넷에 올려도 세상이 난리가 나는데."

"아니, 폭력 동영상은 심하고 다른 것을 하자. 주변의 시선을 끌기 위해 이상한 옷을 입으면 다른 사람들이 신경을 쓸까?"

"그거야 당연하죠. 그걸 뭐 하러 실험하고 말고 해요. 학교에 이상한 옷 하나만 입고 와도 얼마나 무시를 받는데요. 애들 장난 아니게 씹어요."

"일상이 별로 변화가 없는 학교를 벗어나서도 그런지 한번 실험을 해 보자."

"에이, 하나마나라니까요?"

"내가 뭐라고 했지? 뻔한 생각, 네가 확실하다고 믿는 것도 직접 검증해 봐야 한다고 했지? 좋아. 이번 기회에 과제를 수행하는 방법부터 가르쳐 주도록 하지. 네 생각대로 사람들의 반응이 나온다면 나머지 과제를 하지 않아도 좋아."

"정말이요?"

"대신 다르게 나온다면 앞으로 모든 과제를 네가 스스로 검증하며 해야 한다. 다시는 인터넷에서 짜깁기해서 내기 없기다. 그리고 이번에 한 과제도 무효가 되어 앞으로 네 개의 과제를 처음부터 다시 시작해야 하는 거다."

종훈은 잠시 생각해 보았다. 어쩌면 숙제 네 가지를 모두 안 할 수 있는 기회. 설령 잘못 되더라도 숙제 1가지만 날아가는 실패. 4 대 1. 아무래도 자신이 유리한 상황이라는 생각밖에 안 들었다.

"좋아요."

종훈은 생각보다 자유의 시간이 빨리 올 것 같아 속으로 쾌재를 불렀다.

"실험 방법은 이렇다. 오는 주말 나와 함께 시장에 가서 내가 주는 촌스러운 옷을 입고 있어라. 그리고 몇 사람이나 너에게 신경을 쓰는지 숫자를 세어 봐라. 아니, 친구들을 데려와서 동서남북으로 난 골목에 한 명씩 배치시켜 직접 사람들에게 시장에서 본 청소년 중에 이상한 옷을 입은 사람은 없었는지 묻는 설문 조사를 하도록 하자. 텔레비전에서 하는 실험 퀴즈 쇼에 나오는 것처럼 말이야."

"그런 실험을 하는 게 쉬워요?"

"내가 도와줄게. 옷도 골라 주고."

"아니, 얼마나 촌스러운 옷을 입히려고요?"

"겁나니?"

"저도 사회적 지위가 있는데……. 지역 사회의 눈탱이가 있지, 쪽 팔리게 너무 촌스러운 옷은 곤란하다고요."

"네 말대로 사람들이 네가 입은 옷에 바로 반응을 한다면 네 말이 맞다는 것이 입증되니 오히려 좋아해야 하는 것 아닌가?"

종훈은 어이없다는 듯 일부러 입을 크게 벌리고 고개를 끄덕이며 말했다.

"아, 내 참. 내 말이 그거예요. 맞아요. 그럴 것이 뻔하니까 걱정이라는 거지요."

"어허. 길고 짧은 것은 일단 대 봐야 안다니까. 두고 봐, 결과가 어떻게 나오는지."

"증말. 내가 어쩌다 이런 일까지 하게 되었는지 모르지만, 결과가 나오면 바로 모든 숙제 면제라는 약속은 꼭 지켜야 합니다."

"그래. 너나 약속 잘 지켜. 앞으로 네 생각과 경험을 넣어서 숙제를 하는 것으로 말이야."

"그럼요. 제가 이래 봬도 의리에 살고 의리에 죽는 놈이라고요.

제가 한 약속에 대한 의리는 지킵니다."

"이제 나는 특별히 촌스러운 옷만 찾으면 되겠네. 뭐 찾을 것도 없구만. 네가 지금 입고 있는 옷 그대로 나가도 되겠다."

종훈은 부아가 치밀어 사범한테 한마디 톡 쏘아붙였다.

"사범님 옷만 하겠습니까?"

사범이 갑자기 눈을 크게 떴다. 그리고 얼굴 가득 웃음을 지으며 말했다.

"오케이. 덕분에 기억났다. 적당한 옷이 있네. 기대해라, 흐흐."

"무슨 옷인데요? 설마…… 땀에 절어서 곰팡이 활짝 핀 태껸 도복?"

사범은 고개를 살래살래 저었다.

"그런 거 아니야. 내가 어떤 애한테 선물 받은 옷이야."

사범이 실험을 하기 위해 필요한 세부 사항을 설명해 주고 있는데, 건장한 남자 세 명이 도장에 들어왔다. 얼굴은 순하게 생겼지만 힘깨나 쓸 것 같은 풍채를 갖고 있었다. 일진 선배들과는 또 다른 느낌으로 위압감이 느껴졌다. 비록 일진 선배처럼 거친 욕을 쓰거나 괜히 분위기 잡는 행동을 하지는 않았지만 말이다.

남자들은 사범에게 깍듯이 인사를 했다. 사범은 그들과 살갑게 인사를 나누었다. 그리고 종훈에게 고등학생반 수련 시간이니 그만 가 보라고 말했다.

종훈은 계단을 내려오며 괜시리 서운한 감정을 느꼈다. 사범이 아까 본 여자애와 남자 수련생들을 대하는 태도를 보면 확실히 자기한테는 그렇게 살갑게 굴지 않는다는 것을 알 수 있었기 때문이다. 분명히 빨리 벗어나고픈 사람이기에 무시해도 되는데 왜 서운한 감정이 드는지 모르겠다며 고개를 저었다. 종훈은 이렇게 두 가지 감정이 충돌할 때마다 자신이 바보 같아 보여서 스스로 욕을 했다.

나흘 뒤, 종훈은 상석을 포함해 네 명의 아이들과 함께 태껸 도장을 찾았다. 아이들에게는 그냥 사범과 내기를 했다고만 말했다. 아이들이 더 자세히 알려고 하자 종훈은 짜증을 부렸다. 사범은 아이들과 짧게 인사를 나눈 후 종훈에게 털실로 짠 옷을 건넸다. 진한 갈색 바탕에 보라색 줄무늬가 촌스럽게 들어간 옷이었다. 거기에다 가슴에 왕관 모양을 금실로 수놓으려 한 듯한데 그게 촌스러움을 더했다.

"뭐야, 똥색에 웬 야광 줄무늬? 유치원생처럼 이 손바닥 왕관은 또 뭐야."

종훈은 절레절레 고개를 저었다. 털옷은 마치 구호품 같아 보였다. 다행히 신축성은 좋아 그런대로 몸통은 맞았지만 팔 길이가 짧아서 영 폼이 나지 않았다. 그리고 치수를 잘못 냈는지 왼쪽과 오른쪽의 균형이 맞지도 않은 이상한 옷이었다. 초등학생이 종이로 인형 옷을 만들어도 이보다는 더 나을 것 같았다.

"이런 옷을 선물로 받았다고요?"

"응, 수정이가 준 거야."

"수정이?"

"지난번에 도장에서 봤던 그 여자애 말이야."

"아하, 꼭 자기처럼 만들었네."

종훈은 옷을 더 꼼꼼히 살폈다. 곳곳이 허술했다.

"아니, 이거 완전 사범님의 안티네 안티. 이건 뭐 선물이 아니라 저주네."

"작년에 뜨개질을 처음 배워서 겨울이 지나기 전에 주려고 서두르다 보니 그랬을 수도 있지. 올해 다시 뜨면 더 나아질 거야. 그건 그렇고. 자, 빨리 실험하러 가야지?"

사범은 아이들에게 설문지를 나눠 주면서 실험 방법을 설명했다. 설문지에는 설문에 참여할 것을 정중히 부탁하는 말과 함께 다음과 같은 질문이 적혀 있었다.

1. 방금 전 시장에서 촌스러운 옷차림을 한 청소년을 본 기억이 있나요?
   ① 예
   ② 아니오
2. 그 청소년이 남자였나요, 여자였나요?
   ① 남자
   ② 여자
3. 어떤 옷을 입고 있었나요?
   ① 노란색 체크무늬가 있는 셔츠
   ② 금색 왕관 무늬가 있는 털옷
   ③ 아랫단 통이 나팔 모양으로 넓은 바지
   ④ 검정색 점박이 무늬가 있는 치마

설문지를 본 종훈과 아이들은 기가 막혔다. 사람들이 아무리 신경을 안 쓴다고 해도 이 옷차림은 눈에 띌 수밖에 없고, 더구나 남자였다는 것은 너무 쉽게 알 수 있기 때문이었다. 그러나 사범은 사람들이 절대로 옷차림이 눈에 띄게 촌스러운 것을 알아채지 못할 것이라며 자신만만했다.

 종훈은 사범이 시킨 대로 시장 한가운데 서서 오가는 사람들과 눈을 마주치고는 길을 물어보았다. 길을 물어보기도 전에 이미 상대방이 자신의 옷차림을 보고 무시하거나 웃으며 지나간다는 생각이 들었다. 모두 자신을 뚫어져라 쳐다보는 것 같아 창피했다. 겨우 사람을 잡아 길을 물어볼 때 상대방의 눈이 자신의 옷으로 간다 싶으면 종훈이 더 당황했다. 상대방은 촌스러운 옷을 보고 시골에서 막 서울로 올라와 시장에서 길을 잃은 아이로 생각하는 듯했다. 그리고 종훈을 깔보는 것 같았다. 길을 물어본 사람만이 아니라 10분 동안 지나간 약 수십 명의 사람들 모두 종훈을 기억할 것 같았다.

 10분이 지나자마자 종훈은 바로 털옷부터 벗었다. 차라리 맨몸이 덜 창피할 것 같았다. 잽싸게 셔츠로 갈아입고는 쪼르르 애들에게 달려가서 설문지를 걷었다. 자신만만했던 종훈은 설문지 결과를 보고 놀랐다. 1번 질문에 아예 기억하지 못한다고 답변한 경우가 대부분이었다. 그리고 설령 봤다고 해도 옷을 정확히 기억하는 경우는 드물었고, 심지어 여자였다고 말한 답도 있었다. 사람들이 다 자신을 본다고 생각했는데 이렇게 틀리다니 이상했다. 고개를 갸우뚱거리고 있는 종훈에게 사범은 심리학 책을 내밀었다.

 "이 책에 나오는 두 가지 실험을 합쳐 봤단다."

 사범은 책에 나온 실험에 대해 설명했다. 하나는 코넬대학교 심리학 교수인 토머스 길로비치의 실험으로, 못생긴 코미디언이 그려진 촌스러운 옷을 입고 상대방이 얼마나 신경을 쓰는지 알아보는 내용이었다. 사람들은 자기가 입은 옷 때문에 상대방한테 무시당한다고 느꼈지만 사실 20퍼센트 정도만 그들이 무슨 옷을 입었는지 기억했다. 그 실험은 본인만 마치 스포트라이트를 받는 것처럼 실제보다 더 많이 주목받고 있다고 과장된 생각을 하는, 이른바 '조명 효과'에 대한 것이라고 말했다.

그리고 다른 실험은 하버드대학교 심리학과의 대니얼 사이먼스와 크리스토퍼 차브리스가 실시한, 일명 '보이지 않는 고릴라' 실험이었다. 실험자들은 검은색 티셔츠와 흰색 티셔츠를 입은 학생들이 농구하는 장면을 동영상으로 미리 찍어 놓았다. 그 영상을 실험 참가자들에게 보여 주며 "흰색 티셔츠를 입은 학생들이 패스하는 횟수를 셀 것"을 요구했다. 그러나 막상 실험 참가자들에게 물어본 것은 "고릴라를 보았느냐?"는 질문이었다. 동영상 중간에 고릴라 의상을 입은 여학생이 약 9초 동안 화면 중앙으로 걸어 나온 뒤 카메라를 향해 가슴을 치고 다시 걸어 나간 것이다. 하지만 놀랍게도 실험 참가자 중 절반에 이르는 사람들이 이 고릴라를 보지 못했다고 답변했다. 사람들은 정보 처리를 할 수 있는 용량의 한계 때문에 자신이 집중하는 것만 기억할 수 있을 뿐이라고 사범은 설명했다.

사범은 종훈과 함께한 실험에 대해서도 말했다.

"네가 길을 물어보니까 사람들은 그 길을 가르쳐 주는 데에만 신경 쓰느라 네 옷차림에는 신경을 못 쓴 거야. 그런데도 너는 마치 무대 위에 오른 것처럼 다른 사람이 네 옷차림에 신경을 쓴다며 과장된 생각을 했지. 애초에 세상에는 너만 조명을 받는 무대 같은 것은 없는 거야. 네가 직접 실험을 해서 알게 된 것처럼 사람들은 당사자들이 창피해하는 것에 대해서도 주의를 기울이고 있지 않아. 남에게 인정을 받겠다며 과장된 행동을 하는 것도 자신이 상상으로 만든 무대 위에서 하는 쓸데없는 짓일 수도 있지."

사범은 잠깐 말을 멈췄다가 이야기를 이어 나갔다.

"다른 사람에게 인정받으려고 하기 전에 먼저 자기 자신부터 인정한다면 이야기가 좀 달라지겠지만 말이야."

"자신부터 인정한다고요?"

"여기에서 이야기하기는 그렇고, 도장으로 가서 음료수나 마시면서 이야기할까?"

종훈은 아이들에게 집으로 돌아가라고 했다. 사범과 자신 사이의 비밀이 드러날까 봐 두려웠기 때문이다. 사범이 붙잡아도 소용없게 귓속말로 겁을 주었다. 아이들이 돌아가자 사범은 종훈을 도장으로 데려갔다. 그리고 종훈에게 음료수 캔을 건네고 자신은 향긋한 허브 차를 데워 마셨다.

"왜 저만 캔 줘요? 저도 차 줘요."

"왜, 음료수에 독이라도 넣었을까 봐?"

"그야 모르죠."

사범은 차를 한잔 더 따라 종훈에게 건넸다. 종훈은 평소에 차를 잘 마시지 않았지만 향긋한 냄새를 맡으며 천천히 몇 모금 마셨다. 사범이 입을 열었다.

"사람들은 다른 사람의 눈치를 보며 살게 되어 있어. 그런데 오늘 실험에서 안 것처럼 사람들은 생각보다 남에게 신경을 쓰지 않는단다. 그래서 편한 부분도 있어. 자신이 실수라고 여긴 것도 남들이 잘 보지 못하고 지나갈 수 있다는 말도 되니까. 하지만 한편으로 그만큼 신경을 쓰지 않는 사람들에게 인정받는 것이 힘들 수도 있다는 말도 되지. 평상시에 관심을 잘 기울여 주지 않으니까."

종훈은 중학교 1학년 초 반 아이들이나 선생님들에게 뭘 해도 주목받지 못하던 자신의 모습을 떠올리며 고개를 끄덕였다. 실수를 해도 그만, 뭔가를 잘해도 그만, 자신이 생각한 것만큼 반응이 없었던 것이다. 하지만 지금은 학교 짱이 되어 움직이니 사정이 다르다는 생각이 들었다. 그런 마음을 꿰뚫어 보았는지 사범이 종훈을 쳐다보며 말했다.

"여기 자칭 학교 짱인 종훈이도 그런 것은 마찬가지일 거야. 제 딴에는 대단한 일을 벌인다고 생각하지만, 남들이 알아주지 않아서 속상한 적이 많았을 거야. 아니면 일부러 남의 인정을 받으려고 싸움을 하거나 하기 싫은 일을 할 때도 있었을 것이고. 정말 남이 그렇게 관심을 기울여 주는지 아닌지 확인해 보지도 않고 말이야."

"내가 언제 그랬다고 그래요?"

"뭐 그랬을 수도 있었다는 말이지. 발끈하기는."

"아, 진짜. 그냥 이야기해도 되는데, 자꾸 성질 돋우는 식으로 말하네. 이렇게 막 무시하는데 어디 가만히 참고 들을 수 있겠어요?"

"그래? 그러면 너는 자신을 얼마나 인정하고 있니?"

종훈은 갑자기 할 말을 잃었다. 사범은 말을 이어 나갔다.

"너는 다른 사람에게 인정해 달라고 부르짖는 것에 비해서 얼마나 자신을 인정하고 있을까? 네 본모습을 알게 되면 다른 사람이 싫어할까 봐 일부러 강한 척, 더 멋진 척하며 본모습을 부정하려 하지 않았니? 혹은 네가 꿈꾸는 아주 멋진 네 모습이 바로 너에게 더 어울린다고 생각하느라 정작 현재의 네 모습을 부정하지는 않았니?"

종훈이 아무 대꾸도 하지 않자 사범은 이야기를 계속했다.

"전엔 나도 그랬다. 그러면서 타인의 시선에 나를 맞추려 했지.

다른 사람이 기대하는 모범생의 모습이 있다면 그 모습에 맞춰 살고, 학교 짱의 모습이 있다면 그에 맞춰 사는 식으로 말이야. 그렇게 '자기'는 없어지고 '역할'만 남게 되지. 그냥 나는 어느 학교에도 있는 그런 모범생이나 짱이 되는 거야. 그러다가 문득 자신이 누구인가 하는 생각이 들면 허무하고 답답해지면서 참을 수 없게 되고 말이야."

종훈은 가슴에서 뭔가 꿈틀거리는 것이 느껴졌다. 똬리를 틀고 있던 것이 고개를 쳐드는 것 같았다.

"모범생이 되든 학교 짱이 되든 모두 인정의 감옥에 갇히는 것은 똑같아. 자기 자신을 찾아서 그 모습으로 인정을 받아야 하는 것 아니니? 진정한 내가 아닌 다른 누구라도 될 수 있는 그런 존재가 되어 인정받아서 무엇 하겠니?"

"저를 다 알고 있다는 듯이 말하지 말아요!"

주먹을 불끈 쥐며 종훈이 말했다.

"실험을 하기 전에는 확신이 서지 않았지. 하지만 네가 오늘 시장 한가운데에서 어쩔 줄 몰라 하는 모습을 보니 알겠더라. 좀 솔직해져 봐. 네 마음속 깊이 숨겨진 것들을 애써 덮어 두려는 한 그것이 무거운 짐이 되어 네가 자유롭게 날아가지 못하도록 붙잡고 있을 테니까. 계속 네가 다른 사람의 눈으로 너를 보고 네 자신의 모습을 부정하면 진짜 너는 병들고 방황하게 된다."

"방황이라뇨? 저는 사범님 만나기 전까지 잘나가고 있었어요. 괜히 남의 인생에 끼어들어서 꼬이게 한 게 누군데요?"

"정말 그러니?"

사범은 종훈의 얼굴을 빤히 쳐다보면서 물었다.

"자신을 인정하면 잠시 창피한 옷을 입어도 그게 순간일 뿐이니 그렇게 당황할 필요가 없지. 하지만 다른 사람의 시선을 더 중요하게 여기는 습관 때문에 그런 상태를 견디지 못하는 거야. 항상 다른 사람에게 멋있게 보이려고 화려한 것을 쫓지."

종훈은 속으로 흠칫 놀랐지만 애써 태연한 척했다. 사범은 차분하게 말을 이어 나갔다.

"그건 너만의 문제는 아니다. 유명인과 잘 안다고 떠벌리는 아이들, 외국의 좋은 곳에 다녀왔다고 자랑하는 사람들, 온라인 사이트의 일촌이 몇 명인지 자랑하고 자신의 예쁜 모습만 올리는 사람들, 명품을 자랑하는 사람 등, 사람들은 계속 남들이 인정할 수밖에 없는 존재로 자신을 포장하기 위해 혈안이지."

"그들은 자신의 잘나가는 현재 상태를 보여 주려고 노력하는 것뿐이라고요."

종훈이 참다못해 소리쳤다.

"그런데 왜 남들이 필요하지? 정말 자신의 현재 상태로 만족한다면 그렇게 떠벌릴 필요 없잖아. 저 혼자 기쁨을 누리면 되지. 더구나 그들의 말 속에서는 진정한 자신에 대한 이야기가 나오지 않아. 다른 사람과 비교했을 때 자신이 얼마나 대단한지 등을 이야기하지."

"세상 사람들에게 인정받지 못할 사소한 일이나 하는 게 더 나쁜 거 아닌가요?"

종훈은 가슴 한쪽이 뜨끔했지만 사범의 말을 계속 부정하고 싶었다. 그 말이 옳을수록 더욱.

"아니. 이것은 '좋다 나쁘다'의 문제가 아니라 '가능하냐 가능하지 않냐'의 문제야."

사범은 집게손가락과 가운뎃손가락을 구부렸다 폈다 하며 특정 단어를 강조하며 말했다.

"어떤 사람에게도 애초 완벽한 인정은 가능하지 않단다. 그렇게 인정을 받으면 좋겠다고 바라는 것뿐이야. 생각해 봐라. 안티 없는 세상이 어디 있겠니? 전지전능한 신조차도 모든 사람에게서 사랑과 존경을 받지 못하는 게 이 세상이야. 그런데 신도 아닌 인간인 네가 어떻게 모든 일을 남에게 인정받을 수 있다고 생각하니? 아니지. 네 생각은 그렇게 인정받을 수 있어야 가치 있다고 생각하는 것이지. 그렇지만 종훈아, 그렇게 모든 사람에게 인정받기 위해서 억지로 뭔가를 꾸미는 것이 더 문제가 아닐까? 네가 하는 모든 일을 반드시 인정받아야만 한다는 생각을 해서는 안 돼. 그런 생각은 자신을 파괴할 위험이 있어."

사범은 이야기를 끝마치고 나서 가만히 종훈을 바라보았다. 종훈은 한참을 아무 말 없이 건너편 벽만 바라보았다. 그러더니 낮은 목소리로 혼잣말처럼 중얼거렸다.

"그래도 다른 사람의 인정을 받아야 성공할 수 있고 행복해질 수 있죠."

사범은 종훈의 말을 바로 받아쳤다.

"아니. 네가 바로 서서 성공을 하고 스스로 행복하면 다른 사람도 인정하게 되는 것이지. 순서가 반대야. 다른 사람들의 인정을 받으려면 그만큼 뭔가를 해야 하겠지? 그런 일에 시간과 노력을 투자하면 자신을 위한 일에는 투자할 여력이 남지 않게 된다. 즉, 다른 사람이 원하는 바를 위해 살아가느라 네가 원하는 대로 살 시간이 부족해지는 거야. 다른 사람이 바라는 미래의 모습을 생각하며 현재의 너를 부정하고 한심해하는데 어떻게 현실이 만족스러울 수 있겠니? 현재의 자신을 인정해야 한다."

"제가 관심을 받기 위해 응석이나 부리는 아이라고 생각하세요? 저는요, 그 외국의 동영상에 나오는 영웅 같은 존재라고요. 제가 어떻게 당하다가 짱까지 된 줄 아세요?"

종훈의 말에 사범은 부드럽게 대꾸했다.

"그래, 좋다. 그래서 너는 지금 얼마나 행복하니? 네 말대로 그 영웅 같은 복수를 했다면, 얼마나 행복하게 지내고 있니?"

"저는 지금 이대로 충분히 행복하다고요."

사범이 목소리를 높였다.

"그런 놈이 비닐 가방 하나에 목숨을 걸 것처럼 달려들어? 그리고 아까 시장에서 사람들 시선에 그렇게 신경을 써? 혹시나 내가 너의 실상을 드러낼까 봐 애들을 겁줘서 집으로 보내 버리고 그런 것이냐?"

종훈은 사범의 눈을 똑바로 쳐다봤다. 꿈에서 느꼈던 자신의 본모습을 비추던 시선이 사범의 눈에서 느껴졌다. 모든 것을 내려다보고 정확히 기록하는 눈. 그 눈은 매서웠다. 그러면서도 마냥 피하지 못할 어떤 자석과 같이 끌어당기는 힘을 갖고 있었다. 사범은 다시 차분하게 말을 이었다.

"인정받고 싶은 욕구가 있다고 해서 거기에 집착해도 좋다는 것은 아니야. 식욕이 있다고 해서 몸을 주체하지 못할 정도로 식욕에 집착해도 좋다는 의미가 아니듯이 말이다. 다른 사람이 원하는 행동보다는 네 자신이 즐겁고 가치 있다고 여기는 일에 몰두하는 게 좋아."

"어른들은 맨날 그 타령이죠. 자신이 원하는 일을 하라고 말이에요. 대체 그게 뭐냐고요? 저도 제가 원하는 것이 뭔지 모르는데."

종훈은 답답한 마음에 자신도 모르게 큰 소리를 쳤다. 늘 이 부분에서 막혔다. 마음을 잡고 싸움 말고 뭔가를 하려고 해도 그 뭔가가 도대체 생각이 나지 않았다.

"그건 네가 찾아야 한다."

"결국 사범님도 똑같은 말을 하는군요. 됐어요."

종훈이 벌떡 일어서 나가려 했다. 사범이 재빨리 말했다.

"아니, 네 인생은 네 것이기 때문에 네가 먼저 찾을 책임이 있다는 말이야. 물론 나도 도와줄 것이고."

"어떻게요? 어떻게 이 지랄 같은 상황에서 나를 빼내 줄 건데요?"

사범은 이맛살을 찌푸리며 눈을 감았다. 종훈은 계속 주먹을 휘두르는 기분으로 큰 소리를 쳤다.

"사범님이 말한 것처럼 제가 남의 눈치나 보는 한심한 놈이라면 구제 불능인 거 아닌가요? 그렇게 노력할 가치나 느끼시겠어요? 우리 부모도 나를 포기했는데, 사범님이 왜 저를 챙기시겠어요. 적당히 하시다 말겠지요. 괜히 힘 빼지 마시고 이쯤에서 그만두시지요. 과제니 뭐니 다 집어치우고요."

"잠깐! 왜 부모님이 너를 포기했다고 생각하니?"

"요즘 나랑 제대로 말도 하지 않는다니까요. 뭘 해도 그냥 놔둬요. 제가 당신들이 원하는 완벽한 아들이 아니니까 실망해서 그런 것이겠지요."

"그래? 그럼 너도 부모님이 완벽한 부모가 아니라 실망해서 말하

무대는 없다 75

지 않는 거니?"

"아니요. 그건 아니지요."

"그럼 네가 완벽하지 않다고 해서 교류를 끊은 것이라고는 말할 수 없겠구나. 네가 생각하는 부모님과의 관계는 네 마음이 만들어 낸 허상일 수 있어."

"사범님이 무슨 정신과 의사라도 돼요? 그냥 이렇게 구질구질한 도장의 사범일 뿐이잖아요."

"맞아, 나는 사범이야. 태껸 사범. 그런데 이거 아니?"

종훈이 일부러 사범의 심기를 불편하게 하려고 한 말이었지만 사범은 당황하지 않고 종훈의 말을 되받아쳤다.

"태껸 학과는 없잖아. 그리고 나는 체육학과나 체대 출신이라고 말한 적이 없어."

"그럼요?"

"난 심리학과 출신이야. 운동을 좋아해서 태껸을 배웠고 이렇게 사범까지 하고 있지. 하지만 3년 전까지만 해도 나는 학원 강사였단다. 논술 학원 강사."

"지금 장난쳐요? 논술 학원 강사가 왜 태껸을 가르쳐요? 돈 왕창 벌어서 잘나갈 수 있는데, 수련생도 없고 곰팡이 냄새 풀풀 나는 도장에 왜 앉아 있냐고요."

"그러게. 나도 내 인생사가 이렇게 풀릴 줄 몰랐단다. 그런데 나는 지금의 내가 더 좋아. 쪽집게 명강사라고 다른 사람들이 띄워 줄 때보다 말이야. 나는 내가 지나온 경험을 통해 확실히 알게 된 것이 있단다."

"그게 뭔데요?"

"내 자신이 가치 있는 존재인 이유는 스스로 그렇다고 생각하기 때문이야. 누가 인증 마크처럼 그 가치를 내게 부여했기 때문은 아니라는 것이지."

종훈은 코웃음을 쳤다.

"그거 다 못나가는 사람들이 자기 편한 대로 생각하는 거잖아요? 나는 못난 나를 인정하니 그냥 냅둬라, 뭐 이런 거요."

사범이 큰 소리로 웃었다.

"허허. 네 말이 맞는다고 해도 그 반대로 생각해서 속을 끓이는 것보다 낫지 않니? 만날 '그래 나는 못난 놈이야. 맞아, 이런 행동을 봐. 나는 한심한 놈이야.' 하다가 정말 실수를 하고서 자기의 예언이 맞았다고 해서 더 행복할까?"

얼굴에서 웃음기를 거둔 뒤 사범은 종훈에게 나지막이 말했다.

"네가 가치 있는 이유는 너 자신이 그렇다고 생각하기 때문이다. 네가 가치 없다고 생각하는 이유도 너 자신이 그렇다고 생각하기 때문이다. 네 가치를 네가 먼저 인정해야 한다."

"그 가치가 대체 뭔데요?"

"네가 찾아봐야지."

"봐요, 잘 찾지도 못하면서. 내게 가치 있는 것이 많았다면 몇 번 안 만난 사범님도 줄줄 꿸 정도였을 거라고요."

"아니. 자신을 존중하고 인정하기 위해서 그렇게 많은 가치가 필요한 것은 아니다. 네가 소중히 여기는 가치가 네 안에 있기만 하면 돼."

"저에게 모든 책임을 돌리는 말이라면 사양하겠습니다. 그런 훌륭한 말씀 계속 하실 거라면 저는 이만 인사 올리겠습니다. 한시라도 빨리 머리 깎고 산에 들어가 깨달음을 얻어야지요."

종훈이 비꼬듯이 말하고는 끄응 하고 다리에 힘을 넣고 일어서려 했다. 그러나 사범은 종훈의 어깨를 짚었다.

"얼렁뚱땅 넘어갈 수는 없지. 사나이라서 약속은 꼭 지킨다며? 오늘 내기에서 졌으니 숙제는 제대로 다시 해야지? 이대로 그냥 가면 나는 네가 비겁하게 포기한 것으로 생각할 거다."

사회적 가면 뒤에 있는 자기 찾기

이른바 '문제 학생'은 자신의 성격과 고집이 뚜렷해서 거침없이 행동하는 것처럼 보인다. 하지만 사실은 미래에 무엇이 될지 자아 개발 모델이 없는 청소년일 뿐이다. 자아 성장을 위해 노력하지 않기 때문에 그저 특정 역할에 자신을 맞추려고 한다. 소설 속 종훈이 일진에 맞는 행동을 하려고 노력하는 것처럼.

일정한 틀에 자신을 맞추는 행동을 이해하기 위해서는 분석 심리학자 칼 구스타프 융의 페르소나 이론을 살펴보면 좋다. 페르소나는 원래 고대 그리스 연극에서 배우들이 쓰는 가면을 일컫는 말이었다. 오늘날 심리학에서는 타인에게 비치는 개인의 외적 성격을 나타내는 말로 쓰인다. '사회적 가면'이라고 이해하면 된다. 융은 사람들이 아주 많은 사회적 가면을 갖고 있으며 상황에 따라 적절한 가면을 쓰고 관계를 이룬다고 보았다. 학생의 페르소나, 선생의 페르소나, 선배의 페르소나, 후배의 페르소나 등 여러 페르소나를 통해 역할을 반영하여 세상 사람과 효과적으로 상호 작용할 수 있다. 그러니까 페르소나는 사회생활을 위한 여러 가지 가면이다.

문제는 사회적 가면이 진짜 자신이라고 생각할 때 생긴다. 종훈의 경우, 일진의 페르소나에 사로잡혀 그것에 자신의 마음을 맞추려 한다. 종훈의 페르소나는 자신의 본성을 파괴하고 사회생활을 어긋나게 한다. 그리고 페르소나가 필요 없는 혼자 있는 시간이 되면 공허해하며, 이내 그 공허함을 폭력으로 해소하려고 한다.

공부 잘하는 모범생 역할에 충실한 학생들도 자아 개발 모델이 없기는 마찬가지다. 이들은 눈에 보이는 폭력을 쓰지 않을 뿐, 내면에서 자신에게 폭력을 사용하거나 다른 사람의 폭력에 쉽사리 동조할 가능성이 크다. 비록 스스로 의식하지 못할지라도 이들 역시 내면의 공허함과 공격성이 차곡차곡 쌓였기 때문이다. 사회적 가면이 자기라는 착각에서 벗어나 진정한 자기를 찾아 나서는 일은 폭력 문제 해결을 위해 꼭 필요할 것이다.

4
방과 후 선생

집에 돌아오자마자 종훈은 사범이 준 책을 침대에 던져 버렸다.

"대체 글자만 빽빽하게 있는 소설을 어떻게 읽으라는 거야?"

자신이 사나이 운운 하면서 잘난 체하지만 않았다면 거부하고 싶은 과제였다. 논술 학원 강사였다더니 책부터 읽히는 것 같아 짜증이 났다. 하지만 사범은 이번 숙제를 잘 해 오면 종훈의 소원대로 필살기를 하나 알려 준다고 했다. 그나마 그것을 위안 삼기로 했다. 그러나 여전히 신경 쓰이는 부분이 있었다. 사범이 했던 말을 다시 떠올려 봤다.

"이번 과제는 내가 다른 애한테도 내줄 거야. 일종의 배틀로 둘의 독후감을 갖고 이야기하도록 하겠다. 네가 그 독서 대련에서 이긴다면 필살기에 더해서 내 비밀을 하나 알려 주지. 왜 너를 선택해서 이런 숙제를 내는지 그 이유를 말이야. 내가 설마 시간이 남아서 너를 괴롭히려 이런 숙제를 내는 것은 아니지 않겠니?"

　전혀 모르는 애와 경쟁을 해야 하는 상황이 마음에 들지 않았다. 경쟁에서 진다고 해도 네 번만 하면 되는 숙제 가운데 하나를 끝내는 것에는 변함이 없지만 말이다. 그리고 이왕이면 이겨서 자신을 무시하는 사범의 코를 납작하게 해 주고 그 비밀도 듣고 싶었다. 성질 같아서는 당장에 책을 읽고 달려가서 결판을 내고 싶었지만 몸이 너무 피곤했다. 신경을 많이 쓴 날은 몸이 축 처졌다. 그런데도 잠을 잘 자지 못하니 더 힘이 들고 짜증이 났다. 컴퓨터를 켜고 게임을 했다. 순간적으로 짜증 나는 것들이 잊혔다. 그러나 컴퓨터를 끄면 더 몸이 힘들고 자신을 괴롭히는 문제는 여전했다. 늪처럼 그 문제에 빠져들어 고민하다 보면 제대로 잠을 이룰 수 없었다.

　종훈은 학교에 가서도 과제를 생각했다. 학교 숙제와 다르게 사범의 과제를 그대로 놔두는 것은 이상하게 찝찝했다. 사범은 빨리 하는 것이 아니라 제대로 하는 것이 중요하다고 했지만 되도록 빨리 해치우고 싶었다. 그 독서 대련인지 논술 배틀인지 하는 것이 비록 일주일 뒤에 열린다고 해도 말이다.

　집에 돌아온 종훈은 일단 책상 앞에 앉아 책을 펼쳐 들었다. 이런 자신의 모습이 낯설었다. 소설책이라니. 첫 장을 펴고 반 페이지 읽다가 휙 집어 던졌다. 그리고 침대에 누워 눈을 감았다. 내일 학교에 저 책을 가지고 가서 끝까지 읽으리라. 그리고 이기리라. 필살기도 배우고, 비밀 이야기도 단박에 들으리라. 이런 상상을 하니까 웃음이 나왔다. 그러나 눈을 떠서 보니 여전히 책은 책상 위에 내팽개쳐 있었다. 아무리 기쁜 상상을 해도 자신이 책을 반 페이지밖에 읽지 않았다는 사실에 변함이 없다는 생각이 들자 기분이 나빠졌다.

내일까지 시간은 많이 남아 있었다. 종훈은 다시 책상에 앉아 책을 한 페이지 정도 읽었다. 아까보다 더 참을성 있게 글을 읽었지만, 인터넷 기사보다 더 긴 내용의 글을 읽는 것은 무리였다. 종훈은 책을 확 덮어 버렸다. 성질대로라면 단숨에 읽고 싶은데 그렇게 되지 않았다.

'내일 새 마음 새 뜻으로 하면 나아질 거야.'

종훈은 다시 침대에 누워 책의 내용을 상상해 보았다. '우상의 눈물'이라는 제목에 맞춰 제멋대로 영화를 찍듯 상상했다. 그러다 잠이 들었다.

다음 날 종훈은 다른 때보다도 한 시간이나 늦게 일어났다. 엄마에게 괜시리 소리를 지르고 현관문을 쾅 닫고 나와 버렸다.

학교에 도착하자마자 책을 꺼냈다. 수업 시간에도 『우상의 눈물』을 교과서 안에 끼우고서 읽었다. 처음에는 글자가 마구 뛰어 노는 것처럼 보였다. 집중을 할 수 없었다. 하지만 계속 미룰 수는 없었다. 어차피 책상에 앉아 있어야 하니, 차라리 지금 읽는 게 좋겠다는 생각이 들었다. 진도가 나가기 시작했다. 그리고 주인공이 다른 애들에게 심하게 맞는 장면에서부터는 이야기에 폭 빠져들어 시간이 어떻게 흘러가는지 모를 정도였다. 점심시간에도 빨리 밥을 해치우고 나서 책을 읽었다. 그렇게 해서 하교할 즈음에는 소설 한 편을 다 읽게 되었다. 처음에는 다른 애들의 시선이 신경 쓰였지만, 나중에는 책에 집중하느라 다른 데는 신경을 쓰지 않게 되었다.

곧장 집으로 돌아온 종훈은 컴퓨터를 켰다.

"이런 것은 왜 하라고 그런담? 그냥 읽었다고 믿으면 안 되나?"

종훈은 소설 줄거리를 요약하기 위해서 컴퓨터를 켰지만, 어떻게 써야 할지 막막했다. 종훈은 주인공으로 나오는 이유대 학생의 입장에서 글을 읽으며 문제 학생 최기표를 동정하게 되었다. 그러면서 담임 교사, 반장인 임형우 등을 싫어하게 되었다. 성질대로라면 줄거리는 그만두고 눈에 거슬리는 등장인물들을 욕하거나 모두 잡아다가 혼내 줄 수 있는 방법에 대해서 써 버리고 싶었다. 그렇지만 아무리 자신의 생각이 드러나게 쓰라고 했어도 그런 식으로 정리하기를 사범이 바랄 것 같지 않았다. 그리고 자신과 독서 대련을 붙게 될 녀석과 경쟁을 하려면 좀 더 정리를 잘해야겠다는 생각을 했다. 뼈대는 다른 애의 것으로 하되 지금 막 읽었을 때의 느낌을 잊어버리기 전에 정리를 하면 사범이 원하는 형태로 내용을 정리할 수 있을 것 같았다.

종훈은 인터넷에서 전상국이 쓴 소설 『우상의 눈물』을 검색했다. 그러자 다양한 정보가 떴다. 놀랍게도 그 글은 1980년에 발표된 소설이었다.

'요즘과 상황이 비슷한 것 같은데 30년도 넘은 이야기라니.'

검색을 계속하자 드디어 괜찮은 줄거리 요약이 하나 나왔다.

이 소설은 새 학년이 시작된 고등학교 2학년 어느 학급에서 벌어진 일을 내용으로 하고 있다. 주인공 이유대는 새 학기 임시 반장을 맡게 된다. 그런데 이 반에는 문제가 있었다. 담임은 좋은 교사인 척할 뿐, 사실은 자율이란 말로 학생들을 얽어매어 반 전체를 장악하려는 사람이었다. 그런 담임 아래에서 임시 반장을 맡게 된 이유대를 바라보는 주변의 시선은 그리 곱지 않다. 특히 최기표라는 문제 학생은 이유대를 고깝게 보고 폭행을 가한다. 최기표는 한 학년 유급을 당한 학생들의 모임인 '재수파'의 짱이었다.

담임은 이유대에게 반장을 계속 맡아 달라고 강요한다. 하지만 이유대는 친한 친구인 임형우를 추천한다. 그러자 담임은 학급을 위한 조언을 이유대에게 부탁한다. 그 조언은 사실상 고자질이었다. 이유대는 1학년 때도 첩자 역할을 한 경험을 떠올리며 담임의 요구가 부당하다는 생각이 들어 응하지 않는다. 반장은 주인공 이유대가 추천한 대로 임형우가 된다. 그 후 임형우와 담임의 노력으로 일이 착착 진행된다. 한편에서는 최기표가 학생들을 폭력으로 장악한다. 공식적으로는 임형우와 담임이, 비공식적으로는 최기표가 장악한 가운데 반에는 긴장감이 흐른다.

임형우와 함께 반을 장악했다는 생각을 한 담임 교사는 최기표를 공격하기 시작한다. 우선 최기표를 재수파에서 집단 따돌림을 시킬 방법을 찾는다. 담임의 묵인 아래 모범생들이 최기표의 시험을 돕기로 한다. 커닝 쪽지가 최기표에게 전달되지만, 이 일은 최기표의 비위를 상하게 만든다. 최기표는 반장인 임형우를 병원에 입원할 정도로 폭행한다. 그럼에도 임형우는 가해자가 누군지 끝까지 밝히지 않는다. 졸지에 학생들 사이에 임형우는 의리 있는 영웅으로 부상하게 된다. 재수파들도 임형우에게 그간의 잘못에 대해 사과를 한다. 음성 조직의 와해가 시작된 것이다.

한편 재수파들은 그동안 가정 형편이 힘든 최기표에게 자신들의 피를 팔아 번 돈을 줘서 생활비를 충당하도록 해 왔다. 그런데 갑자기 기표의 어려운 가정 사정과 재수파들이 기표를 도와준 사실이 담임에 의해서 미화되어 세상에 알려진다. 담임과 반장은 기표의 어려운 가정 형편을 밝히고 모금 운동을 공개적으로 벌인다. 최기표는 폭력을 일삼는 문제 학생이 아닌 효자로, 재수파들은 집단 폭행을 일삼는 무리가 아닌 희생적이고 의리 있는 친구로 둔갑한다. 월요일 조회 때마다 사회 각계에서 보내온 성금과 위문편지가 최기표에게 전달되고, 급기야 최기표의 이야기가 영화로 만들어질 단계에까지 이른다.

 세상의 관심이 높아질수록 최기표는 예전의 포악한 모습을 지닌 아이가 아니라, 주변의 도움을 받았던 무기력한 아이 혹은 부끄러움을 잘 타는 아이로 변하게 된다. 그리고 아이들은 그런 최기표를 더 이상 무서워하지 않게 된다. 그러던 어느 날 최기표는 가출을 한다. 가출을 하면서 여동생에게 편지를 남겼는데, 거기에는 "나는 무서워서 살 수가 없다."고 쓰여 있었다. 그 소식을 들은 담임은 자신의 계획을 최기표가 망쳤다며 신경질을 부린다.

 종훈은 책을 읽으며 처음에는 이유대를 때린 최기표를 싫어했다. 자신이 괴롭힘을 당하던 초등학교 때 일이 떠올랐기 때문이다. 그러나 담임 교사와 반장인 임형우의 치밀한 계획으로 최기표가 무서운 아이가 아니라 동정받아 마땅한 아이로 변하게 되는 장면에서는 화가 치밀어 가슴이 덜덜 떨렸다. 마치 종훈 자신이 최기표가 된 것처럼. 만약 자신에게 이런 일이 생긴다면 최기표가 남긴 메모처럼 정말 세상이 너무 무서워 살 수 없을 것 같았다. "내일 천일영화사 사람들하고 만나기로 약속한 날이잖아? 그런데 이 망할 새끼가 끝까지 말썽이야."라며 담임 교사가 욕설을 내뱉는 장면에서는 분노에 치를 떨면서도 동시에 오싹한 기분을 느꼈다.

 종훈은 책을 읽었다는 것을 증명하기 위해서 자신이 인상 깊게 본 부분을 인용하면서 요약된 줄거리를 좀 더 생생하게 바꿨다. 예를 들면, 이유대가 담임이 최기표를 부반장으로 임명하려 할 때

"선생님, 기표 한 개인을 위해서입니까, 아니면 기표의 힘을 빼어 반 아이들을 보호하기 위해서입니까?"라고 물었던 것을 인용하는 식으로.

종훈은 책을 읽으며 느낀 점이 많은 만큼 독서 대련에 자신감이 붙었다. 어제 축 처졌던 것과 다르게 힘이 났다. 뭔가가 종훈의 심장에 있던 낡은 톱니바퀴에 기름을 쳐서 힘차게 돌아가게 만드는 것 같았다.

다음 날, 종훈은 발걸음도 가볍게 교실로 들어갔다. 조회 시작 직전이었다. 새 학기를 맞아 새로 선출된 반장이 외치는 지시에 따라 아이들이 담임에게 인사를 했다. 그러고 나서 담임의 조회가 이어졌다. 이러한 일상적인 상황이 어제 읽은 소설 내용과 겹쳐지면서 종훈은 반장이 담임에 빌붙어 있는 임형우처럼 보였다. 반에서 공부를 가장 잘하는 것도 아니면서 모범생인 척하는 것 같아 못마땅했다.

게다가 엊그제는 담임이 전달하라고 했다며 아침 등교 문제를 종훈에게 이야기했다.

'쳇, 지가 반장이라고 나를 감히 어떻게 하려고 한단 말이지?'

종훈은 그 자리에서 재수 없다며 쏘아붙였다. 반장은 물러나지 않고 뭔가 말을 덧붙이려 했다. 종훈이 얼굴을 한껏 찡그리며 숨을 크게 들이켜자 그제야 꼬리를 내리고 사라졌던 것이다.

'다른 애들이 지켜보니까 꼴에 반장인 척을 하고 싶었던 거군.'

종훈은 코웃음을 쳤다. 종훈은 반장이 가식적이라고 확신했다. 그래서 언젠가 걸리면 화끈하게 손을 봐줘야겠다고 생각하고 있던 참이다.

그런 때에 어제 읽은 소설 속의 내용과 겹치면서 반장이 더 미워 보였다. 담임도 마찬가지였다. 등장인물과 주변 아이들을 하나씩 대비해 보았다. 소설 속 내용이 더 생생하게 다가왔다. 어느덧 종훈은 사범이 독서법이라고 일러 준 대로 자신을 특정 등장인물이라고 생각하며 책의 내용을 비판하려고 했다.

'그런데, 나는 누구로 하지?'

고깝게 볼 상대는 정해졌지만, 정작 종훈은 자신이 최기표인지 이유대인지 쉽게 정할 수 없었다. 아이들을 꽉 잡고 있는 모습은 최기표에 가까웠지만 종훈은 그렇게 나쁜 놈들과 자신이 근본적으로 다르다고 생각했다. 가끔 자신이 생각해도 찝찝한 일을 하거나 아이들에게 심한 폭행을 가하기도 했지만 그것은 실수일 뿐이었다. 최기표처럼 품성이 나빠 악행을 저지르는 아이는 아니라고 생각했다. 무엇보다 종훈은 몰락하는 놈이 되고 싶지 않았다. 그렇다고 자신이 담임의 부정적 모습도 잘 지적하는 이유대와 같은 인물로 생각되진 않았다. 그리고 이 모든 것을 거의 방관자 입장에서 보는 반 아이도 아니었다.

'과연 나는 누구지?'

담임은 내일까지 방과 후 활동을 정해야 한다는 말을 하고 조회를 마쳤다. 아이들은 선생님이 나눠 준 인쇄물을 보고 있었다. 종훈은 그냥 책상 위에 엎드렸다. 아이들은 친한 친구끼리 함께 방과 후 활동을 정하려고 웅성웅성거렸다. 심복 창준이 종훈에게 다가와 물었다.

"자니?"

"아니."

"무슨 반에 들래?"

"아무거나. 너는?"

"나도. 봐서 아무거나."

창준은 머뭇거리다 다시 입을 열었다.

"늦게 선택하면 정원 다 차서 원하는 곳에 못 들어갈 수도 있어."

"응."

"내일까지는 정해야 한대."

"알았어."

창준이 자기 자리로 돌아갔다. 종훈은 그제야 몸을 일으켜 인쇄물을 봤다. 각 학년 학습 기본반 혹은 심화반이라는 이름으로 보충 수업을 하는 반이 맨 위에 크고 자세하게 소개되어 있었다. 그 밖에는 영어 회화반, 합창반, 독서 논술반, 미술반 등 다양한 방과 후 활동이 짧게 소개되어 있었다. 작년에 종훈은 한 달에 5만 원을 내고 축구반에 들어서 활동을 했지만 그렇게 재미를 느끼지는 못했다. 마음은 박지성인데 몸이 따라 주지 않으니 짜증이 났다. 그리고 코치와 축구 잘하는 애들이 자신을 후보 선수 취급하는 것도 썩 유쾌하지 않았다. 뭘 하든지 잘하는 모습을 보여 주지 않으면 직성이 풀리지 않는 성격 탓이다. 새롭게 태껸반도 소개가 되어 있었다. 종훈은 사범의 이름을 보았다. 김우경이었다. 애들은 이름만 보고서는 여자 사범인가 하며 기대를 하는 듯했다.

'자식들, 나중에 놀라 자빠질 것이다.'

종훈은 속으로 웃었다.

'그나저나 나는 뭘 하지?'

만약 미술반 교사가 여자였다면 미술반을 선택했을 것이다. 하지만 별명이 '꽈배기'인 남자 선생님이었다. 비꼬기를 잘해서 생긴 별명이었다. 다른 반을 살폈다. 남자 중학교라 합창반 교사도 남자 선생님이었다. 그래도 음악 선생님은 좋은 사람이었다. 그리고 종훈도 음악을 좋아했지만, 왠지 자신의 이미지와 맞지 않을 것 같아 줄곧 피했다. 또 나중에 정원이 넘치면 등록 못한 애들이 어차피 모이는 반을 괜히 먼저 선택할 필요는 없었다. 종훈은 독서 논술과 영어 회화는 공부에 신경 쓰는 샌님들용이지, 자신과 같은 진짜 사나이용은 아니라고 생각했다. 그렇다고 꼴도 보기 싫은 사범이 운영하는 태껸반에 들 수는 없었다. 인쇄물을 탁 책상에 놓으며 푸념을 했다.

"이런 것은 애들 희망 사항을 받아서 좀 하면 안 되나?"

종훈은 복싱반이 있다면 멋질 것이라는 생각이 들었다. 웃통을 벗은 채 빠르게 주먹을 내지르는 자신의 모습을 상상해 보았다.

'복싱을 원하는 애들이 적어도 몇십 명은 되리라. 그러면 학교에서 반을 만들어 줄 수 있지 않을까?'

여기에까지 생각이 미치자 종훈은 반장을 불렀다.

"어이, 반장."

반장이 종훈에게 다가왔다. 종훈은 반장에게 방과 후 활동에 복싱반을 하나 더 만드는 것이 가능한지 물었다. 말이 물어보는 것이지 위압적인 자세로 알아보라고 지시하는 것이나 마찬가지였다. 반장은 알아보겠다고 했다.

"야, 내가 물어봤다고 하면 보나마나 안 될 거니까, 네가 여러 애들이 원한다는 말을 들었다고 해라."

반장이 종훈에게 미소를 지으며 말했다.

"그건 내가 알아서 할게."

'저렇게 웃어도 속으로 무슨 생각을 하는지 몰라. 임형우 같은 자식. 잘해 주는 척하고 뒤통수를 칠 거야.'

종훈은 목소리를 한껏 깔면서 다시 말했다.

"네가 알아서 하지 말고, 내게 보고하면서 똑바로 일을 처리하라고 말하는 거야."

반장은 얼굴이 조금 붉어졌다. 2학년 2학기 때 전학을 와서 종훈이 얼마나 무서운지 몰라서 까부는 것 같았다. 종훈은 기가 막힌다는 표정을 더 과장되게 지어 보이며 덧붙였다.

"너 지금 내가 너한테 도와달라고 말하는 것 같니? 반장이라고 좀 봐줬더니 짜아식 분수도 모르고 기어오르려 하네. 내가 너 찍어 놨으니까 똑바로 해라. 이번 일은 꼭 돼야 하는 거야. 아니면 알지?"

종훈은 입꼬리를 올리며 실실 웃으면서도 눈은 매섭게 반장을 쳐다보았다. 그리고 내뱉듯이 말했다.

"야, 재수 없으니까 그만 꺼져."

종훈은 점심시간에도 반장을 불러 알아봤는지 확인했다. 일부러 압박을 하기 위해서였다. 반장은 안 그래도 점심시간에 교무실에 가서 이야기하려 했다고 말했다.

"그럼 빨리 튀어 갔다 와."

반장은 또 뭔가 말하려다 말고 터벅터벅 교실 밖으로 걸어 나갔다. 종훈은 결과와 상관없이 이번에 확실하게 반장의 기를 죽여 놓아야겠다고 생각했다. 그동안 학교에서 싸우는 것을 본 적이 없는 상대여서 관심을 두지 않고 있었는데 반장의 눈매에서 고집이 느껴졌다. 더 크기 전에 싹을 잘라야겠다는 다짐을 했다.

점심시간이 끝날 무렵 반장이 종훈에게 와서 말했다.

"담임 선생님이 교감 선생님께 보고한 뒤 알려 주신다고 했어."

"언제?"

"일단 오늘 교무 회의에서 말씀하신다고 했으니……."

"야, 내일이 마감이라며. 그래서 되겠니?"

"선생님들 회의는 내가 어쩔 수 없는 거잖아?"

"어쭈, 너 지금 나한테 개기는 거냐?"

"아니, 개기는 게 아니라 나도 진짜로 복싱반이 생겼으면 하고 바라지만 학교에는 다 절차라는 게 있잖아."

"잠깐만. 복싱반을 네가 진짜로 원한다고? 너 같은 놈이 왜?"

"2학년 때까지 취미로 했는데, 3학년 때 공부에 집중하라고 부모님이 못 하게 해서 섭섭했거든."

"몇 년이나 했는데?"

"초등학교 6학년 때부터 3년간."

"오호라, 제법 싸울 줄 안다 이거군."

"복싱은 싸움이 아냐."

"어쭈구리. 너 지금 영화 찍냐? 뭐, 복싱 좀 했으니 건드리지 마라 이거 아니야. 그래서 그거 믿고 지금 개기는 거냐?"

"아니. 아까 말했듯이 나도 복싱반이 필요해서 일을 진행시키고 있고, 너도 처음에 좋은 아이디어를 준 사람이라서 고마운 마음을 갖고 이야기해 준 것뿐이야. 내가 언제 개겼다고 그러니?"

"이렇게 또박또박 말대답하는 것이 개기는 게 아니고 뭐야?"

종훈이 눈에 힘을 주자, 반장의 눈빛도 점점 더 강렬해졌다. 주먹을 먼저 날릴까 하다가 복싱을 몇 년 하면 주먹이 천천히 보인다는 말을 들은 것이 생각났다. 결정적 한 방을 날려야 한다는 생각을 하고 있는데 그 사이 수학 선생님이 교실로 들어왔다. 후다닥 아이들이 앉고 반장은 자기 자리로 돌아가 아무 일도 없었다는 듯이 구령을 외치며 교사에게 인사를 했다. 자세도 목소리도 전혀 떨리지 않는 것을 보며 종훈은 만만치 않은 상대를 만났구나 싶었다.

싸움을 하기 전에 적을 알 필요가 있었다. 오후 시간에는 다른 애를 시켜 반장에 대한 정보를 모았다. 복싱을 한 것은 거짓말이 아니었다. 남다르게 줄넘기를 잘하는 모습을 보였고, 어떤 아이가 차에 부딪힐 뻔 했을 때 재빨리 몸을 날려서 구하기도 했으며, 피구 할 때 날아오는 공을 다 피할 정도로 민첩하다는 것도 알게 되었다. 하지만 싸움에 대한 정보는 없었다. 툭툭 시비를 걸어도 유머로 받아넘기고 아니면 설득이나 사과를 해서 싸움까지 가지 않는 것 같았다. 그렇게 종훈이 반장을 관찰하는 사이에 하루가 흘렀다.

다음 날 아침, 담임이 조회 시간에 말했다.

"너희들 중에 방과 후 활동으로 권투를 하고 싶다는 애들이 좀 있다고 들었다. 손들어 볼래?"

종훈이 손을 들라고 강요하지 않았는데도 대여섯 명의 아이들이 자발적으로 손을 들었다. 종훈은 미소를 지었다. 담임은 고개를 끄덕이며 말을 이었다.

"너희들 스트레스 해소에도 좋을 것 같고 해서 복싱반 신설을 적극적으로 검토해 보았다. 그런데, 이런 방과 후 활동은 해당 강사도 미리 섭외해야 하고 교육청에 보고를 해서 승인도 받아야 하는데 미리 준비가 안 되어 있어서 말이야. 그리고 교감 선생님은 축구반과 태껸반처럼 이미 몸을 움직이는 것이 있으니 복싱을 원하는 학생들을 일단 그 반으로 흡수하는 것이 어떠냐고 말씀하셨다."

"그러니까 복싱반은 열 수 없다는 거잖아."

종훈은 짜증 섞인 말투로 혼잣말처럼 던졌다. 아이들의 시선이 집중되자 종훈은 겸연쩍게 뒷머리를 만졌다. 그 모습을 보면서 담임이 힘주어 말했다.

"아니, 영원히 그런 게 아니라 1학기에는 힘들다는 말이다. 다만 태껸반을 운영해 봐서 학생들도 많이 원하고 긍정적인 효과가 검증되면 2학기에는 적극적으로 추진하겠다는 것이지. 한 가지 전략을 알려 주자면 복싱반을 희망하는 아이들이 태껸반을 지원해서 정원 초과를 만드는 거야. 그러면 다음번에 복싱반을 만들기가 쉽지."

담임의 말이 끝나기가 무섭게 평소에 잘 깐죽대는 학생 하나가 끼어들었다.

"에이, 태껸반만 여러 개로 분반하고 그러는 건 아닌가요?"

"글쎄, 강사님을 또 모시는 문제도 있고 해서 마냥 그럴 수는 없을 것 같은데? 차라리 다른 반을 만드는 게 더 쉬울 거야."

조회가 끝나자 아이들은 방과 후 활동에 대한 이야기로 다시금 왁자지껄했다. 아까 복싱반을 하고 싶다고 손을 든 아이들도 태껸은 이상한 춤을 추는 것 같고 폼이 나지 않는다며 싫다고 했다. 이러다가는 태껸반마저 정원 미달이 되어 한 학기 시범적으로 하다가 없어질지 모를 일이었다. 작년 사물놀이반처럼. 종훈은 한창 수다를 떨고 있는 애들에게 소리쳤다.

"야, 사내새끼들이 의지가 있어야지. 칼을 꺼냈으면 무라도 잘라야 할 거 아냐. 복싱이 안 되면 태껸이라도 신청해야지. 담탱이 이야기 못 들었냐? 그래야 다음 학기에 복싱반이 생길 수 있다잖아."

종훈은 애들을 빙 둘러보았다. 태껸반을 신청하라는 무언의 메시지를 담아서.

태껸반 첫 수업이 열리는 금요일이 되었다. 종훈은 실내 체육관으로 발걸음을 옮겼다. 체육관 안에는 약 두 반을 합친 정도의 아이들이 모여 있었다. 처음에 종훈은 애들이 자기 말을 잘 들어서 신청을 많이 한 줄 알고 있었다. 하지만 신청자는 주로 1학년과 2학년이었다. 3학년은 종훈과 어울리는 아이들, 반장, 나머지 깐족거리기 좋아하는 아이들을 포함해서 열 명 남짓이었다. 어쨌거나 태껸반은 일찌감치 정원이 차서 하는 수 없이 합창반으로 가야 하는 아이들도 있었다.

수업 시작종이 울리고 체육 선생님의 안내를 받으며 사범이 체육관 안으로 들어왔다. 사범이 들어오자 아이들이 한꺼번에 아쉬움의 탄성을 질렀다. 하얀 도복을 입고 긴 머리 날리며 멋진 시범을 보이는 여자 사범을 은근히 기대했던 아이들은 단단한 체구의 곱슬머리 남자가 나타나자 실망한 기색을 감추지 못했다.

"자, 여러분과 함께 한 학기 동안 태껸을 즐길 김우경이라고 합니다."

기대의 끈을 놓지 않고 있던 아이들 중에는 "망했다."고 대놓고 말하는 아이도 있었다. 종훈은 생각했던 대로 일이 벌어지자 웃음을 참지 못하고 큭큭거렸다. 어떤 아이는 사범에게 따지기까지 했다.

"저희 담임 선생님이 여자 사범님이라고 했는데요?"

"반 소개 자료에 강사 성별을 적는 난은 없었는데? 아마 내 이름을 보고 오해하셨나 보지. 뭐, 그게 내 잘못은 아니잖아. 그런데 너는 내가 여자 사범이면 뭘 어떻게 하려고 그랬는데?"

"아니. 뭘 어떻게 하려고 해서가 아니라……."

학생이 말꼬리를 흐리자 사범은 넉살 좋게 웃으며 말했다.

"오케이. 이런 어색한 분위기, 대놓고 실망스러워 하는 반응들, 아주 익숙해요. 아무리 노골적으로 불만을 표시해도 난 기분 나쁘지 않아요. 대학에 입학했을 때도 선배들이 여자 후배 들어온 줄 알고 기대했다가 신입생 환영회에 내가 갔더니 다들 뒤집어지더라고. 뭐 어쩌겠어, 이미 선택한 건데. 그냥 태껸 열심히 배워야지. 여자 사범님과의 첫사랑은 나중으로 미루고 말이야."

사범은 첫 시간이니 태껸에 대해 간단히 소개하겠다며 동영상을 틀어 줬다. 동영상에는 멋진 시범들이 많이 나왔다. 그리고 태껸이 태권도의 모태로서 얼마나 긴 역사를 갖고 있으며, 어떤 깊이가 있는지 보여 주는 내용이 나왔다. 그러나 아이들은 시범을 보일 때만 눈을 반짝이고 봤을 뿐, 역사 얘기가 나오니까 이내 눈이 흐리멍텅해졌다. 종훈을 포함해 몇 명은 아예 눈을 감고 졸았다. 동영상이 끝나자 아이들은 질문을 쏟아냈다.

"사범님도 저런 시범을 할 수 있나요?"

"물론이지."

"그럼 해 보세요."

"시범비 주면 할게. 세상에 공짜가 어디 있니?"

"네에?"

뜻밖의 대답에 아이들은 일제히 소리를 질렀다.

"나는 너희들에게 진정한 무력을 가르치려고 왔지, 쇼나 하려고 온 것은 아니니까. 하지만 너희들이 배우고 난 뒤 쇼를 하는 것은 뭐, 에브리타임 오케이."

사범이 무력이라는 단어를 쓰자 아이들은 대부분 기가 막히다는 반응을 보였다. 태권도는 태권 정신, 스포츠도 스포츠 정신 등 '정신'을 강조하는데 태껸 사범이 '무력'을 가르치겠다고 하니 다들 어이가 없다는 표정이었다. 반장이 손을 번쩍 들고 말했다.

"사범님. 무력은 안 좋은 거 아닌가요?"

"무력 자체가 나쁜 것은 아니야. 무력은 말 그대로 육체를 사용하는 힘이야. 그 힘을 좋은 곳에 쓸 수도 있고, 가치 없는 일에 쓰거나 남을 해하는 데 쓸 수도 있단다. 그래서 모든 무도나 운동이 육체를 사용하는 힘을 기르되 그것을 선한 방향으로 쓸 수 있도록 정신적 수련을 하는 것이야. 하지만 태껸과 같은 무도의 기본은 무력을 기르는 것이다. 그저 정신 수련만 한다면 명상을 하거나 종교를 믿어야 하겠지."

"저는 복싱을 했는데, 그 관장님은 복싱은 자신과의 싸움이라면서 정신적인 부분을 강조하셨거든요. 그런데 무력을 태껸 수련의 목적으로 내세우시니까 영 이상해서요."

"복싱 관장님 말씀도 맞아. 그런데 자신과의 싸움을 하는 과정에서 자신의 신체적인 힘의 한계까지 나아가는 무력의 수련이 있어. 나는 태껸의 정수를 너희들이 느끼려면, 먼저 무력과 폭력에 대한 구별을 명확히 해야 한다고 생각해."

반장은 고개를 끄덕끄덕했다. 하지만 종훈은 사범의 말이 무엇을 의미하는 것인지 정확히 알아들을 수 없었다. 종훈은 그보다는 반장의 말이 아니꼬와 '얼마나 복싱을 잘하기에 말끝마다 복싱, 복싱 하냐?'는 말이 목구멍까지 올라왔다. 하지만 괜시리 사범의 주목을 끌까 봐 잠자코 있었다.

사범은 반장에게 복싱을 몇 년 했는지 물었다. 반장이 3년 정도 했다고 말했다. 사범은 반장을 앞으로 불러 자세를 잡아 보라고 했다. 반장은 제법 좋은 자세를 보여 주었다. 종훈은 긴장하기 시작했다. 사범은 반장더러 아직 몸이 풀리지 않은 상태일 테니 무리하지 말고 펀치를 날려 보라고 했다. 반장은 간단히 스트레칭을 한 다음 천천히 잽을 날렸다. 그러더니 점점 속도를 붙이기 시작했다. 가끔 어퍼컷과 훅을 간간이 넣어 가면서 가볍게 몸을 풀었다. 주의 깊게 그 모습을 바라보던 사범은 반장 앞으로 한 걸음 다가서며 말했다.

"공격해 봐라."

반장이 주춤하자 사범이 다시 말했다.

"태껸은 원래 보호 도구 없이 맨몸으로 하는 것이니 괜찮아. 다만 네 손이 상하지 않을 정도의 힘으로 공격해 봐."

잠시 속도를 늦춘 반장은 몸을 좌우로 흔들며 공격할 빈틈을 찾았다. 아이들은 모두 눈을 반짝이며 그 광경을 지켜보았다. 반장이 잽을 날리자 사범은 몸을 옆으로 돌리며 피했다. 아이들이 탄성을 질렀다. 반장은 머쓱한 웃음을 지어 보였다.

"그것보다 더 세게 들어와도 돼. 노인 공경하는 것도 아니고."

사범의 말이 떨어지기 무섭게 반장은 오른 주먹을 아까와는 달리 빠른 속도로 사범의 턱을 향해 날렸다. 그러자 사범은 이등변 삼각형 모양으로 양손을 벌려 공격을 막았다. 그 바람에 반장의 무게 중심이 흐트러지면서 앞으로 약간 기우뚱했고 사범이 바로 반장의 멱살을 잡았다. 반사적으로 반장이 뒤로 물러나려 하자 사범은 그 순간에 힘을 집중시켜 반장을 뒤로 밀었다. 순식간에 반장은 땅바닥에

엉덩방아를 찧고 말았다. 아이들은 모두 탄성을 질렀다. 사범은 씩 웃으며 반장을 일으켜 세웠다.

"아프니?"

"아니요."

반장은 멋쩍은 듯 씩 웃었다. 그리고 오른손으로 슬쩍 바지를 털면서 덧붙였다.

"그런데 쪽팔려요."

사범도 따라 웃으며 말했다.

"그래, 싸울 의지가 확 없어지지?"

"네."

"그게 무력을 쓰는 목적이다. 상대방을 상하지 않게 하면서도 내 힘을 보여 줘서 상대방의 싸울 의지를 꺾는 것."

반장이 자기 자리로 돌아가서 앉은 다음 사범에게 물었다.

"그런데 그것으로 정말 승부가 결정 나요? 한 번 상대방을 쓰러뜨리셨다고 해서 계속 이기리라는 보장은 없잖아요. 상대방이 더 독기를 품고 달려들면 상황이 바뀔 수도 있는 거잖아요."

"그렇지만 나 역시 열심히 하면 반전은 일어나기 힘들겠지. 그런 식으로 양쪽이 힘을 다하면 어떻게 될까?"

"멋진 승부가 펼쳐지는 것이지요."

반장의 말에 종훈은 고개를 끄덕였다. 다른 아이들도 똑같이 생각하는 것 같았다. 하지만 사범은 생각이 다른 것 같았다. 사범이 진지한 표정으로 이야기하기 시작했다.

"그래, 남들이 보기에는 멋진 승부일 수도 있겠지. 하지만 당사자들에게는 아주 위험한 일이란다. 서로 온 힘을 다해 달려들면 최종 승부는 가릴 수 있지만, 둘 다 심각한 상처를 입게 되겠지. 세계적으로 유명한 복싱 챔피언이라도 경기에서 얼굴이 부을 정도로 맞고, 결국 나이가 들면 갖가지 병이 들어 씁쓸한 최후를 보여 주는 것처럼 말이야."

종훈은 언젠가 화면으로 본 전 세계 챔피언 무하마드 알리를 생각했다. 파킨슨병으로 제 몸 하나 제대로 움직이지 못하는 상태에 빠진 옛 챔피언의 모습은 충격이었다.

"단지 승부를 가리기 위함이라면 극한으로 몰고 갈 필요 없이 우열만 간단히 가리면 되지 않겠니? 그래서 아까 동영상에서 봤던 것처럼 태껸에서는 단번에 좋은 기술이 들어가면 바로 점수를 주고 한 경기에서 여러 차례 같은 사람과 붙게 해. 우연이 아닌 실력임이 입증되면 승부가 결정 나도록 하는 시스템을 갖고 있단다. 씨름처럼 삼판양승제로 하는 거지. 우리 민족이 만든 무도는 이렇게 여러 번 기회를 주면서 크게 사람이 상하지 않는 선에서 승부가 나도록 하고 있어. 복싱이나 다른 격투기들처럼 끝까지 가서 승부를 결정하는 것과는 차원이 다르단다. 그중에서도 태껸은 본유의 가치를 가장 잘 담고 있지. 시범을 굳이 안 보이려고 했는데 어쩔 수 없군."

사범은 태권도의 발차기를 예로 들어서 설명했다. 사범은 시원하게 앞차기를 했다.

"태권도와 태껸을 많이 비교하는데, 이 발차기만 해도 큰 차이가 있단다. 태권도는 이렇게 앞차기를 하더라도 관절을 접었다가 한 번에 쭉 펴는 것으로 파괴력을 높이지. 그래서 그 어떤 무술보다도 호쾌한 발차기라는 점이 부각되어 전 세계에 파급되었어. 하지만 이런 발차기는 남에게 충격을 가하지만 자신의 관절에도 무리를 주게 되어 있다. 충격을 주는 만큼 자신도 다치게 되는 거지."

사범이 이번에는 태껸의 발차기를 보여 주었다. 아까와는 다르게 관절을 접지 않고 다리를 쭉 편 상태에서 그대로 머리 위까지 들어 올렸다가 아래로 내리치는 모습이었다. 하지만 발뒤꿈치와 같은 모서리를 써서 파괴력을 높인다기보다는 지그시 누른다는 느낌이 더 많이 들었다. 다른 발차기도 밀기에 더 가까웠다.

"태껸은 일단 자신과 상대방이 최대한 안 다치고, 그러면서 상대방에게 자신의 힘을 보여 주는 것에 치중한다. 그래서 발에서도 가장 살이 많은 부분으로 상대방을 가격하지. 그리고 때린다기보다는 미는 식으로 발차기를 한다. 그래서 상대방이 저쪽으로 나가 떨어지되 사실상 그렇게 아프지는 않게 만드는 것이지. 그러나 싸움을 하는 당사자는 기가 죽게 되어 있단다. 엉덩방아를 찧었던 너처럼. 몸은 그다지 아프지 않아도 마음에는 충격을 받아서 승부를 인정하게 되는 것이지."

"상대방이 다치지 않게 힘을 보여 준다는 게 얼마나 멋진 일인지 이제야 좀 알겠는데요."

반장은 금세 수긍하는 듯했지만, 종훈은 쉽사리 그럴 수가 없었다.

"마음이 받는 충격도 엄연히 큰 데미지가 있는 거라고요."

종훈이 퉁명스럽게 말했다. 아이들은 뜻밖이라는 듯 종훈을 쳐다보았다. 종훈은 사범을 겨냥하고 한 말이었는데, 애들은 그렇게 생각하지 않는 것 같았다. 사범이 종훈에게 말했다.

"그래. 좋은 말이다. 너희들이 아무 생각 없이 다른 애를 툭툭 때릴 때 꼭 잊지 말아야 할 말이란다. 너희는 별 생각없이 그렇게 해도 상대방은 큰 충격을 받을 수 있다."

저학년으로 보이는 학생 하나가 손을 들더니 질문을 했다.

"사범님. 그래도 폭력을 쓰는 게 좋은 경우가 있잖아요. 우리나라도 독립운동할 때 폭탄 테러하고 일본 사람 죽이고 해서 한국인의 의지를 보여 주었잖아요. 그리고 안중근 의사도 사실 따지고 보면 테러리스트라고 하던데요?"

사범은 입을 쩍 벌렸다가 곧바로 물었다.

"그럼 윤봉길 의사는?"

"마찬가지죠. 폭탄을 던졌잖아요. 안중근 의사는 권총이었고."

그 학생이 자신 있게 말했다. 사범은 아이들을 죽 둘러보면서 물었다.

"너희들 생각은 어떠니?"

대체로 아이들의 반응은 테러리스트라고 부르는 것은 찜찜하지만 솔직히 인정하자면 그런 부분도 있지 않느냐는 것이었다. 사범은 잠시 생각에 잠기는 듯했다. 아이들은 태껸 사범에게 역사 시간에나 어울릴 법한 것을 물어보니 막혀서 저러나 보다 했다. 사범은 착잡한 표정으로 입을 열었다.

"안중근 의사는 어떤 분이지?"

"이토 히로부미를 암살한 분이요."

많은 아이들이 큰 소리로 대답했다.

"그뿐만이 아니지. 마지막 선택 전에 안중근 의사가 한 일을 아는 사람?"

"독립운동이요."

몇 명의 아이들이 대답했다. 반가운 기색을 보이며 사범이 어떤 독립운동이냐고 물었다. 그렇지만 아이들은 대답을 하지 못했다. 사범이 설명했다.

"안중근 의사는 독실한 천주교 신자였고, 세례명은 토마스였어. 그런 분이 다른 사람의 생명을 뺏는 결정을 하기까지 얼마나 많은 고민을 했을지 한번 생각해 보기 바란다. 안중근 의사는 삼흥학교를 세우고 돈의학교를 경영하는 등 독립 사상을 퍼뜨리기 위한 교육 활동에 매진하고, 경제적 독립을 위해서 국채 보상 운동 일을 보는 등 독립과 관련된 여러 운동으로 자신의 뜻을 펼친 분이야. 사령관으로서 독립 의병의 선두에서 군대를 이끌기도 했고. 또 안중근 의사 하면 떠오르는 잘린 손가락 이미지와 연관된 독립운동 비밀 결사인 단지회를 조직하기도 했지."

종훈은 자동차의 뒷면이나 각종 포스터에서 본, 잘린 손가락 그대로 도장을 찍은 손바닥을 떠올려 봤다. 종훈은 안중근 의사는 정말 의지가 대단한 사람이라고 생각했다.

"그렇게 단호한 의지로 다양한 독립운동을 했단다. 그러다가 마지막에 무력을 써서 이토를 암살하는 거사를 행한 것이지. 그 거사만 기억한다면 안중근 의사의 뜻을 제대로 이해하지 못하는 거란다."

"그래도 이토 히로부미 암살이 가장 큰 업적 아닌가요?"

"모든 활동이 가치 있는 업적이다. 암살을 가장 큰 업적으로 생각해서 거사를 꾸민 거라면 거기에 만족하고 죽음을 맞이했겠지. 하지만 안중근 의사는 오히려 거사 이후에도 투쟁을 벌였단다. 이토를 죽였으니 여한이 없다는 것이 아니라, 왜 자신이 그런 행동을 했는지 정당성을 밝히고 죽는 순간까지 일본의 폭력을 고발하는 데 최선을 다했지. 그러니까 상대방에게 충격을 주는 것 자체에 중점을 두는 테러리스트와는 완전히 다르다. 또한 테러리스트는 상대방에게 최대한 심리적 충격을 안기기 위해 무고한 시민의 희생을 담보로 하는 데 반해, 안중근 의사가 실행한 것은 자신의 의지에 맞는 최소한의 희생인 이토 암살이었단다."

사범은 잠시 말을 끊었다가 다시 이었다.

"너희들은 윤봉길 의사도 중국 상하이의 홍코우 공원에서 폭탄을 던진 일만 기억하지? 윤봉길 의사도 일찌감치 농민 계몽과 독서회 운동, 문맹 퇴치 운동 등으로 독립운동의 틀을 만들려 노력한 분이야. 당시 그런 결정을 한 것도 침체된 독립운동의 흐름을 잇고자 한 마지막 선택이었다. 그날 거사에 희생된 사람 역시 무고한 시민이 아니라 폭력을 자행하던 군인들이었단다.

이런 분들에게 테러리스트라고 말하는 것은 정말 폭력이 무엇인지 너희들이 몰라서 하는 말이라고 생각한다. 이분들은 마지막 순간까지 자신의 행동이 폭력적으로 변질될 것이 두려워 고심을 하고 세심한 주의를 기울였다. 그래서 적한테까지도 우러름을 받는 위대한 인물이 될 수 있었던 거야. 앞으로는 테러리스트라는 말을 쉽게 하지 않았으면 좋겠다."

아이들은 다른 수단을 다 써 보다가 하는 수 없이 무력을 선택해서 거사를 이룬 의사들의 이야기를 들으며 가슴이 뭉클해짐을 느꼈다. 그리고 폭력과 무력이 다르다는 것을 어렴풋이 이해하게 되었다.

'무력을 펼쳐 위대한 인물이 된다면 이 학교가 아니라 온 세상 사람들로부터 정말 큰 인정을 받지 않을까?'

종훈은 여러 사람들이 자신을 칭송하는 모습을 잠시 머릿속에 그려 보았다. 그런데 그러자면 많은 일들을 해야 하고, 포기할 것도 많을 것 같았다. 안중근 의사나 윤봉길 의사처럼 자신의 신념에 따라 곧게 오랜 시간 힘을 기르고 계획을 세워 준비를 해야 할 것이다. 그것은 상상하는 것만으로도 참 힘들었다. 그저 사람들이 자신을 우러러보는 장면만 쉽게 떠오를 뿐이었다.

사범이 이야기를 이어 나갔다.

"위인을 본받으려면 최종 결과만 보지 말고 그 결과에 이르는 과정을 봐야 한다. 분한 기운에 결정을 내린 것이 아니라 조국 독립이라는 꿈을 이루기 위해 얼마나 많이 고민하고 철저하게 실행했는지 전기나 자서전을 찾아 읽어 보아라. 그리고 그 정신을 잊지 말기 바란다."

사범은 덧붙여 링컨의 전기도 추천했다. 링컨이 대통령이 된 다음의 업적만 보지 말고 어린 시절에 가난 때문에 고생하고, 변호사로서도 수완을 발휘하지 못하며, 각종 선거에서 떨어지는 등 얼마나 많은 실패를 거듭하며 좌절을 겪어야 했는지, 그러면서도 꿈을 지키기 위해 얼마나 자신을 단련시켰는지 보라고 했다. 성공만 부러워하거나, 성급하게 성공을 바라며 백일몽에 젖어 살지 말고 준비를 해야 한다고 말이다. 종훈은 사범의 말이 마치 자신에게 하는 충고처럼 들렸다. 어느덧 수업을 마칠 시간이 되었다.

"동영상 보여 주고 태껸에 대해 간단히 소개한다는 것이 이야기가 너무 옆길로 샜구나. 하지만 나름 의미는 있었다고 생각한다."

수업을 마치고 체육관을 나가기 전에 사범이 종훈에게 다가와 귓속말을 했다.

"숙제는 다 했니? 토요일에 보자. 멋진 여학생과의 독서 대결을 준비해 놓았으니."

종훈은 눈을 동그랗게 떴다.

'여자라니! 누구? 모르는 여자애에게 밟히면 완전 쪽팔릴 텐데…….'

종훈이 미처 뭐라고 물어보기도 전에 사범은 눈을 찡긋 하고서 큰 걸음으로 밖으로 나갔다. 애들은 둘 사이에 무슨 일이 있는지 궁금한 눈치였다. 반장도 마찬가지인 것 같았다. 종훈은 어깨를 한번 으쓱거린 뒤 체육관 밖으로 빠져나왔다.

수업이 끝난 후 곧장 집으로 돌아온 종훈은 사범이 준 소설책을 다시 읽었다. 처음 읽을 때처럼 분노가 치밀어 올랐다. 줄거리 요약한 것을 다시 다듬었다. 그리고 토론할 때 쓰면 좋을 부분에 밑줄을 쳤다. 그리고 자신의 생각을 되는대로 여백에 적었다.

엄마가 과일 접시를 들고 방 안으로 들어왔다. 엄마는 책상 위에 접시를 놓으며 대견하다는 듯한 눈빛으로 종훈을 바라보았다. 종훈은 엄마의 그런 눈빛이 부담스러웠다. 그래서 괜히 짜증을 내며 엄마를 마구 문밖으로 밀어내고 문을 닫아 버렸다.

종훈은 침대에 벌렁 누워 눈을 감았다. 방금 전 엄마에게 했던 행동이 마치 녹화해 놓은 텔레비전 방송을 보는 것처럼 머릿속에 펼쳐졌다. 종훈은 엄마한테 미안한 마음이 들었다. 그래서 영화를 재촬영하듯이 새로운 각본을 써 보았다. 종훈에게 부드럽게 말을 건넨 엄마에게 종훈도 부드럽게 대답을 한다. 요 몇 년간 느껴 보지 못한 감정을 머릿속으로 상상하면서 종훈은 흐뭇해했다.

종훈은 다음 날 일찍 일어나기 위해 알람을 맞춰 놓으려 휴대폰을 꺼냈다. 독서에 방해받지 않기 위해 꺼놓은 휴대폰을 켜자 문자들이 줄줄이 들어왔다. 거의 선배가 보낸 문자였다. 처음에는 '지난번 문제는 해결되었니?'로 시작한 문자가 차츰 '내 문자 씹냐?', '전화기도 꺼 놓고, 너 뭐 하니?' 등 종훈을 닦달하는 내용으로 바뀌고 있었다. 서로 형제처럼 봐주자고 말한 선배는 사소한 것에서도 민감했다. 하긴 종훈도 마찬가지였다. 종훈은 아무도 믿지 않았다. 모두가 자기 자리를 노리거나 뒤통수를 칠 것 같았다. 종훈은 선배한테 둘러댈 핑계를 생각해 낸 다음에 다시 휴대폰을 껐다. 그리고 문밖에다 대고 엄마에게 내일 7시에 깨워 달라고 크게 소리쳤다. 엄마는 속도 없이 밝은 목소리로 대답했다.

"그래, 아들."

종훈은 불을 껐다. 토요일 대결에서 이긴 다음 필살기를 배우고 사범의 비밀을 듣는 상상을 했다. 그 필살기가 무엇일까? 한 방에 적을 제압하는 급소 공략법이겠지. 종훈은 몸의 다양한 급소를 갖가지 방법으로 공략하는 장면을 상상했다. 마치 이소룡처럼. 그런데 사범의 비밀은 무엇일까? 거기에서 막혔다. 사범이 했던 말들이 떠올랐다. 성공을 꿈꾸지만 말고 준비를 하라는 사범의 말이 머릿속에 울려 퍼졌다.

종훈은 자리를 박차고 일어났다. 소설책과 줄거리를 쓴 노트를 번갈아 보면서 다시 한 번 검토했다. 남자 사이에서 벌어지는 갈등이니 여학생보다는 자신이 훨씬 유리할 것 같았다. 그리고 소설 속에 문제아, 재수 없는 담임, 반장이 등장하니 자기 경험에 바탕을 두고 할 말이 더 많을 것 같았다.

'자신의 생각으로 녹여서 말하라고 그랬지?'

종훈은 줄거리를 쓴 노트에다 자신의 경험과 비슷한 부분에 자신의 일화와 연관된 단어를 썼다. 누가 문제인지 명확했다. 어떤 등장인물을 욕하고 어떤 인물의 입장을 두둔하며 상황을 정리해야 하는지도 정해졌다. 아무리 봐도 이쯤이면 충분히 준비한 것 같았다. 뿌듯한 마음으로 자리에 누웠다. 자신을 인정한다는 것이 이런 것일까? 오랜만에 가슴을 짓누르던 답답함이 사라져 종훈은 어느 때보다도 더 빨리 잠이 들었다.

공감에 대한 희망 키우기

　세계적으로 유명한 상담 심리학자 마이클 프란츠는 어린 시절 상처와 좌절을 겪은 환자들을 치료하기 위해 다양한 방법을 시도했다. 그런데 그 환자들에게는 공통점이 있었다. 남(특히 주변 어른)이 자기에게 바라는 것에 민감하고, 그들을 만족시키기 위해 자신의 진정한 욕구를 억누른다는 것이다. 그래서 그들은 자신의 모습 그대로 남에게 이해받겠다는 희망을 버리고, 남에게 보여 줄 성과를 통해 관심을 끄는 길을 택한다. 그러나 그것은 올바른 관계 맺기에 실패할 수밖에 없는 길이다. 그리고 관계 맺기에 좌절한 이들의 내면에는 공격성이 쌓여 간다.
　폭력을 미리 막으려면 진정한 자아로 다른 사람에게 이해받을 수 있다는 희망을 줘야 한다. 완벽하게 모든 사람에게 인정받는 것은 불가능하며 꼭 그럴 필요도 없다. 가족 중 한 명이라도, 학교 교사 중 한 명이라도, 친구 중 한 명이라도, 그 누구든 단 한 명만이라도 진정으로 관심을 기울인다면 충분히 좋은 성과를 거둘 수 있다. 예를 들어, 사범은 종훈의 이름을 알아내고 기억하며 종훈이 어떤 생각을 하는지 관심을 갖고 있음을 보여 준다. 주변 사람들이 관심을 기울이는 것만으로도 감수성이 강한 청소년들은 변하기 마련이다. 때로는 사람이 아니라 예술 작품에서 많은 공감을 느낄 수도 있다. 우연히 듣게 된 음악, 우연히 본 미술 작품, 자신과 비슷한 주인공이 나오는 문학 작품에서 자신의 마음을 나눌 수 있다.
　어릴 적부터 공부라는 단 하나의 잣대로 평가받으며 주변 어른들에게 인정받기 위해 십 년 넘게 달려오느라 지친 청소년들, 일탈 행동을 해서라도 인정을 받고 싶어 하는 청소년들, 그들이 모두 자신의 삶을 행복하게 보내고 진정한 자아 성장을 할 수 있게 공감해 주는 것이 무엇보다도 절실하다. 청소년들이 어두운 방에서 내면의 어둠을 직시하는 시간보다 다양한 사람, 다양한 예술을 접하며 건강하게 자랄 수 있도록 기회를 만들어 주는 것이야말로 진정으로 폭력 문제를 해결하는 지름길이 아닐까?

5
누가 문제인가?

토요일 오후 7시, 도장에 들어선 종훈은 먼저 와 있던 여학생을 보고 그 자리에 우두커니 서 있을 수밖에 없었다.

"이건 사기야."

여학생이 먼저 입을 열었다.

"얘가 무슨 꽃미남이에요?"

사범은 웃으며 대답했다.

"지난번에 네 입으로 귀엽다고 말했잖아."

"그땐 싸가지 없는 애에게 딱히 해 줄 말이 없어서 그런 거지요. 이렇게 엮일 줄 알았으면 그냥 확……."

"확 뭐?"

종훈은 볼멘소리로 물었다. 수정은 아예 종훈을 무시하고 사범에게 말했다.

"학교생활 적응할 수 있게 특별 과외 해 주신다고 했잖아요."

"맞아. 이것도 그중의 하나야. 이번만 특별히 짝지어 보았어. 만약에 잘만 맞으면 같은 학년으로 비슷한 수준에서 공부를 하는 입장이니 계속 짝지어서 가르쳐 볼 것이고."

"짝? 기분 나쁘게 짝이 뭐예요? 제가 아무리 놀았어도 얘하고 비슷한 수준이라니요? 아유 존심 상해서 공부 못 하겠네."

수정이가 빽 소리를 질렀다. 종훈이 끼어들었다.

"조용히 좀 해라. 누군 기분 좋아서 가만히 있는 줄 알아?"

"야, 너 반말하지 마. 내가 두 살이나 많다고."

"같은 학년이라며? 그럼 친구지. 2년 꿇은 것이 자랑이야? 어, 잠깐만! 어감 좋네, 2년."

종훈이 능글맞게 웃자 수정이 종훈을 노려보며 말했다.

"너, 누나라고 하지 못해?"

"뭐, 안 하면 때리려고? 소설 속 재수파의 짱 최기표가 따로 없네. 대애단한 여자 깡패 나셨네."

수정은 여자 깡패라는 말에 몸을 파르르 떨었다. 사범이 웃으며 끼어들었다.

"자, 자. 독서 배틀은 시작하지도 않았는데 벌써 분위기가 후끈 달아오르는구나. 그럼, 줄거리 요약부터 해 볼까? 타고난 파이터 종훈부터."

여학생은 코웃음을 쳤다. 종훈은 어디 두고 보자며 눈을 흘기고는 줄거리 요약한 것을 읽기 시작했다. 종훈이 다 읽고 나자 사범은 마치 국어 시간에 하는 것처럼 소설의 주제가 무엇이냐고 물었다. 종훈은 자신 있게 대답했다.

"우상의 눈물."

여학생이 핀잔을 주었다.

"야, 그건 제목이고. 넌 주제와 제목도 구별 못 하니?"

"잠깐만, 수정아. 비판은 일단 상대방의 논리를 듣고 나서 해라. 자, 종훈이는 왜 그렇게 생각하는지 말해 봐라."

"줄거리를 보면 짱으로서 애들에게 우상처럼 여겨지며 멋지게 살던 주인공 최기표가 담임과 반장의 사기로 결국 눈물을 흘리며 몰래 떠나게 되잖아요. 아 놔. 애들을 성공과 행복으로 이어지는 올바른 길로 이끌어야 할 인간들이 황당하게 짱의 뒤통수를 치다니. 우리 반에도 그런 반장이 있다니까요? 딱 배신형인 반장. 권투 좀 한다고 뻥까면서."

종훈은 흘깃 사범을 쳐다보고 나서 다시 말을 이었다.

"그건 그렇고. 아무튼 최기표가 결국 피해를 입고 떠나게 되는 것으로 끝나니까 제목처럼 우상의 눈물, 혹은 우상의 슬픔이 주제라고 생각했지요."

사범은 종훈의 대답을 평가하지 않고 바로 수정을 보면서 말했다.

"그래, 수정인 주제가 뭐라고 생각하니?"

"보이지 않는 폭력의 무서움이요."

'어라, 제법인데.'

종훈은 수정의 답을 듣고 놀랐다.

"왜 그런 생각을 했지?"

사범이 수정에게 물었다.

"소설의 앞부분을 보면 최기표가 아이들을 때리는 식으로 겉으로 보이는 폭력을 일삼으며 자신의 주장을 강요하는 아이인 게 분명해요. 그런데, 반장과 담임이 등장하면서 폭력에 대한 이야기가 바뀌지요. 즉, 그들은 최기표를 없앨 음모를 꾸미는 식으로 보이지 않는 폭력을 통해 자신들의 이익을 추구해요. 이런 식으로 보이는 폭력과 보이지 않는 폭력이 이 소설에 모두 나오는 거예요. 그리고 결국 보이지 않는 폭력을 행사하는 사람들이 보이는 폭력을 쓰는 최기표를 내쫓아요. 이것은 폭력을 없애기 위한 정의의 실현도 아니고, 그저 권력을 가진 사람들이 자신의 폭력을 교묘하게 숨기고 이익을 추구하는 것에 지나지 않지요."

"뭐야, 결국 나랑 비슷한 생각인데 괜히 어렵게 말하네. 이런 것을 보면 답을 인터넷이나 책 어디서 베꼈나 봐요. 사범님, 이거 반칙 아니에요? 자기 생각으로 정리해 오라고 하셨잖아요."

종훈은 툴툴거리며 말했다.

"뭘 베껴? 엄연히 내 생각이야."

수정은 흥분해서 종훈에게 따졌다.

"그러셨어요? 그렇게 똑똑한 사람이 2년을 꿇어 박으셨어요?"

종훈이 놀리듯이 말하자, 사범이 종훈의 손을 꾹 잡고 매섭게 노려봤다.

"종훈아. 그런 말 그만 써라. 네가 하는 그런 말도 폭력이다."

"말이 무슨 폭력이에요. 사범님처럼 이렇게 말 못 하게 손을 잡고 안 놓는 게 폭력이지요."

"폭력은 자신의 이익이나 주장을 남에게 강요하기 위해서 악의를 갖고 행하는 모든 것이야. 반장과 담임이 꾸민 거짓이나 음모도 그래서 폭력에 해당할 수 있는 것이다. 눈에 보이는 폭력보다 눈에 보이지 않는 폭력이 더 큰 상처를 주고 더 무서울 수 있다. 반면 내가 지금 이러는 것은 네가 다른 사람에게 더 이상 언어폭력을 쓰지 않게 하려고 무력을 쓰는 것이고."

"무력? 언어폭력? 하긴 학생부에 불려 가서 상담할 때 보니까 자료에 별명 부르고, 험담하고, 나쁜 소문을 퍼뜨리는 것도 폭력이라고 써 있어서 엄청 황당했던 기억이 나네요. 말장난으로 하는 것까지 다 폭력이라고 하면 대체 무슨 재미로 학교를 다녀요?"

"잠깐만! 너는 아까 최기표를 좌절시킨 담임과 반장을 욕하지 않았니? 보이지 않는 폭력으로 그를 쫓아냈다고 말이야. 그런데 지금은 네가 좀 편하자고 언어폭력과 같은 보이지 않는 폭력을 인정해야 한다는 것처럼 들리는구나."

종훈은 갑자기 뒤통수를 맞은 것처럼 띵했다.

"또 꼭 욕을 해서만이 폭력은 아니다. 자신의 생각이 옳다고 무조건 밀어붙이거나 강요하는 것도 폭력이지."

사범의 말에 수정도 흠칫했다. 종훈과 기 싸움을 하면서 내뱉은 말이 떠올랐기 때문이다. 종훈은 덤벼들듯 으르렁거리며 대답했다.

"제가 하고 싶은 말이에요. 사범님이 숙제니 뭐니 저를 막 밀어붙이는 것도 폭력 아닌가요?"

사범의 입에서 헛 하고 외마디가 터져 나왔다. 잠시 침묵이 흐른 뒤 사범이 목소리를 낮추어 종훈에게 이야기했다.

"그래, 네가 많이 부담이 되었구나. 나도 그런 점에서는 잘못했다. 하지만 상대방을 일깨우려 살짝 도발을 하는 것은 괜찮지 않을까 싶기는 해. 결국 그런 도발이 얼마나 큰 상처를 남겼느냐, 얼마나 큰 성과를 거두었느냐를 따지기 전에 진정 상대방을 위한 것이었느냐로 정당성을 판단해야 하겠지만……."

수정이 끼어들었다.

"이 애도 결국 알게 될 거예요. 서운함은 순간이고, 감사함이 가슴을 채우겠지요. 저처럼."

"에이 씨, 내가 너야? 그리고 나이 차이도 별로 안 나는데, 재수 없게 어른인 척하고 그래?"

사범은 단호하게 종훈을 나무랐다.

"종훈아, 욕 쓰지 마라."

"아유. 이건 욕 축에도 안 들어요. 그냥 추임새 정도지. 애들 봐요. 모범생이든 날라리든 할 것 없이 다 친구끼리 이야기할 때도 욕을 얼마나 잘 쓰는데. 그리고 상처 주는 말을 얼마나 잘하는데."

사범이 대답했다.

"그렇지만 너는 그게 좋지 않다는 것을 알고 있지 않니? 친구와 얼마나 친한지 보이고 싶으면 욕보다는 자신의 진실한 마음을 그대로 표현하는 게 더 좋지 않을까? 자신이 얼마나 화났는지 표현하고 싶을 때에도 그에 맞는 표현을 찾아야지. 애들이 욕을 많이 하는 것은 욕 말고 자신의 마음을 표현할 방법을 잘 알지 못해서야. 어떤 사람은 기쁠 때 춤을 추는 것처럼 화났을 때 춤을 추거나 분노를 표현하는 노래를 하기도 한단다. 힙합 가수들 중에서도 욕을 쓰지 않고 활활 타오르는 분노가 느껴지는 가사를 적는 사람이 많지 않니? 그냥 길거리에서 욕을 하고 마는 것이 아니라 자신의 감정을 효과적으로 표현하는 방법을 찾는 게 훨씬 좋지 않을까? 우정을 표시할 때도 특별한 마음을 담아 멋진 표현을 만들려는 노력이 더 아름답고, 그러면 상대방도 더 기뻐할 테고."

사범은 잠시 입을 다물었다가 종훈에게 물었다.

"너는 학교에서 왜 체벌 금지를 하게 된 것 같니?"

종훈은 고개를 까닥거리며 대답했다.

"그야, 선생들이 애들 때리는 게 사진이나 동영상으로 찍혀서 인터넷에 올라가고, 그래서 자꾸 욕먹으니까 없어진 것이지요."

"사실 그런 면도 작용했을 거야. 하지만 그보다 더 중요한 고민이 체벌 금지 조치에는 숨어 있단다."

"그게 뭔데요?"

"학생들의 인권 보호와 평화로운 미래 사회 건설이 그것이야."

"쳇. 꼭 무슨 구호 같네. 같은 말도 꼭 그렇게 어렵게 해야 하는 건지."

"좋아. 종훈이 너는 이게 마음에 안 든다 이거지? 그럼, 네 식대로 쉽게 말한다면 뭐가 되는데?"

종훈은 머리를 굴렸다. 사범의 코를 납작하게 해 줄 반전의 한 방을 날려야 하는데 좀처럼 멋진 말이 생각나지 않았다. 모든 단어들이 다 겉돌았다. 계속 생각을 쥐어 짜내려 노력했지만 떠오르는 말이 없었다. 사범이 기다리다 못해 입을 열었다.

"내 생각을 먼저 말하마. 체벌을 계속 받게 되면 일단 아이한테 상처가 남는 것이 무엇보다도 큰 문제다. 시간이 지난다고 그 상처가 저절로 아물지는 않는다. 피부에 난 상처와 마음에 난 상처는 다르기 때문이야. 상처는 분노로 이어지고, 분노는 공격성으로, 공격성은 언젠가 다른 형태의 폭력으로 나타나게 되지."

종훈은 사범의 말을 들으며 체벌 때문에 기분이 나빴던 때가 떠올랐다. 그리고 언젠가 복수를 하겠다며 주먹을 쥐던 일들도.

"체벌은 학생들을 폭력에 젖게 해. 어떤 아이가 잘못하면 '아, 쟤는 맞을 만해.'라고 생각하게 되는 것이지. 말로 해결하거나 다른 식으로 해결할 방법을 찾기 전에 체벌로 해결하는 것을 당연하게 여기게 된단다. 그렇게 생각이 자동화되면 어른이 되어서도 친구나 동료, 배우자, 자식이 잘못했을 때 폭력을 써서 해결하려 들지. 그런 사회는 배려와 관용이 중심이 된 평화로운 사회가 아니야. 몽둥이를 들고 서로 감시하다가 기회가 있을 때마다 정당한 벌이라며 상대방을 치는 폭력적인 사회가 되는 거야."

수정은 사범의 말을 고개를 끄덕이며 듣고 있었다. 사범은 그런 수정에게 눈길을 주었다.

"지금 말하는 폭력은 『우상의 눈물』에 나오는 최기표가 쓴 눈에 보이는 폭력만이 아니라 담임과 반장이 쓴 보이지 않는 폭력까지도 포함하고 있다. 자신이 원하는 것을 얻기 위해서, 혹은 상대방이 자신이 원하는 대로 안 움직여 준다는 이유로 보이지 않는 폭력을 쓰는 것은 무서운 일이지. 겉으로는 굉장히 고상하고 올바르게 보이지만 계속 사람들을 괴롭히니까. 그런 의미에서 아까 수정이가 보이지 않는 폭력에 대해 경고한 이야기는 옳다고 볼 수 있어."

수정도 사범을 바라보며 천천히 말했다.

"교화원과 센터에서 폭력에 대한 강연을 들은 것이 많이 도움이 되었어요. 그 강연을 들었을 때도 생각했지만, 저는 학생들이 체벌이나 언어폭력, 왕따 등 폭력이라고 이름 붙일 수 있는 것이 모조리 사라진 상태에서 살게 되면 좋겠어요. 그래서 저희 같은 청소년이 마음대로 행동하는 자유를 얻게 되었으면 좋겠어요. 학교에서의 체벌 금지도 그래서 나온 조치잖아요?"

사범은 턱을 매만지며 신중하게 말했다.

"그래. 그런데 체벌 금지가 꼭 학생들의 자유만을 위해서 만든 것은 아니야. 평화적으로 자신의 문제를 해결하는 성숙된 시민의 자세를 가르치기 위함이기도 해. 체벌을 가하면 당하는 사람은 계속 그 사람의 눈치를 보게 되어 있어. 따라서 그 사람의 지시를 받을 때까지 자신의 문제를 미루거나 제재를 받을까 두려워서 가만히 있는 수동적인 자세를 갖게 되지. 그것은 자신의 문제를 스스로 해결하는 태도와는 거리가 멀어. 그러니까 우리가 꿈꾸는 성숙한 민주 사회를 건설할 수 있는 당찬 시민을 길러 내기 위해서 체벌 금지 조치를 만든 것이기도 하단다."

사범은 수정과 종훈을 번갈아 바라보며 말했다.

"너희들이 자유만 생각하고 그에 대한 책임을 생각하지 않는다면 체벌 금지의 취지를 제대로 이해하지 못한 것이란다. 체벌에 대한 스트레스가 줄어들면 특정 교사에 대해 반항하는 데 썼던 에너지가 진정 청소년기에 고민해야 하는 인생의 문제를 해결하는 데 쓰일 수 있는 것 아니겠니? 공부도 그중 하나고, 인성 개발이나 진로 계획도 할 수 있고 말이야. 다시 한 번 말하지만 체벌을 금지하면 당장 일상이 더 평화로울 수 있는 개인적 이익이 있고, 더 좋은 사회를 만들 수 있는 사회적 이익도 있는 거야. 그래서 체벌 금지와 학생 인권 조례는 환영할 만한 일이란다. 교육의 목적은 너희들이 더 행복할 수 있는 기회를 만들어 주기 위함인데, 폭력적인 사회를 만들 가능성이 있는 무엇이 있다면 없애야 옳지 않겠니?"

사범의 말이 끝나자마자 종훈은 손사래를 치며 말했다.

"저도 체벌 금지를 반대하진 않아요. 체벌 대신 우스꽝스러운 벌이 생겨서 짜증 날 뿐이죠."

"그런 벌은 네게 잘못한 것을 스스로 찾을 시간을 주기 위해 만든 것이다."

"그런데 솔직히 그런 생각이 들기보다는 짜증만 나요. 어떤 때는 반성문 쓰거나 오리걸음 하는 것보다 화끈하게 한 대 맞고 끝내는 게 더 편하다는 생각이 든다니까요."

"그것은 네가 얼마나 폭력에 젖어 있는지 보여 주는 것이야. 잘못을 저지른 뒤 어떤 처벌을 받았다고 해서 그 잘못이 용서되는 것은 아니다. 네 잘못을 깨닫고 피해를 본 사람에게 사과를 하거나 다시 그런 일을 벌이지 않았을 때 용서될 수 있는 것이다. 너 역시 폭력적 처벌로 상처를 입었다고 해서 남에게 준 피해가 정당화되는 것은 아니야. 체벌로는 교육적으로 얻을 수 있는 게 아무것도 없단다. 뭔가 조치를 취했다는 선전은 될 수 있지만, 정작 문제의 원인은 해결하지 못하면서 오히려 폭력에 더 젖게 만들지."

"에잇. 그래서 뭐가 해결되었나요? 뭐 좀 잘못하면 벌점 줘서 바로 정학시키거나 퇴학시키려 들고. 그냥 몇 대 맞는 게 더 맘 편해요."

수정이 끼어들었다.

"어쨌거나 너도 문제를 안 일으키는 게 더 좋은 건 사실이잖아. 학교에서 문제를 일으키면 너도 더 귀찮아져서 싫잖아."

같은 말도 사범이 아니라 수정에게서 들으면 더 기분이 나빴다. 수정의 말은 종훈의 가슴속 분노를 건드렸다.

"그래, 맞아. 내가 문제아라서 문제라고. 그래, 학교는 범생이를 위한, 범생이에 의한, 범생이의 학교니까. 나 같은 놈이 없어야 학교가 제대로 돌아가지. 그러려고 결국 겉으로는 우아한 척하며 갖가지 방법을 쓰는 거 아냐? 안 그래? 네가 말한 보이지 않는 폭력으로 말야. 적당히 다독여 가면서, 체벌 금지니 뭐니 사탕발림해 가면서. 그렇지만 공부로 사람 차별하는 것은 달라지지 않아."

"모든 선생님이 다 그런 것은 아냐. 네가 지금 마음의 문을 닫고 봐서 그래. 나도 예전엔 그랬는데, 지금 다시 여러 선생님들을 만나니까 왜 그랬나 싶더라."

"훗, 너는 다른 애들보다 더 나이가 많으니까 특별히 신경 써 줘서 그런가 보지. 나 같은 건 수업 시간에 자든 다른 책을 보든 선생들이 상관이나 하는 줄 알아? 수업 시간에 선생들의 눈빛 자체가 몽둥이일 때가 있어. 공부 좀 잘하는 것들은 글로벌 인재니 뭐니 하면서 띄워 주고, 그렇지 않은 우리는 쓰레기 보듯 한다고. 애들이 그러더라, 우리는 글레기라고."

"글레기?"

"글로벌 쓰레기라고. 글레기인 내가 걔네들 언제 갈구겠어, 지금 아니면. 걔네들은 나중에 잘나가는 꿈을 꾸며 공부를 하고 있겠지. 아마 성공해서 우리 같은 애들 맘껏 밟아 주는 상상을 할 거야. 나도 나중에 당할지도 모르니까 덜 억울하게 지금 밟는 거야. 어차피 학교든 세상이든 다 공부 잘하는 놈들 위주로 돌아가니까."

"너도 싸움 잘하는 순서로 서열 세워서 못하는 애는 찌질하다고 막 무시하고 괴롭히잖아."

"그러니까 비기는 거지."

"아니, 비기는 것이 아니야. 똑같이 나쁜 짓을 하는 것일 뿐이지. 네가 욕하는 애들처럼 폭력을 쓰는 거라고. 차별을 당연하게 여기게 하는 폭력. 너는 주먹으로, 걔네들은 공부로 선을 긋고 끼리끼리 노는 것은 똑같잖아. 눈에 보이는 것이든 보이지 않는 것이든 폭력은 다 나쁜 거라고. 이도 저도 아닌 애들은 바로 너희같이 폭력적인 애들에게 상처를 받으면서 분노만 키워 간다고."

"잠깐!"

사범이 두 사람의 대화를 가로막고 나섰다.

"이렇게 열띤 토론을 벌이니 아주 좋구나. 하지만 크게 보지 않고 개인적 약점이나 말꼬투리를 잡는 식으로 진행되는 것 같아 아쉽다. 책 하나를 더 읽고 나서 좀 더 깊이 있는 얘기를 나누도록 하자."

수정과 종훈은 둘 다 아쉬워하는 표정을 지었다. 하지만 사범은 다른 책을 읽고 다시 토론하자는 결정을 바꾸지 않았다. 사범은 종훈과 수정에게 소설『우리들의 일그러진 영웅』을 보여 주었다. 수정이 도서관에서 책을 빌릴 수 있다고 하여, 사범은 그 책을 종훈에게 빌려 주었다.

"책을 찢지만 않는다면 뭐든지 괜찮아. 줄을 치든 낙서를 하든 네 숙제를 하는 데 도움이 된다면 맘껏 하렴. 승부는 다음 주에 가리도록 하자."

종훈은 사범에게서 두 번째 과제 책을 받아 들고 도장을 나섰다. 상대를 알고 나니 전투 의욕이 더 커졌다.

'다음번에는 묵사발을 만들어 주리라.'

비폭력 대화 시도하기

요즘 청소년들은 욕을 아주 많이 쓴다. 또 욕을 쓰지 않더라도 상대방을 무시하는 말투로 이야기하는 경우도 많다. 이는 상대방이나 상황을 폭력적으로 지배하려는 욕구에서 나온다. 그렇게 중요하지 않은 것에 대해서도 일일이 통제하고 군림하려는 것은 그만큼 상처받을까 두려워한다거나 심지가 약하다는 증거다. 예를 들어, 소설 속 종훈은 수정과 사범의 언행에 민감하게 반응하며 기회가 있을 때마다 폭력적인 언어로 상황을 정리하려고 한다.

폭력적인 대화를 하는 이는 자신이 다치지 않으려, 자신이 좀 더 편하려, 자신이 좀 더 돋보이려 맹수처럼 달려든다. 그러나 맹수가 아니라 평화로운 기린처럼 행동할 수도 있다. 긴 목으로 상대방을 위에서 관찰하며 다른 동물과 함께 지내는 기린. 기린처럼 상대방의 언행을 있는 그대로 관찰하기만 해도 삶은 행복해질 수 있다.

모두를 행복하게 만드는 비폭력 대화의 최우선 비법은 '관찰과 평가의 분리'다. 예를 들어 여럿이 있는 자리에서 여러분이 잠깐 어디 나갔다 왔는데 열심히 이야기하던 사람들이 갑자기 말을 멈췄다면 어떻게 생각해야 할까? '이 사람들이 비겁하게 나 없을 때 내 욕을 했구나.'라고 생각한다면 폭력적인 대화를 하게 될 것이다. 이런 생각은 평가다. 여러분이 관찰한 것은 단지 사람들이 이야기를 멈춘 것뿐이다. 우연히 이야기가 그 순간에 다 끝난 것일 수도 있고, 그들만의 비밀이나 나와 상관없는 다른 친구의 이야기였을 수도 있다.

관찰에서 벗어난 평가는 쉽게 평화를 해칠 수 있다. 이야기 나눌 때 관찰과 평가를 분리한다면, 서로 감정이 상하는 일이 훨씬 줄어들 것이다. 한 친구가 방학 때 책 두 권을 읽었다고 말할 때 "넌 독서를 많이 안 했구나."라고 이야기하는 것은 평가에 젖어 폭력적인 대화를 하는 것이다. 있는 그대로 관찰한 바를 바탕으로 "어떤 책을 두 권 읽었니?" 하고 묻거나 "책을 두 권 읽은 이유는 뭐니?" 하고 물어본다면 서로 상처 주지 않고 평화롭게 대화를 이끌어 갈 수 있다.

6
누가 진짜 문제인가?

종훈은 두 번째 책을 손에 잡았다. 『우리들의 일그러진 영웅』은 초등학교 교과서에도 실려 있는 유명한 소설이었다. 소설의 줄거리는 단순했다.

1960년 4·19 혁명 전후 공무원인 아버지를 따라 서울에서 시골로 전학을 간 초등학교 5학년 한병태가 겪는 이야기가 소설의 주된 내용이었다. 주인공이 전학 간 학교에는 엄석대라고 하는 학생이 있었다. 전교 1등에 싸움도 최고로 잘해서 학교의 공식 영역이나 비공식 영역의 모든 것을 장악하는 아이였다.

주인공인 한병태는 전학 온 첫날부터 부당한 권력을 행사하는 엄석대와 마찰을 일으킨다. 그동안 누구에게도 저항을 받지 않고 학급을 지배해 왔던 엄석대로서는 당황스러운 일이다. 한병태에게도 엄석대가 모든 권력을 휘두르는 반에서 생활하는 게 당황스럽기는 마찬가지다. 처음에 한병태는 엄석대의 권력에 대항한다. 종훈은 이 부분을 읽으며 한병태가 용기 있다기보다는 무모하다는 생각이 들었다. 반 아이들이 나중에 한병태를 따돌리는 장면을 읽을 때는 당연한 결과라고 생각하기도 했다. 이런저런 수단을 써도 안 되자 한병태는 엄석대에게 복종하기로 결심한다. 이후 행동을 180도 바꿔 그의 그늘에서 편안함을 누린다.

하지만 새 학년이 되고 담임 선생님도 바뀌게 되자 상황은 급변한다. 엄석대가 자신의 시험지를 공부 잘하는 아이들로 하여금 작성하게 조작한 사실과 아이들에게 성적 수치심을 유발하는 못된 짓을 하거나 돈을 뺏은 사실 등이 하나하나 밝혀지면서 마침내 엄석대는 학교에서 쫓겨나고 만다.

이후 중학교와 고등학교를 거치면서 대학교에 진학하기 위해 치열한 경쟁을 하느라 한병태는 엄석대에 관한 기억을 묻어 버리고 산다. 그 후에도 사회에 정착하기 위해 정신없이 산다. 초등학교 졸업 후 수십 년이 지난 어느 날, 수갑이 채워진 채 경찰에게 끌려가는 엄석대의 모습을 보게 된다. 어린 시절 영웅 같던 모습이 아닌 범죄자 엄석대의 모습을. 한병태는 집에 와서 자기 부인에게 엄석대에 대한 이야기를 짤막하게 나누는 것으로 소설은 끝이 난다.

다음 날 종훈은 소설 내용을 정리하며 비판점을 찾았다. 엄석대에게서 쉽게 비판점을 찾을 수 있었다. 소설 속에서 애들이 밝힌 나쁜 짓만 봐도 그랬다. 그러나 점심시간 때 아이들에게 물과 음식을 가져오게 하고, 아이들을 마구 괴롭히는 장면에서는 종훈 자신의 모습과 겹쳐서 마음 편하게 비판하기가 힘들었다.

'혹시 사범이 이것을 노린 걸까?'

자신을 비판하는 내용으로 독서 대결을 하고 싶지는 않았다. 종훈은 다른 비판점을 찾았다. 처음에는 엄석대와 함께 한병태를 괴롭혀 놓고서, 나중에는 엄석대의 비행을 낱낱이 밝힌 반 아이들을 비판하는 것이 좋겠다는 생각이 들었다. 그리고 담임 선생님이나 다른 교사들도 엄석대를 처벌하는 데 혈안이었지, 제대로 선도하려는 의지가 없어 보였다. 이렇게 생각하자 엄석대 개인을 놓고 주변 사람들이 떼로 공격하는 이미지가 떠올랐다. 사범이 지난번에 개인적인 약점을 공격하는 식으로 토론하지 말고 크게 봐야 한다고 했던 말이 혹시 이것을 두고 말하는 것이 아닌가 싶었다. 종훈의 얼굴에 흐뭇한 미소가 떠올랐다.

드디어 토요일이 되었다. 종훈은 들뜬 마음으로 도장으로 갔다. 이번에도 종훈이 먼저 줄거리를 요약해서 말하고 주제를 밝혔다.

"이 소설은 영웅을 일그러지게 놔둔 일반 학생들과 교사 등을 비판하기 위해서 쓴 것 같습니다."

사범이 한쪽 눈썹을 찌그려뜨렸다 펴며 물었다.

"왜 그렇지?"

"엄석대가 개인적으로 나쁜 짓을 했다지만, 엄석대가 반을 다스렸을 때는 반 성적도 좋고 환경 미화도 잘되고 선생님의 지시도 일사분란하게 잘 처리되는 등 나름대로 좋은 점도 있지 않았나요? 그런데 문제가 있다고 해서 영웅으로 대접받던 애를 바로 내쫓은 것은 잘못이라고 생각합니다. 엄석대는 그 충격으로 마음을 못 잡고 결국 범죄자가 된 것일 수 있잖아요."

사범은 고개를 갸웃하며 말했다.

"어, 잠깐. 엄석대가 그랬다고 소설에 나와 있지는 않는데?"

"비록 소설에 나와 있진 않아도 그럴 수 있는 거 아닌가요? 엄석대의 행동에 문제가 있다면 학교에서 더 열심히 선도해야 하는 거 아닌가요? 그게 학생을 가르치는 학교에서 할 일이잖아요."

"그럼 종훈이 너는 엄석대보다도 다른 학생들과 교사가 문제라는 주장을 하고 싶은 거니?"

종훈은 멈칫하더니 대답했다.

"물론 엄석대도 잘못이 있지만, 학생과 교사가 엄석대의 인생을 망친 것이라고 생각합니다."

"어쨌든 좋아. 그럼 이번에는 수정이의 이야기를 들어 볼까?"

사범은 수정을 바라보며 말했다. 수정은 입술을 살짝 깨물고 나서 천천히 입을 열었다.

"저는 소설의 주제를 말하기 전에 종훈이가 했던 이야기에 대해서 한마디 하고 싶어요. 저도 학생들과 담임 선생님이 문제가 있다고 생각해요. 하지만 한병태가 가장 문제라고 생각해요."

"왜지?"

사범이 수정에게 물었다. 종훈도 수정이 무슨 말을 하려나 싶어 귀를 쫑긋 세웠다.

"한병태는 무슨 뜻이 있어서 엄석대에게 대든 것이 아니었어요. 그냥 엄석대가 권력을 맘대로 휘두르는 게 불편하니까 대들었지요. 그러다가 안 된다 싶자 바로 생각을 바꿨지요. 그리고 엄석대가 불편한 것 없이 잘해 주니까 엄석대 편에 섰어요. 그러다 엄석대가 공격을 받자 엄석대를 그냥 떠나보내요. 즉, 무엇이 올바른 것인지 고민하지 않고 그때그때 자기 이익에 따라서 대처한 거예요."

"그건 반 아이들도 마찬가지잖아."

종훈이 끼어들었다. 수정은 종훈을 보며 말했다.

"맞아. 그렇지. 병태나 반 아이들 모두 방관자로 엄석대의 폭력을 묵인했던 것은 똑같아. 하지만 그러면서도 착한 척하며 엄석대에게 대항하고, 엄석대의 부하로 행동하며 폭력 상황을 좋은 것처럼 바라보고, 마지막에 엄석대의 몰락을 동정의 눈으로 바라본 한병태가 가장 나쁜 것이 아닌가 싶어. 엄석대와 같은 사람은 부정해야 할 대상이지, 자기에게 이득이 된다고 함께하고 불쌍해 보인다고 동정하고 그럴 대상이 아니야."

"그렇지만 엄석대에게도 기회를 주었다면 그도 달라지지 않았을까?"

"글쎄. 그럴 수도 있겠지. 하지만 그러지 않았을 가능성이 더 크다고 생각해."

"왜?"

"새로 바뀐 담임 선생님이 엄격하게 몰아붙이지 않았다면 엄석대의 비행도 드러나지 않았겠지. 그리고 엄석대는 영원히 변하지 않았을 거야. 엄석대는 자신의 잘못이 드러났을 때에도 진정으로 참회의 눈물을 흘리거나 다른 행동을 보이려 노력하지 않았어. 한병태가 말한 것처럼 마치 아이들의 고자질에 난도질당하는 영웅인 듯 행동했지."

"그러니까 수정이는 엄석대에게 기회는 이미 주어졌다는 거구나."

사범이 두 사람의 대화에 끼어들었다.

"네. 만약 엄석대가 변할 수 있는 인간이었다면 위기가 닥쳐왔을 때 반성했을 거예요. 아이들의 말을 부정하며 자신의 잘못을 덮으려

하는 것이 아니라."

"그게 어디 쉽냐?"

종훈은 콧방귀를 뀌며 말했다.

"쉽지 않지만 꼭 해야지. 그래야 사람은 변할 수 있고, 문제를 해결할 수 있어. 그냥 어떤 사람이 나타나 대신 해결해 주거나 환경이 저절로 바뀌길 기다리면 안 돼. 이건 내 경험으로 말하는 거야."

"나보다 얼마나 더 살았다고 인생 철학 이야기를 하시나?"

종훈이 비꼬자 사범이 다시 끼어들었다.

"지난번처럼 또 서로 개인적인 공격을 하면 안 된다. 그러는 사람에게 패배를 선언할 거야."

종훈은 입을 다물었다. 수정도 더 이상 말하지 않았다. 사범이 수정에게 물었다.

"그래서 네가 생각하는 이 소설의 주제는 무엇이니?"

"저자는 권력이 원래 허무하다거나 폭력에 대한 우리의 반응에 문제가 있다고 비판하기 위해 이 책을 쓴 거 같아요. 그래서 아까 한병태의 시각을 문제 삼은 것이에요."

"폭력을 대하는 우리의 자세에 문제가 있다? 그래, 그 말이 맞는 것 같구나. 한병태는 전학 와서 엄석대와 일대일로 붙었지. 그러나 엄석대는 개인이 아니었어. 조직의 대표자로 이미 판을 다 짜놓고 있었지. 만약 판을 바꾸고 싶었다면 시간을 두고 더 체계적이고 끈기 있게 도전을 했어야 했는데, 한병태는 그러지 않았어. 서울에서 갑자기 전학 와서 낯선 시골 환경에 적응해야 해서 생긴 불편함이든 반항심이든 간에 한때의 감정으로 폭력에 대항했다는 게 가장 큰 문제야."

사범의 설명에 수정은 눈을 반짝이며 덧붙였다.

"엄석대를 부정해야 하는데, 그를 뒤늦게 그리워하거나 자신의 무능함을 탓하는 식으로 엉뚱하게 반응하는 것도 문제라고 생각해요. 현실을 바꾸기 위해 힘차게 행동할 계획을 세워야 하지 않나요?"

종훈은 수정의 말에 공감했다. 그러나 그것을 인정하면 스스로 패배를 인정하게 될 것 같아 공격 논리를 찾으려 머리를 굴렸다. 그때 사범이 자리에서 일어나 가방 속에서 책을 꺼냈다.

"유대인 철학자 한나 아렌트가 쓴 『예루살렘의 아이히만』에 대해 얘기해 줄게."

사범은 책의 집필 배경을 설명해 주었다. 1961년 4월, 독일 나치스의 친위대로 2차 세계대전 중 약 600만 명의 유대인을 살상한 아돌프 아이히만이 이스라엘 비밀경찰에게 잡혀 예루살렘에서 재판을 받게 되었다. 이 소식을 들은 한나 아렌트는 미국의 교양 잡지인 〈뉴요커〉의 특파원 자격으로 예루살렘으로 날아가 재판을 참관했다. 이후 한나 아렌트는 『예루살렘의 아이히만』을 집필했는데, 이 책에는 '악의 평범함'이라는 개념이 소개되어 있었다.

"우리는 태생적으로 성품이 나쁜 몇몇 사람이 악행을 저지른다고 믿고 싶어 하는 경향이 있어. 어떤 사람들은 히틀러와 그의 수하들을 악의 화신이라 부르기도 하지. 하지만 아렌트는 유대인 학살의 주범인 아이히만조차 지극히 평범하다는 사실을 관찰했어. 그는 악독한 의지를 가지고 범죄를 행한 것이 아니라, 단지 자신에게 주어진 의무를 성실히 수행한 것뿐이었어. 그 의무가 유대인을 가스실에 넣어 죽이는 것이든, 생체 실험을 하는 것이든. 아이히만은 자신은 명령에 충실했을 뿐이며 자신도 피해자라고 주장하기도 하고, 시대가 바뀌고 환경이 바뀌어 성실함이 범죄로 치부된다는 식으로 자신을 변호했어. 그러나 자신의 행동이 어떤 극악한 결과를 가져오는지는 생각하지 않았던 게 문제야. 즉, 그의 가장 큰 죄는 바로 '생각하지 않는 것'이었어."

사범은 일제 강점기에 순사가 되어 독립군을 잡아들인 사람이 자신은 단지 성실하게 살며 주어진 역할을 다했을 뿐이라고 말하는 경우도 예로 들었다. 과거의 극단적인 예만이 아니라 오늘날도 마찬가지라고 했다. 생각 없이 그저 자신의 역할만 하는 이는 악을 키울 가능성이 크다고. 그렇게 하지 않기 위해서는 자신의 행동이 어떤 결과를 낳는지 끊임없이 돌아봐야 한다고 말했다.

"전체 구조는 어쩔 수 없이 받아들여야 하고 나는 그저 일부분을 성실히 담당할 뿐이라는 식으로 반응하는 것은 아이히만이 저지른 일처럼 정말 무서운 결과를 가져올 수 있어. 현실 적응이라는 명목으로 엄석대의 권력 아래에서 함께 움직인 한병태와 반 아이들도 모두 마찬가지지. 악은 뚜렷하게 구별되는 모습으로 있는 것이 아니라, 평범한 이들 속에서 실행되는 거야. 이를 아렌트는 '악의 평범함'이라고 이름 붙였어. 악은 지극히 평범하기 때문에 '나쁜 그들'과 '선한 우리'로 나눌 수 없으며, 방관자야말로 악의 실행자가 되는 거야. 이를 극복하기 위해서 우리는 악을 적극적으로 경계해야 해. 생각 없음, 판단력 상실 등은 아렌트가 특히 경계한 사항이었단다. 언제나 생각을 하고 판단을 내리며 행동해야 비극을 막고 행복한 사회를 만들 수 있어. 프랑스 시인 폴 발레리의 말처럼, 생각하며 살지 않으면 사는 대로 생각하게 된단다."

사범은 종훈을 쳐다보며 말을 이었다.

"종훈이가 말한 부분도 우리가 고민해야 할 문제야. 수정이의 말처럼 어떤 문제든 스스로 해결하도록 노력해야 하겠지만, 그럴 힘이 없는 사람에게는 누군가 손을 내밀어 줘야 하는 것이니까. 어쨌든 개인의 행복한 삶을 지원하지 못하는 사회에서는 진정한 행복을 보장받을 수 없을 거야. 일부 능력이 출중한 사람만이 자유와 행복을 즐기고, 나머지는 헤어날 수 없는 고통 속에서 발버둥쳐야 하니까. 구조적 폭력에는 구조적인 대비책을 만들어야 한단다."

사범은 다시 수정을 쳐다보면서 말을 이었다.

"수정이가 자신의 경험으로 생각을 이끌어 내는 것은 훌륭한 자세다. 하지만 개인적 경험은 네 생각을 펼치는 출발점으로만 활용했으면 한다. 너무 네 개인 경험에만 갇히면 더 넓은 시각으로 세상을 바라보지 못하게 될 위험도 있어."

"경험? 대체 무슨 경험이요? 이 책의 주인공들은 모두 남자들인데요?"

종훈은 사범을 바라보며 고개를 갸웃거렸다. 사범은 입을 다물고 수정을 쳐다보았고, 수정은 한참 뜸을 들이다 입을 열었다. 목소리에 기운이 없었다.

"여자애들은 기본적으로 감정이 예민해. 그래서 사소한 것 가지고도 서로 오해를 하거나 다툼을 벌이기도 하지. 친하게 잘 지내다가도 괜한 일로 틀어져서 아예 안 보는 경우도 많으니까. 이유는 다양해. 그 애가 좋아하는 연예인, 아는 오빠, 액세서리, 방송 프로그램, 선생님 등등. 질투 난다거나 자신과 의견이 안 맞는다 싶으면 갑자기 확 변해. 그래서 이 소설에 나온 것보다 더 극악한 폭력이 벌어지기도 하지. 내가 경험한 것처럼."

"어떻게?"

종훈이 진심으로 궁금해하는 표정을 지으며 물었다. 수정은 머뭇머뭇하다가 입을 열었다.

"이야기를 처음부터 시작하는 게 좋을 것 같아."

수정은 길게 한숨을 내뱉고 나서 말을 이었다.

"중학교 입학하기 전만 해도 나는 선생님 눈에 안 띄는 그런 존재감이 없는 아이였어. 초등학교 5학년 때 왕따인 애 도와주다가 함께 왕따를 당해서 너무 괴로워 전학을 온 후로는 죽은 듯이 공부도 적당히 하면서 지냈어."

수정은 말을 끊고 피식 웃었다.

"그런데 중학교에 오니까 과목도 많아지고 정말 정신이 없더라. 시한폭탄처럼 대입 카운트다운이 시작되었어. 부모님, 선생님과 애들이 모두 난리였지. 나도 잘하고 싶었는데 잘 안 되는 거야. 전교 50등은 알짜라고 하고, 51등부터 100등까지는 예비군이라며 학교에서 따로 관리를 하더라고. 나는 100등 밖에 속한 아이들과 보충수업을 따로 들어야 했지. 남녀 공학이었는데 그게 얼마나 창피하던지. 초등학교 때는 그런 경우가 없었거든. 아이들을 공부로 등급을 나누어 표시하는 것이 당연하게 여겨지고 스펙 관리라는 이름으로 사사건건 평가받는 것 말이야."

"우리가 한우도 아니고 말이지."

종훈이 맞장구를 쳤다.

"맞아."

수정은 살짝 눈웃음을 지어 보이고 나서 이야기를 계속했다.

"공부도 잘해서 창피함을 면하고 싶은데 성적이 나아지지 않는 거야. 내가 머리가 나쁜가 싶기도 하고. 그래도 1학년 때는 공부를 하려고 했어. 그래서 학원을 다니기 시작했지. 학원 안에서도 등급을 나누어 공부를 하는데 등급이 올라가지 않는 거야. 그러다 겨울방학 끝날 때쯤 포기하고 말았지. 스트레스 받는데 담배나 피워야겠다며 입김 가지고 장난을 치는데, 어떤 애가 진짜 담배를 꺼내는 거야. 그 앤 날라리도 아니었는데."

종훈은 자기 반에서 공부하는 애들 가운데 담배 피우는 애들을 떠올렸다. 어른들은 중상위권 애들이 공부를 더 잘하기 위해 노력하는 줄만 안다. 그리고 일탈 행동은 모두 하위권이나 문제아의 몫이라고 생각한다. 하지만 그렇지 않다. 공부에 신경 쓰는 애들 중에도 스트레스 푼다며 담배 피우는 아이, 새벽에 게임을 맘껏 하는 아이, 몰래 학원과 독서실에서 이성 교제를 하는 아이도 있다. 아니, 아이들이 그런 줄 알아도 어른들은 공부를 잘한다는 이유로 봐준다. 똑같은 행동을 종훈 패거리가 하면 일탈 행동이지만, 모범생들은 공부를 하는 대가로 마치 그럴 권리가 있다는 듯이 행동했다.

"그다음부터 한 달 용돈 5만 원을 받으면 만 원 정도는 담배를 사는 데 썼어. 꾸미는 데 쓸 돈도 아껴 가면서 말이야. 함께 담배를 피우는 애들끼리는 비밀을 공유한 느낌이 들어 더 친해졌지. 담배 브랜드를 가지고 모임 이름까지 만들었을 정도니까. 누굴 때리거나 돈을 뺏는 것도 아니고 그냥 나 혼자 몰래 담배를 피우는 일이라 큰 문제라고는 생각하지 않았어. 그런데 일단 그 선을 넘으니까 다른 것도 하게 되더라. '뭐, 어차피 이것도 해 보았는데……'라는 식으로. 스트레스 푼다고 욕도 좀 거칠게 하게 되고 술도 먹게 되고."

"힛, 똑같네. 남자들이랑."

종훈은 수정에게 친밀감이 느껴져 활짝 웃었다. 하지만 수정은 진지한 표정으로 말을 이었다.

"공부에 자신감을 잃으니까 공부와 관련해서 담임 선생님이나 부모님이 하는 말 하나하나가 스트레스가 되더라고. 나도 공부를 잘하고 싶지만 안 돼서 답답한 것인데 말이야. 노력을 더 하지 않아서 그렇다거나 공부한 것이 실력으로 쌓여 성적이 오를 정도가 되려면 시간이 걸린다는 식의 조언은 나에게 별 도움이 되지 않았어. 결국 본격적으로 반항하며 애들과 몰려다니게 되었지. 그러다 애들이 점점 비밀 이야기를 털어놓는 거야. 집안 문제, 남자 친구 문제, 그러다가 성적인 경험담도 듣게 되었지. 체육 시간이라 빈 교실에서 남자 친구와 만나 짜릿하게 스킨십을 한 이야기는 아무렇지도 않게 했어. 한바탕 성 경험에 대한 이야기를 듣고 나면 공부만 아니라 이런 것에서도 뒤처지는 게 아닌가 싶기도 했어. 거기서부터 정말 일이 안 좋아진 거야."

종훈은 수정이 남자와 사귀어 문제가 생긴 것인가 생각했다. 여자는 임신을 하고 남자는 훌쩍 떠나는 경우도 많으니 말이다.

"한참 이성과의 비밀 이야기를 털어놓는 타임이었어. 나도 지기 싫어 어떤 남학생을 좋아하고, 그 애가 내게 했던 일들을 살짝 말했지. 어디서 잠깐 마주치고, 그 애가 나에게 말 걸고 뭐 그런 시답지 않은 이야기였을 뿐이야. 그런데 다른 친구들이 그 이야기를 퍼뜨렸어. 훨씬 심각한 자기들의 이야기는 쏙 빼고 말이야. 아무튼 그 남학생을 좋아하는 좀 노는 애가 자기 친구들을 끌고 왔지. 그리고 감히 자기가 좋아하는 애를 넘본다며 다짜고짜 나를 때리는 거야. 다른 여자애들에게도 자기가 찜한 남자 건드리지 말라고 외치더라. 그때 내 친구 중 한 명이 어떤 선배 언니에게 문자를 했더라고."

종훈은 옳다구나 싶어 손가락을 튕기며 말했다.

"혹시 그 선배 언니가 일진?"

"응. 그 선배 언니가 나서자마자 애들이 바로 꼬리를 내리는 거야. 그 언니는 나를 공격한 애들한테 보복할 수 있게 해 주었어. 한 대 때렸는데 그냥 찍 소리를 못하더라고. 그래서 막 분풀이를 했지. 그래도 계속 맞고만 있는 거야. 묘한 쾌감이 느껴졌어. 좀 전에 내가 꼼짝없이 당했던 것처럼 자포자기하고 내 손에 모든 것을 맡기더라고. 단지 뒤에 선배 언니가 지켜보고 있다는 것밖에는 다를 게 없는데, 내 지위가 한순간에 누구도 건드릴 수 없는 곳까지 확 올라간 듯한 기분이 들었지."

종훈은 자신도 비슷한 경험을 했던 것을 떠올렸다. 수정은 씁쓸하게 웃으며 말했다.

"그 선배는 다음에도 따로 나를 불러서 너무 잘해 주는 거야. 그리고 같은 학년의 다른 애들이 사소한 이유로 귀찮게 하면 언제든지 말하래. 다시는 건드릴 수 없게 만들어 주겠다고. 나는 내 소문을 나쁘게 냈던 애들의 이름을 말했지. 그러고 나서 선배를 앞세워 친구들과 우르르 몰려가서 보복을 했지. 그 선배 언니에게 연락한 애도 그동안 함께 몰려다녔던 다른 친구들의 싸대기를 쳐 주었어. 나를 지지한다는 확실한 표시였던 셈이지. 그때는 그런 것이 다 의리인 줄 알았어. 지금 생각해 보면 나를 지지했던 것이 아니라 선배 언니의 기세가 무서워서 따라 한 거였겠지만."

"슬슬 감이 잡히네. 그 언니가 바로 너의 '일진 빽'이었구나."

종훈은 씁쓸하게 웃었다. 수정이가 그 힘 있는 선배와 '양언니', '양동생'이란 관계를 맺고 서로를 잘 돌봐 주자고 맹세했다는 말을 들으며, 곧 화끈한 신고식을 통해 위계가 무엇인지를 보여 주었을 장면을 훤히 내다보았다.

남자 선배들도 자기가 돌봐 주겠다며 처음에는 잘 대해 주던 기억이 났다. 그러다가 시간이 지나면 자신의 잘못을 뒤집어씌우기도 하고, 이유 없이 괴롭히기도 한다. 그리고 자신이 보호해 주는 대가로 돈을 요구하거나 물건을 가져오게 시킨다. 술자리에서 짓궂은 장난을 걸고, 키스해 보라고 하거나 이성 앞에서 옷을 벗으라고 지시하기도 한다. 술자리에 섞인 여자 선배도 마찬가지였다. 중학교 2학년 때 술자리에서 초등학교 동창이던 여자아이의 속옷만 입은 모습을 다른 사람들과 함께 보게 될지 종훈은 상상하지도 못했다.

거칠게 나갈수록, 말도 안 되는 것을 시킬수록 더 강하고 멋진 선배인 것이 인증되었다. 대신 나머지는 그만큼 비참해져야만 했다. 말이 사랑하는 후배지 노예보다도 못한 생활이 시작되는 것이다. 지긋지긋한 상황을 벗어날 수 있는 튼튼한 동아줄인 줄 알고 잡았다가 자신의 목을 옭아매는 올가미라는 것을 알게 되었을 때는 이미 늦었다. 후배나 친구를 가입시켜 내 대신 선배의 제물로 바치는 방법밖에는 편해질 수 있는 길이 없었다.

여자애들도 상황은 비슷했지만, 다른 것이 있다면 그렇게 괴롭히는 여자 선배에 남자 선배들까지 끼어든다는 점이었다. 여자 선배가 아니면 그 여자 선배의 남자 친구격인 일진들이 문제를 해결해 준다. 그 대가로 몸을 만지게 해 주거나 잠도 자야 했다. 어떤 여자애는 직접 빽을 쓰려고 오빠들을 적극적으로 유혹하는 경우도 있다고 했다. 그런 애들은 일단 잠을 자고 난 뒤 누가 까불면 해결해 달라고 조르거나 오빠들과 사귄다고 공공연하게 떠들고 다닌다. 그러면 남자들은 적당히 힘 좀 쓰는 등 요구를 들어주다가 심심하면 불러내서 장난감처럼 데리고 논다고 선배들은 말했다. 심지어 돈이 궁하면 성매매를 시키는 경우도 있다고 했다.

종훈은 선배의 말을 들으면서 설마 하는 생각이 들었다. 하지만 이 모든 것이 오로지 친구들에게 왕따를 당하지 않거나 언제 돌변할지 모르는 선배에게 폭력을 당하지 않기 위해서 하는 일이었다. 그 정도로 여자애들 사이의 폭력은 정신적으로나 육체적으로 상상을 초월했다. 이 모든 것의 중요 순간에 관여하는 남자 선배들은 대단한 업적이나 되는 것처럼 자랑스럽게 이야기들을 했다. 종훈은 그때 분위기를 맞추기 위해 함께 시시덕거렸지만 뒷맛은 개운치 않았다.

이제 수정은 다른 친구의 이야기를 하기 시작했다.

"그런데 어느 날 그 선배가 자신에 대해서 나쁜 소문을 낸 장본인으로 내 친구를 찍은 거야. 그 애는 선배가 하도 나를 못살게 굴어서 내가 좀 편해지자고 선배 언니에게 소개해 준 신참이었어. 선배는 신참에게 당했다며 길길이 날뛰더라고. 기강을 잡겠다며 마구 때렸어. 옷을 벗겨서 억지로 사진까지 찍었지. 또 까불거나 다른 사람에게 알리면 사진을 공개하겠다고 협박을 했어."

수정은 그때 일이 떠오르는지 씩씩거리며 말했다.

"그래, 설령 그 애가 선배 욕을 했다고 쳐. 그렇다고 떼로 몰려들어 나쁜 짓을 하냐? 그러면 되는 거냐고. 증거도 없이 신참이 그랬다고 몰아붙이고 처벌을 내린 거야. 충격받은 그 애가 집에서 나오지 않고 우울증에 빠지자 부모가 사실을 알게 되었고, 결국 경찰에 신고하게 되었지."

종훈은 과거에 자신이 경험했던 일을 떠올리며 수정의 이야기를 들었다. 여러 생각으로 머리가 혼란스러웠다.

"더 기가 막힌 일이 계속 벌어졌어. 가해자 중 한 명은 가담하지 않았다고 일진끼리 입을 맞춘 거야. 보호 감찰이라서 걸리면 큰일이 난다나? 그 애들은 그것을 나중에 영웅담처럼 자랑스럽게 말하고 다녔어. 정작 피해를 입은 내 친구는 오히려 죄지은 것처럼 아무도 모르게 어디론가 사라졌는데 말이야. 마치 그 일로 죽어서 이 세상에 없는 아이처럼."

종훈은 수정의 이야기를 들으며 가슴이 아파 왔다. 수정이 흐느끼듯 힘들게 말했다.

"나는 그런 일이 벌어질 때 적극적으로 막지 않고 그냥 있었어."

"그 분위기에서 어떻게 막아? 네가 막았으면 너도 똑같은 꼴을 당했을 걸? 정 도와주려면 나중에 기회를 봐서 해야지."

종훈의 말에 수정은 씁쓸히 웃으며 대답했다.

"나도 처음에 그렇게 합리화했어. 하지만 내 친구가 맞으면서 나를 간절히 쳐다봤던 것을 잊지 못하겠더라. 도움의 눈길을 외면하고 고개를 돌리던 내 행동이 머리에서 계속 그려지는 거야. 나중에 경찰서에 불려 갔는데 선배는 나도 적극적으로 가담했다고 진술했더라고. 배신자에 대한 처벌 규칙에 따라 그렇게 한 것이라고 말이야. 그 말을 듣고 그때는 절대 아니라고 발버둥쳤는데……. 경찰은 나를 범죄자 다루듯 하고, 나는 그런 사람 아니라고 발악했어. 그럼 왜 다르게 행동하지 않았냐고 경찰이 그러더군. 학교 선생님도 그랬어.

그 말이 가장 듣기 싫었지만, 자꾸 생각났어. 그래서 더 부정했지. 대질 심문 때에도 기세등등한 선배에게 욕을 해 가며 나는 절대 아니라고 했는데……. 다 네가 꾸민 일이라고 했는데…….”

한참 동안 말을 잇지 못하던 수정이 다시 차분한 목소리로 입을 열었다.

"어쩌면 그 애한테 가장 큰 충격을 준 것은 선배가 아니라 아무 도움도 주지 않은 나였는지도 몰라. 그 애는 나와 가장 친했고, 나를 믿고 조직에 들어온 아이였으니까. 의리니 우정을 강조하며 뭐든지 막아 주고 나눌 것처럼 말한 것도 나였으니까. 적극적으로 막아야 할 내가 내 몸 하나 온전하겠다고 가만히 있었던 것 자체가 그 아이에게는 큰 상처가 되었을 거야."

수정은 고개를 돌려 사범을 보며 말했다.

"나중에 상담 치료를 받으며 알게 되었어요. 상담 선생님이 무거운 마음의 짐을 덜려면 무엇을 했는지 생각하며 후회만 하지 말고 무엇을 해야 했는지 생각해 보라고 하셨어요. 그때는 그게 무슨 의미인지 몰랐어요. 저는 무엇을 했는지, 무엇을 할 수 없었는지 합리화하는 데에만 열심이었지요. 사범님이 아까 말한 법정에 선 아이히만처럼요."

"아냐. 수정아. 그렇게 심하게 자신을 다그칠 필요는 없다. 이렇게 자신의 잘못을 뉘우친 것이 대견하구나."

사범은 수정의 손을 잡으며 말을 이었다.

"폭력은 피해자와 가해자에게만 충격을 주는 것이 아니라, 방관자에게도 큰 상처를 줄 수가 있어. 쭈뼛거리느라 피해자의 상처가 더 깊어지도록 시간을 낭비한 것은 폭력에 대해 진지하게 생각하게 됐을 때 비로소 자신을 아프게 한다. 하지만 사람은 아픔을 겪은 만큼 더 성장해서 남에게 상처 주지 않고 더욱 따뜻이 포용하게 되는 거야. 너는 지금 잘 헤쳐 나가고 있어."

사범의 말에 수정은 힘없이 고개를 숙였다.

"다른 사람의 상처는 고사하고 자신의 삶에 대해서도 방관자처럼 임하며 진정으로 어른이 되지 못한 채 늙는 사람들도 많단다. 지금 네 모습을 보렴. 그런 사람과는 다르지 않니? 네가 그 친구 덕분에 열심히 살게 된 것을 언젠가 그 친구가 알게 된다면 어떨까? 네 진심을 알고 상처를 치유받게 될지도 모르지. 어쩌면 네가 더 커진 역량으로 직접 그 친구의 상처를 치유할 수도 있어."

수정은 울음을 삼키며 떨리는 목소리로 말했다.

"지금도 후회가 돼요. 그때 경찰의 처분을 기다릴 게 아니라, 왜 직접 찾아가서 그 애에게 사과하지 않았는지. 이렇게 나중에 만날 날을 기다리는 것이 아니라 바로 그때 내가 다른 모습을 보여 줬다면 얼마나 좋았을까. 저는 제 잘못을 있는 그대로 인정하면 마치 선배와 같은 사람이라고 인정하는 것이 된다고 생각했어요. 다른 사람이나 환경 탓만 했어요. 나는 그냥 휩쓸려서 어쩔 수 없이 수동적으로 했다고……. 그런데 그 모든 순간에 제가 선택할 수 있는 부분이…… 사실은 있었던 거예요. 내가 했어야 했던 것이 보이자 나 자신이 미치도록 싫어졌는데…… 그 바닥에서 그 사실을 인정하자 오히려 마음이 편해지며 힘이 나더라고요."

사범은 수정의 손을 더 힘껏 잡으며 말했다.

"그래, 수정아. 바닥까지 내려가 본 사람이 더 높이 하늘을 날 수 있는 법이지. 지난번에 내게 이야기했을 때보다 더 정리가 되었구

나. 잘했어. 네가 해야 했던 것들을 이제라도 하기 위해 더 많이 움직이면 돼."

사범은 그전부터 수정과 이야기를 많이 나눈 것 같았다. 사범과 수정은 종훈이 모르는 대안 교육 센터 이야기와 검정고시 이야기도 나누었다. 그러고 나서 사범이 수정을 보며 말했다.

"너는 아직 10대야. 몇 년 잘못 살았다고 나머지 몇십 년을 후회만 하며 살 필요는 없단다. 상처를 통해 얻은 교훈으로 다른 인생을 살 수 있으니 좋은 부분도 있다고 생각하며 용기를 가지렴."

"네. 슬픔은 가슴에 담지만 울고 있지만은 않을 거예요."

수정은 당당하게 이야기했다. 하지만 종훈은 아까 울컥하던 수정의 모습이 되살아나 지워지지 않았다.

'수정이의 이런 상처는 누구의 잘못일까? 공부만 강조하는 학교? 스트레스를 못 이기고 일탈 행동을 하기 시작한 수정이 자신? 혹은 조직에 가담한 그 친구? 일진? 학교 교사? 경찰관? 수정이의 말대로 다른 선택을 할 수 있었는데 안한 것이니 결국 자신이 책임을 짊어져야 하는가? 하지만 수정이 그럴 의도가 있어서 그런 일이 벌어진 것은 아니지 않은가. 다른 놈들은 더 나쁜 짓을 하고서도 잘만 살고 있는데……. 그런 놈들은 잡아다가 혼쭐을 내줘야 하는데…….'

여러 가지 생각으로 종훈은 머릿속이 시끄러웠다.

"나쁜 놈들은 정신 차리게 한 방에 보내 버려야지."

종훈은 위로랍시고 그렇게 말했다. 그러자 사범은 종훈을 쳐다보며 단호하게 말했다.

"너, 『우리들의 일그러진 영웅』을 보고서도 그렇게 말하니? 엄석대는 반장으로서 자기가 마치 선생님이나 된 것처럼 청소와 숙제 검사를 했고, 아이들에게 즉석 벌칙을 주었지. 그런 식으로 모든 것을 통제하는 엄석대 덕분에 그 반은 전교에서 가장 깨끗하고 여러 일들도 잘 돌아가는 반이 될 수 있었어. 그렇다고 해서 엄석대가 좋은 아이라고 할 수 있을까? 아까 수정이가 철저히 엄석대를 부정해야 한다고 한 말을 잘 생각해 봐라. 왜 넌 엄석대처럼 되려고 하니?"

"누가 그런 나쁜 놈이 된대요? 그냥 나쁜 놈에게 정의의 주먹만 맛보게 하겠다는 거지요."

종훈이 되받아쳤다.

"그래, 하지만 넌 지금 어떻게 하고 있니? 네가 나쁜 놈들을 손봐 주겠다는 것도 결국 네게 거슬리니까 그런 것 아니니? 한병태처럼 말이야. 정말 정의에 대한 생각을 한 거니? 세상에 좋은 폭력이라는 것은 없어. 주인공 한병태가 마지막 장면에서 마치 폭력에 의해서든 뭐든 효율적으로 돌아가던 때에 대한 향수 같은 것을 느끼는 것이 당연하다는 식으로 이야기하지만 그것은 잘못이야. 지난번 체벌 금지에 대해서 이야기했던 것처럼, 폭력은 문제를 해결하는 것이 아니라 또 다른 문제를 만들 확률이 더 높지. 문제를 해결하고 싶다면 다른 자세가 필요해."

"어떤 자세요? 그냥 기도하고 용서하고 뭐 그런 거요? 그게 현실에서 먹힐 것 같아요? 조금만 느슨하게 대해 주면 이놈 저놈 잡아먹을 듯이 달려드는데. 그게 우리 현실이에요. 공부 쪽에만 경쟁이 치열한 줄 아세요?"

종훈은 열이 나서 소리쳤다.

"네가 힘을 쓰기 시작하면 힘으로 꺾일 수밖에 없다. 하지만 네가 법에 의지하거나 양심에 따르면 상황은 달라지지."

"정말 교과서 같은 이야기만 하시네요. 그게 가능하다고 생각해요?"

"너는 왜 불가능하다고 못을 박지? 너는 사실 그런 것을 적극적으로 실천한 적이 없잖아."

"굳이 해 봐야 아나요? 세상에는 안 해 봐도 뻔한 일이 있어요."

"지난번 시장에서 우스꽝스러운 옷을 입고 설문 조사를 했을 때도 너는 안 해 봐도 뻔하다고 말하지 않았니?"

종훈은 말문이 막혀 버렸다. 수정이 끼어들었다.

"무슨 소리예요? 우스꽝스러운 옷이라니요?"

사범은 당황해하며 말을 돌렸다.

"아니, 그런 게 있어. 암튼 일단 실천해 봐라. 해 보지도 않고 그냥 그럴 것이라고 생각하니까 안 되는 거야."

종훈은 화가 치밀어 올랐다. 다른 사람이 자신의 잘못을 지적한다는 생각이 들면 종훈은 화가 났다. 그것이 진실에 가까울수록 더욱더.

"그래요. 다 실천을 하지 않은 제 탓이네요. 제 잘못입니다요. 사범님은 많이 실천하시기 바랍니다. 앞으로도 등교하는 중딩들 획획 교문에서 메다꽂으면서 실천 많이 하세요."

수정이 다시 끼어들었다.

"아니, 이건 또 무슨 소리예요?"

이번에는 종훈이 대답했다.

"그런 게 있어."

종훈을 보며 사범은 입맛을 쩝쩝 다셨다. 사범은 잠깐 쉬자며 일어나 음악을 틀었다. 종훈은 밖으로 나와 찬 공기를 쐬며 심호흡을 했다. 사범이 쫓아 나와 종훈에게 처음에 무력을 쓴 것 때문에 마음의 상처를 입었다면 미안하다고 말했다. 그동안 받아 보지 못했던 어른의 사과에 종훈은 머쓱해져서 아무 소리도 하지 않고 도장 안으로 다시 들어왔다.

방관자에서 벗어나기

수정은 『우리들의 일그러진 영웅』에서 방관하는 태도가 문제가 된다는 것을 읽어 냈다. 자신의 경험으로 그 점에 더 민감했기 때문이다.

방관하는 태도는 선진국에서는 '착한 사마리아인 법'으로 처벌을 받기도 한다. 이 법의 핵심 내용은 위험에 빠진 사람을 구해 줄 수 있는데도 구해 주지 않은 사람을 처벌한다는 것이다. 이는 물론 구해 주는 사람이 그 행위로 인해 또 다른 위험에 빠지지 않는 상황을 전제로 한다. 이렇게 법제화된 배경에는 방관도 가해와 마찬가지로 나쁜 것이라는 생각이 자리 잡고 있다.

방관자는 가해자이자 피해자다. 그렇기에 고통과 후회로 인한 상처도 수정처럼 두 배가 될 수 있다는 사실을 잊지 말아야 한다. 그런데도 대부분의 청소년과 어른들은 방관자의 자세로 폭력 문제를 대하고 있다. 자신이 피해자가 되기 전까지는 일부 운 없는 사람의 불행이라고 생각하는 경향이 강하다. 그런 생각은 피해자들에게 더 큰 상처를 줄 가능성이 크다.

모든 종류의 폭력 문제를 해결하는 출발점은 폭력에 대해서 민감하게 반응하고 판단을 내리며 행동하려 노력하는 것이다. 즉, 방관자에서 벗어나 적극적인 문제 해결자로 바꿔어야 한다. 문제 해결 방법에는 여러 가지가 있다. 익명으로 신고하기, 가해자의 추가 행동 감시하기, 피해자의 말 들어 주기, 폭력을 미화하는 영화에 비판하는 글을 써서 인터넷에 올리기 등 폭력을 방관하지 않는 행동이면 된다. 단번에 모든 폭력을 추방할 수 있는 사람만 문제 해결에 나설 수 있는 것은 아니다. 폭력적인 행동을 조금이라도 고민하게 만들어도 문제 해결에 다가서는 것이다.

7
벼랑과 늪

　종훈이 도장 안으로 들어와 보니 수정이 음악 시디를 열심히 고르고 있었다. 수정은 자신이 원하던 것을 찾았는지 미소를 지으며 음악을 바꿨다. 종훈도 잘 아는 동요의 피아노 곡이었다. '에이 비 시 디' 하면서 알파벳을 외울 때도 불렀던 그 노래였다. 종훈은 생뚱맞아 수정을 쳐다보았다. 그런데 수정은 눈까지 지그시 감고 음악을 감상하고 있었다. 뒤따라 들어온 사범도 마찬가지였다. 종훈은 피식 웃었다.
　'이게 무슨 시츄에이션? 이 분위기에서 '반짝반짝 작은 별'을 이렇게 열심히 듣다니. 다들 사차원 아냐?'
　그런데 초등학생이 두 손가락으로 치는 듯했던 피아노 소리가 한순간에 두 명이 동시에 음을 나눠서 치는 것처럼 들렸다. 그리고 간단하던 선율이 갈수록 복잡하게 바뀌며 연주되었다. 종훈은 자기도 모르게 눈을 감았다. 한 음 한 음이 마치 노랫말처럼 별이 되어 밤하늘을 수놓는 듯했다. 별은 모여 꽃이 되고 다시 꽃잎 하나하나로 흩어졌다가 땅에 떨어져 구슬이 되어 저마다 다른 소리로 굴렀다. 분명히 '반짝반짝 작은 별' 동요라는 사실을 알았지만 감동이 덜하지 않았다. 아니, 그 사실 때문에 종훈은 오히려 더 감동을 받았다. 자신이 안다고 생각한 것에서 몰랐던 점을 발견하는 것이 이렇게 신비로운 재미를 줄지 몰랐다. 종훈은 눈을 뜨고 두 사람을 살폈다. 수정의 눈에서 눈물이 흐르고 있었다. 하지만 수정은 눈물을 닦을 생각도 않고 오히려 입가에 옅은 미소를 짓고 있었다. 두 줄기 눈물이 뺨을 타고 내려와 턱 밑으로 떨어졌다. 수정이 두 손으로 자기 볼을 잡고선 발로 리듬을 타기 시작했다. 이윽고 피아노 소리가 멈추자, 수정은 해맑게 웃었다.

"역시 클라라 하스킬은 언제 들어도 좋아요. 사범님이 저를 처음 부르셨을 때 이 노래를 틀어 주셨잖아요."

종훈이 어리둥절한 표정을 지었다.

'클라라 하스킬이 뭐지? 피아노 이름인가……. 작곡가 이름? 아님 연주자 이름?'

"네 덕분에 저 녀석에게까지 들려주게 되었군."

사범이 종훈 쪽을 보며 웃었다. 그 사이 다른 음악이 나오기 시작했다. 수정은 사범에게 물었다.

"이것도 모차르트인가요?"

"응, 모차르트. 클라라 하스킬이 만년에 녹음한 모차르트의 '바이올린과 피아노를 위한 4개의 소나타' 앨범에 수록된 거지. 아, 그리고 아까 것은 정확히 말하면 모차르트의 곡은 아니지. 모차르트가 여행 중 파리에서 우연히 들은 옛 프랑스 민요를 변주한 것이야. 그것을 미국에서 '반짝반짝 작은 별'이라는 가사를 붙여 또 바꾼 것이고. 원래 민요의 내용은 사랑의 아픔을 호소하는 내용인데 전혀 의미가 다른 동요로 바뀌었으니 재미있는 일이지."

"어머, 그랬어요? 저는 그냥 예전에 들려주신 클라라 하스킬의 인생 이야기를 떠올리며 감동을 받으면서 들었는데."

종훈은 대체 클라라 하스킬이 어떤 인생을 살았기에 이런 이야기가 오가는가 싶어 사범과 수정을 번갈아 바라보았다. 종훈의 궁금증을 눈치 챘는지 사범이 자리에 앉아 컴퓨터를 켜고 어떤 사이트에 들어가더니 사진을 보여 주었다. 참 예쁘고 기품 있게 생긴 여자애가 피아노를 어루만지고 있는 사진이었다. 그런데 그 아래에는 전혀 다른 분위기의 여자들 사진이 주르르 연령대별로 나와 있었다. 사범이 그것이 모두 한 사람 사진이라고 했을 때 종훈은 믿기지 않았다.

"1899년. 그러니까 클라라가 네 살 때 아버지가 돌아가셨지. 어린 나이에 아버지 없이 자란다는 것이 많이 힘들었을 거야. 하지만 열 살 때 음악적 재능을 인정받아 데뷔하고, 바로 이듬해에 당대 최고의 수재들이 모인 프랑스 파리 음악원에 입학하지. 그리고 4년 후인 1910년, 열다섯 어린 나이에 파리 음악원을 최우수 성적으로 졸업했어. 어쩌면 이 사진이 졸업 즈음 기념으로 찍은 사진인지도 모르겠다."

사범이 가르키는 사진 속에는 수줍어하면서도 단아하게 피아노를 매만지고 있는 미모의 소녀가 있었다. 그녀는 음악 천재들이 모인 곳에서도 최고 성적을 거둔 천재 중의 천재였다.

'앞길이 환히 열렸겠네…….'

종훈은 생각했다.

"그런데 3년 뒤인 열여덟 살에 클라라에게 세포 경화증이라는 희귀한 병세가 나타나기 시작했어. 원래 어렸을 때부터 척추가 비틀어지는 측만증으로 고생하기는 했지만, 뼈와 근육이 붙거나 세포끼리 붙어 버리는 세포 경화증은 전혀 다른 시련을 클라라 하스킬에게 안겨 주었어. 가장 촉망받던 시기에 병원에 입원해서 그 후 8년간 연주를 할 수 없게 되었으니까. 여자로서도 가장 행복하다고 할 수 있는 청춘을 병과 싸우며 보내야 했지. 몸이 굳어 결국 아름다움도 빛이 바래고 등은 굽어 꼽추가 되었어. 게다가 어머니마저 돌아가시게 되어 더 시련이 컸을 거야."

종훈은 확확 잘나가는 이야기가 아니라 들으면서 속으로 찝찝했다. 그런데 수정은 줄곧 옅은 미소를 머금은 채 이야기를 듣고 있었다. 종훈은 아마도 해피엔딩일 것이라 짐작하며 사범의 이야기를 들었다.

"그러나 클라라는 결국 병마와 싸워 이겨 냈지. 1921년에는 연주 생활을 재개해서 1924년에는 북미 연주회를, 1926년에는 영국 데뷔 연주회를, 잇달아 1927년에는 프랑스 파리에서 베토벤의 소나타 전곡을 연주할 정도로 왕성한 활동을 벌였어."

'그럼 그렇지.'

종훈은 자신감에 넘치는 클라라의 사진을 바라보았다. 1910년에 최우등으로 학교를 졸업하고서 10년 이상의 침묵 끝에 늦깎이 성공을 거두며 행복해했을 클라라 하스킬의 모습이 보이는 듯했다.

"그런데 2차 세계대전이 터진 거야. 독일 나치스가 프랑스에 들어오자 유대인이었던 클라라는 목숨을 걸고 탈출을 감행했어. 하지만 탈출하던 중에 극도의 공포와 피로로 인해 뇌졸중으로 쓰러지게 되지. 엎친 데 덮친 격으로 신경계에도 종양이 생겼고 눈까지 멀게 될 판이었어. 마침 클라라의 소식을 들은 유명한 유대계 의사가 파리에서 마르세유까지 달려와서 대수술을 한 덕분에 클라라는 겨우 목숨을 건질 수 있었지."

'에고…… 쯧쯧.'

종훈은 혀를 찼다.

"목숨은 건졌지만 그다음이 문제였지. 유대인들을 잡아서 수용소로 보내던 시절이었으니까. 목숨을 지키기 위해 클라라는 집에서 커튼을 치고 죽은 듯 숨어 지내기 시작했어. 자신의 마음을 표현하던 피아노도 한번 못 치고 말이야. 클라라가 숨어 지낼 때 가지고 있던 것이라고는 바이올린 한 대와 고양이 한 마리가 전부였어."

종훈은 고양이를 안고 있는 클라라의 사진을 쳐다보았다. 마음이 짠했다.

"1945년에 2차 세계대전이 끝나고 나서야 클라라는 마음 편히 피아노를 다시 연주하기 시작했지. 그리고 2년 후인 1947년에 런던 필하모닉 오케스트라와 베토벤 피아노 협주곡 4번을 녹음했어. 그게 생애 최초의 녹음이었어. 1910년, 열다섯 살에 이미 실력을 인정받은 천재가 쉰 살이 넘어서야 겨우 첫 녹음을 할 수 있었던 거지."

종훈은 자신이 클라라였다면 정말 세상이 저주스럽고 답답해서 미쳐 버렸을 것이라고 생각했다.

"그리고 활발하게 연주 활동을 하면서 다시 명성을 얻게 되었지. 유명한 독일 지휘자 카라얀과도 협연을 했어. 당시 러시아 피아노계의 대모였던 타티아나 니콜라예바는 카라얀을 보기 위해서 연주회장을 찾았다가 웬 꼽추 노파가 피아노를 치기 시작하자 놀랐다고 해. 잠깐, 여기 그 유명한 감상평이 있을 텐데."

사범은 웹사이트에서 니콜라예바가 남긴 감상평을 찾아내 종훈에게 보여 주었다.

> 그녀의 몸은 뒤틀려 있었고, 잿빛 머리카락은 온통 헝클어져 있었다. 마치 마녀처럼 보였다. 그러나 공연이 시작되자 카라얀의 존재는 아무것도 아니었다. 그녀가 건반으로 손을 옮기자 곧 나의 볼에는 눈물이 흘러내렸다. 그녀는 실로 최고의 모차르트 전문가였다. 그녀의 마력은 너무나 강력해 오케스트라가 다시 울려 퍼질 땐 모든 것이 변해 있었다. 풍부하면서도 자연스러운 음이 오케스트라로 전달되어 지휘자마저 마술에 걸려 있었다. 그녀 덕택에 그들은 모두 음악적 진실을 접했다. 결국 이것은 내가 경험한 최고의 콘서트가 되었다.

사범은 1950년대 클라라를 만났던 다른 사람들의 평가 글도 찾아서 보여 주었다. 그중 압권은 코미디의 역사적 인물인 찰리 채플린의 평가였다.

> 나는 살면서 진정 천재라고 말할 수 있는 사람을 세 명 만났다. 한 사람은 아인슈타인이었으며, 또 한 사람은 처칠이었다. 그리고 나머지 한 사람, 누구보다도 현격히 차이 나는 두뇌의 소유자는 바로 클라라 하스킬이었다.

1953년부터 클라라는 당대 최고 바이올리니스트인 아르투르 그뤼미오와 콤비를 이뤄 연주 활동을 하며 무척 행복해했다고 사범은 이야기해 주었다. 그뤼미오는 피아노도 잘 쳤다. 그래서 공연 중에 가끔 서로 악기를 바꿔 연주할 정도였다. 어디를 가든 청중들의 환영을 받았다는 이야기를 들으며 종훈은 절로 미소가 지어졌다. 하지만 그때가 이미 예순 살 정도였던 것을 생각하면 씁쓸하기도 했다.

"그런데 1960년에 그뤼미오와의 연주를 위해 브뤼셀 역에 도착했을 때 일이 터진 거야. 열차에서 내려 기차역 계단을 오르던 하스킬은 심장마비로 쓰러지며 뇌진탕을 일으켰지. 급히 병원으로 옮겼지만, 잠깐 정신을 차린 클라라는 그뤼미오에게 연주를 못할 것 같다는 말을 했어. 그것이 마지막 말이었어. 클라라는 다음 날 아침 일찍 세상을 떠났지."

'클라라는 참 한 많은 인생을 살았구나.'

종훈은 생각했다. 이야기를 끝마치고 나서 사범은 음악의 볼륨을 좀 더 높였다.

"지금 우리가 듣는 클라라의 모든 음악은 세포 경화증을 안고 쉰이 넘은 나이에 연주한 것이야. 수많은 역경을 딛고, 아니 그런 역경을 안고서 연주한 것이 이 정도라니 놀랍지 않아? 그녀의 음악이 특별한 것은 바로 그녀의 마음가짐이 그대로 음악에 녹아 있기 때문일 거야. 세상을 아름답게 포용한 그 마음."

사범은 클라라가 죽기 얼마 전에 인터뷰를 통해 남겼다는 말을 찾아 보여 주었다.

> "나는 행운이였습니다. 나는 항상 벼랑 끝에 서 있었지만, 머리카락 한 올 차이로 인해 한 번도 벼랑 아래로 굴러 떨어지지는 않았어요. 그것은 신의 도우심이었습니다."

수정은 이 글을 베껴 자기 책상에 붙여 놓았다고 했다. 자기 처지가 한심하다고 느껴질 때 이 글을 읽고 힘을 낸다고 했다. 자기가 친구처럼 큰 폭력에 희생되지 않았던 것, 선배처럼 더 큰 폭력을 행사하지 않았던 것이 행운이라고 했다. 그래서 다시 시작하는 지금 조금이라도 덜 힘들게 된 것이 다행이라고 했다.

종훈은 사범이 보여 준 글을 다시 한 번 찬찬히 읽어 봤다. 클라라가 세상을 저주하고도 남을 상황에서 이런 말을 남겼다니 놀라울 뿐이었다. 종훈은 클라라가 존경스러웠다.

수정이 종훈의 뒤에서 클라라의 사진을 보며 또박또박 말했다. 클라라가 자기에게 용기를 준 것처럼, 자신도 누군가에게 용기를 주면 좋겠다고. 그러고 나서 수정은 사범을 보며 말했다.

"예전에 말했던 것처럼 검정고시를 잘 통과할 수 있게 해 주셔야 해요. 독서 대결이든 뭐든 열심히 할 테니까요."

사범과 수정은 여러 계획을 이야기했다. 두 사람의 대화를 엿듣고 나서야 종훈은 정리가 되었다. 수정이 뜻이 있어 자퇴를 했고, 검정고시에 합격한 뒤 대학을 가 대반전을 준비하고 있는 것. 수정이 자기 인생을 다시 바로 세우기 위해서만이 아니라, 다른 아이를 위해 올바른 것을 가르치는 교사가 되기 위해 공부를 한다는 것. 그러니까 자퇴를 선택한 학생이 교사가 되어 학교로 돌아가려는 것이었다. 멋있어 보였다.

"너는 경험에서 우러나오는 열정으로 아이들을 더 잘 가르칠 수 있을 거야."

사범은 수정에게 용기를 북돋아 주었다. 종훈은 수정과 같은 교사에게 배운다면 어떨지 상상해 보았다. 자신이 어떤 고민을 하는지 경험을 통해서 알고 있어 척척 길을 밝혀 준다면 참 행복할 것 같았다. 종훈도 수정이 교사가 되기를 빌어 주고 싶었다. 종훈은 왠지 마음속 깊은 곳에서 뭔가 꿈틀거리는 것을 느꼈다. 그리고 그것은 점점 더 크게 가슴을 뛰게 했다.

'대, 반, 전.'

세 글자가 가슴을 쿵쾅 치더니 머리를 가득 채웠다. 종훈은 사범에게 공손하게 고개를 숙이며 말했다.

"사범님, 앞으로 저도 잘 가르쳐 주세요."

"자식, 지금 가르치고 있잖아. 새삼스럽게 뭐하는 거야?"

종훈은 아이처럼 웃었다. 수정이 사범에게 물었다.

"다시 독서 대결을 하는 건가요?"

"아니, 오늘은 이만 하자. 수정이는 새로운 아르바이트 적응하느라 많이 힘들 테니 이만 하고, 종훈이는 오늘 네가 했던 말을 생각해 보고 다음에 다시 이야기하도록 하자."

종훈은 사범의 말을 듣고 서운한 기색을 보이며 말했다.

"뭐예요, 또 미루고. 승부를 가려야 사범님의 비밀을 들을 수 있는데."

"무슨 비밀?"

수정은 호기심 어린 눈빛으로 사범과 종훈을 번갈아 쳐다보았다. 사범은 수정을 보면서 한쪽 눈을 찡긋하더니 말했다.

"어쨌든 오늘은 무승부로 하고, 다음 과제에서 결정 내자. 대신 그때 이긴 사람에게는 더 큰 선물을 줄게. 비밀은 다음 과제를 성공하면 바로 공개하고."

"다음 주에는 누구와 붙어야 하는데요?"

"아니, 개인 과제야."

종훈이 자신 있다는 표정을 짓자, 사범이 싱긋 웃으며 말했다.

"이런 몹쓸 근거 없는 자신감은 대체 어디에서 나오는 거지?"

종훈은 헤헤 웃었다.

"그럼 가 봐라."

사범은 밤이 깊어서 수정을 바래다 준다며 종훈도 근처까지 태워 주겠다고 했다. 종훈은 괜찮다며 인사를 하고 도장을 나왔다. 그런데 서너 계단 내려가다가 번득 머리를 스치는 것이 있었다. 종훈은 다시 도장으로 들어갔다. 사범과 수정이 사무실 정리를 끝내고 운동용 매트리스를 정리하고 있었다. 종훈은 다짜고짜 사범에게 따졌다.

"약속을 하셨으면 지키셔야지요."

"무슨 약속?"

"필살기!"

종훈이 큰 소리로 외쳤다. 사범이 웃으며 대꾸했다.

"알려 줘야지. 필살기. 약속은 약속이니까."

종훈은 싱글거리면서 사범에게 다가갔다. 사범은 왼손으로 종훈의 오른쪽 옆머리를 움켜잡는 것과 동시에 자신의 오른손을 펴서 종훈의 왼쪽 관자놀이에 갖다 대었다. 별 힘을 주지 않은 것 같은데도 엄청 아팠다. 종훈은 외마디 비명을 질렀다.

"바로 여기야. 있는 힘껏 여기를 공략하면 돼. 단, 주먹을 쥐면 주변의 뼈도 함께 함몰돼서 효과가 오히려 없어. 여기 신경 다발을 순간적으로 궤멸시키는 게 중요해."

갑자기 지끈지끈 아파진 머리를 어루만지며 종훈이 물었다.

"말이 왜 이렇게 어려워? 신경 다발을 궤멸? 뭐, 망가뜨린다는 건가요? 그러면 어떻게 되는데요?"

"신경이 파괴되어 뇌가 정지해서 의식 불명 상태에 빠지지. 죽는 경우도 있고."

멋지다는 말이 목구멍까지 치밀어 올라왔다. 하지만 생각해 봤더니 결코 좋은 것이 아니었다.

"잠깐만요. 이거 한 방에 사람이 죽거나 혼수상태가 된다고요?"

"응. 뇌가 멈추니까. 다른 사람이 도와주지 않으면 혼수상태가 지속되다가 구급차 오기 전에 죽을 수도 있어. 정확한 지점을 찾았다면 즉사할 수도 있고."

담담하게 말하는 사범을 종훈은 멍하니 바라보았다.

"사람 죽이는 기술을 가르쳐 주시면 어떻게 해요?"

"필살기가 뭔데. 반드시 죽이는 기술이잖아."

"이런 걸 애들 싸움에 어떻게 써요. 감옥 갈 일 있어요? 이런 거 말고 적당히 애들 혼내 줄 수 있는 것으로 가르쳐 주세요."

"필살기라며?"

"에이, 죽이는 거 말고요. 뭐 좋은 게 있을 텐데……. 그냥…… 죽은 듯 기절시키는 거? 좋다. 기절 필살기. 딱 이거네, 이거."

"적당히 기절만 시키는 것이 어디 있어. 폭력은 감정적 반응을 연료로 하는 경우가 많아. 그래서 수위 조절이 안 돼. 일단 감정적으로 저지르고 나서 차분해진 다음에 후회를 하게 되지. 폭력에 의존하기 시작하면 점점 무뎌져서 더 강한 것을 찾느라 적당한 것은 없어져. 그냥 막 내지르는 거지. 신체 건강한 사람에게 제대로 맞으면 죽을 수 있는 곳 천지인 것이 사람의 몸이야. 그래서 무도를 하는 사람들이 정신 수련을 많이 하는 것이다."

사범은 몸의 여러 부위를 눌러 가며 어떻게 맞으면 대동맥이 끊어지고, 척추 신경이 분리되고, 기도가 이탈해서 숨이 막혀 죽을 수 있는지 설명했다. 차라리 모르는 게 나을 수도 있을 내용들이었다. 종훈은 이제 머리가 지끈거려서가 아니라 그 소리가 듣기 싫어 더 찡그렸다.

"알겠니? 넌 여태까지 아주 운이 좋았던 거야. 네 힘으로 이렇게 다양한 곳을 잘못 때렸다면, 혹은 다른 아이가 잘못 맞았다면 어떻게 됐을까? 주먹의 끝에 급소가 걸렸다면 어떻게 됐을까? 네가 의도했건 아니건 넌 살인자가 되었을 거야. 한 번에 네가 상상할 수도 없는 벼랑 끝으로 떨어졌을지도 모르지. 그리고 다시 기어 올라오기 위해 몇십 년을 고생하거나, 자신이 선택했던 그 결정을 저주하며 어두운 벼랑 아래에서 악독한 인간들과 날마다 전쟁을 치르며 살게 될 수도 있다."

종훈은 일진 선배들을 생각했다. 몇 명은 감옥에 가며 벼랑으로 굴러 떨어졌다. 그런 소식을 들을 때마다 자신도 같은 처지에 놓이게 되지 않을까 불안했다. 학년이 높아지고 더 많은 것을 관리해야 할수록 불안감은 더 심해졌다. 그러다 보니 모든 일에 짜증이 나고 답답했다. 그래서 더 폭력을 썼다. 악순환이었다. 그게 얼마나 남에게 위험하고 자신의 인생에도 큰 영향을 줄 수 있는지 모르고 한 짓이었다. 방송에서 본 "장난으로 때렸는데 그냥 죽었다."며 뻔뻔하게 말한 아이가 자신이 되었을 수도 있다는 생각이 들자 오싹해졌다.

'나는 그냥 당당하고 멋있는 놈이 되고 싶었다고. 나는 그런 악마 같은 놈들과는 달라.'

종훈은 수정과 사범에게 제대로 인사도 하지 않은 채 일그러진 얼굴로 도장을 뛰쳐나와 달렸다. 숨이 턱까지 차올랐지만 뜀박질을 멈추지 않았다. 정신없이 집까지 뛰었다. 집 앞에 이르러서야 가쁜 숨을 몰아쉬며 초인종을 눌렀다. 안에서 아무 대답이 없자 손과 발로 현관문을 마구 두드렸다.

조금 뒤에 문을 연 것은 뜻밖에 아빠였다. 종훈은 아빠가 집에 있을 것이라는 생각을 미처 하지 못했다. 아빠는 건설회사 현장 소장이기 때문에 2주마다 한 번씩 집에 온다. 아빠가 오는 날이면 엄마와 종훈은 마치 연극을 하는 것처럼 평소와는 다른 모습을 보여야 했다. 아빠는 집에서 자신이 원하는 대로 모든 것이 돌아가야 직성이 풀리는 사람이었다. 그렇지 않으면 가만히 두지 않았다.

종훈은 깜짝 놀라 그 자리에 얼어붙었다. 아빠는 종훈에게 욕을 했다. 늦게까지 싸돌아다니다 오면서 문까지 부서지게 쾅쾅 두드린다고. 그러면서 씩씩거리는 종훈이 더 기어오르기 전에 버릇을 잡는다며 뺨을 때렸다. 언제나 그랬듯이.

종훈은 소리를 지르며 반항하고 싶었지만 괜히 일만 더 커질까 봐 몇 대 맞고 자기 방으로 들어와 버렸다. 종훈이 아빠한테 맞을 때 말리지도 못하고 가만히 있던 엄마가 너무 미웠다. 아빠보다도 더. 종훈은 이불을 입에 물고 크게 소리쳤다. 그 소리는 곧 울음으로 변했다. 자신이 괴물이 된다면 그것은 아빠와 엄마 탓일지도 모른다는 생각이 들었다. 이 집에 있는 것 자체가 혐오스러웠다.

꺼 놓았던 휴대폰을 켰다. 종훈은 휴대폰에서 연락처를 찾아 번호를 눌렀다. 긴 통화 연결음이 이어진 끝에 사범이 전화를 받았다. 이불을 뒤집어쓰고 어금니를 문 채 종훈은 전화기 저쪽에다 대고 맹수의 울부짖음 같은 소리를 쏟아냈다.

"내가 운이 좋다고? 사소한 일에도 매를 드는 아빠에, 내가 맞거나 말거나 돌보지도 않는 엄마 밑에서 살아온 내가 운이 좋다고? 지금 내 뺨에는 아빠의 손자국이 뚜렷이 남아 있어. 이게 운이 좋은 아이의 모습이야? 마음잡겠다고 결심한 오늘도 시궁창 같은 이곳에 다시 주저앉아야 하는 내가 운이 좋다고? 나는 클라라가 아니야. 그래서 진짜 운이 필요해. 아주 커다란 운. 그것만이 나를 구원할 수 있어. 잠깐 동안 당신이 그럴 것이라 기대했지만…… 아니었어. 당신을 만난 다음 오히려 나는 내 과거와 현실을 더 저주하게 되었으니까. 장난은 이제 그만이야. 꺼져."

사범은 묵묵히 듣고 있었다. 종훈은 혼자서 고래고래 소리를 지르고 나서 전화를 끊었다. 곧바로 전화가 왔다. 하지만 종훈은 바로 배터리를 빼서 던져 버렸다.

불을 끈 방. 늪 속이 이럴까? 그래, 난 이렇게 살게 되어 있는 인간이었어. 힘 뺄 필요 없는 거야. 그냥 지금까지 살던 대로 그렇게, 좌절할 필요도 없이 그냥 그렇게, 도전했다가 실망할 필요도 없이 그냥 그렇게 사는 거야. 종훈은 주문을 걸 듯 자신에게 말했다. 어둠 속에서 묘한 편안함이 밀려왔다. 익숙한 어둠이었다.

'다시는 나약해지지 않겠어. 바보같이 굴지 않겠어.'

작심삼일에서 벗어나기

　소설 속 종훈뿐만 아니라 많은 사람들이 마음을 바로잡았다가 금세 무너지곤 한다. 그것은 특별히 의지가 약해서가 아니다. 노벨 경제학상을 수상한 허버트 사이먼 교수의 '제한된 합리성' 이론에 따르면, 인간은 인지 능력에 한계가 있어 한꺼번에 많은 정보를 다룰 수 없다. 때문에 인간은 자신이 조작할 수 있는 크기로 정보를 단순화시킨다. 인지란 지각, 판단, 추리 등의 정신 과정을 말하는 심리학 용어다.

　미래는 불확실하지만, 현재는 직접 경험할 수 있다. 따라서 인간의 뇌는 미래와 현재를 동등한 차원에서 생각하는 것이 아니라, 직접 경험하는 현재의 정보를 더 많이 처리한다. 다이어트를 하는 상황을 예로 들어 보자. 눈앞에 있는 음식을 보며 그것을 먹었을 때 나빠질 자신의 모습보다 당장의 만족감을 더 많이 생각한다. 즉, 인간의 뇌는 현재의 정보를 더 많이 처리한다. 그리고 나중에 그 끔찍한 미래가 현재로 다가왔을 때에야 비로소 그 정보를 처리해서 후회하게 된다. 이것이 제한된 합리성이다. 소설 속 종훈의 경우, 새롭게 결심하지만 눈앞에 닥친 문제를 처리하느라 사범이 새로운 미래를 만들기 위해 내미는 도움의 손길을 부정한다. 종훈이 특별히 심지가 약해서가 아니라, 인간이 모든 정보를 공정하게 처리하지 못하는 제한된 인지를 지니고 있기 때문이다.

　이런 한계에서 벗어날 수 있는 방법이 없는 것은 아니다. 미래의 가치를 잊지 않기 위한 수단이 필요하다. 즉, 인간은 자신의 인지적 한계 이상을 생각하지 못하므로 되도록 미래 지향적인 정보를 더 많이 처리하도록 하는 것이다. 예를 들어, 자신이 자주 들여다볼 수 있는 곳에 표어를 붙여 놓거나, 겉모습을 바꿔 자신의 변화된 마음을 바로 확인하게 하는 등의 방법을 쓸 수 있다. 때때로 미래의 가치와 관련된 약속을 떠올린다면 현실의 가치에 빠져 있기만 하지는 않을 것이다.

8
선배의 비밀 미션

다음 날 아침, 종훈은 누가 자기 몸을 잡고 흔드는 걸 느꼈다. 아빠였다. 종훈은 아빠와 함께 대중목욕탕에 갔다. 2주에 한 번 의식처럼 해야 하는 일. 옷을 벗고 아빠를 따라 온탕에 들어가고 사우나에 들어가고 다시 냉탕에 들어가고. 아빠의 등을 닦아 주고 자신의 등을 맡기며 목욕을 했다. 탕 안에 있는 어린 녀석들은 자기 아빠와 함께 장난치고 웃으며 보내고 있었다.

"넌 왜 이리 힘이 없냐?"

어쩔 수 없이 아빠를 따라온 목욕, 좋을 리 없는 종훈에게 아빠가 한마디 했다. 그리고 몇 마디를 더 한 것이 부자간 대화의 전부였다. 그나마 대화라기보다는 일방적인 질문과 지시, 평가, 당부에 가까웠다. 목욕을 마치고 늘 그랬듯이 목욕탕 건물에 있는 식당에서 아침 겸 점심으로 칼국수를 먹었다. 그리고 집에 돌아와 텔레비전을 보는 아빠의 눈치를 보며 방에 틀어박혀 있었다. 서둘러 저녁을 먹은 아빠는 다시 현장으로 내려가기 위해 짐을 꾸렸다. 종훈은 다음번에는 차라리 아빠가 좋아하는 골프 약속이 잡혀 집에 오지 않았으면 싶었다. 아빠는 가족과의 인사보다 교통 체증을 더 신경 쓰며 떠났다. 종훈과 엄마는 그제야 장학관 참관 수업이 끝난 뒤의 학생들처럼 어색한 몸가짐을 풀고 한숨을 쉬었다. 종훈은 곧바로 옷을 갈아입고 나갈 채비를 했다. 엄마가 종훈에게 물었다.

"어디 가는데?"

"기분 풀러."

종훈은 애들을 소집해 놓은 곳으로 갔다. 상석은 시키지도 않았는데 빵을 사 왔다. 그리고 종훈의 눈치를 보며 벌써 배시시 웃고 있었다. 그 모습이 아빠 앞에서의 엄마 같기도 하고, 자기 같기도 했다. 종훈은 자리에 앉자마자 상석의 뒤통수를 딱 소리가 날 정도로 세게 쳤다.

"바보처럼 햄버거 매장에 오는데 무슨 빵을 사 오냐?"

상석은 종훈에게 맞아도 원래 이런 상황이 익숙하다는 듯 별스럽지 않게 행동하는 아이이기는 했다. 하지만 오늘은 오히려 더 밝게 웃으며 말했다.

"너무 맛있는 빵을 파는 가게가 생겨서 너 주려고 가져왔지."

"야. 남들이 들으면 네가 나랑 사귀는 줄 알겠다. 재수 없는 소리 말고 빵이나 줘 봐. 그리고 빨리 가서 햄버거 세트 사 오고."

종훈은 빵을 베어 먹었다. 아빠 때문에 저녁을 제대로 못 먹어서인지 꽤 맛이 있는 것 같기는 했다. 한 봉지를 후딱 해치우고 상석이 가져온 음료수를 받아 들며 말했다.

"앞으로도 이 집 빵 사 와라."

상석의 표정이 밝아졌다. 종훈은 햄버거까지 말끔히 먹어치우고 피씨방에 갔다. 애들과 편을 나눠 온라인 게임을 했다. 종훈은 상석을 맨 먼저 같은 편으로 선택했다. 찌질하다고 생각하는 애였지만 게임을 잘했기 때문이다. 상석은 게임 기술이 좋았지만 종훈의 지시를 받아 움직였다. 하지만 어떤 때는 게임에 취해 자기가 짱인 것처럼 행동하기도 했다. 그럴 때마다 종훈이 당황해서 막 욕을 하면 정신을 차렸다. 그런 모습을 다른 아이들은 재미있어 했다. 종훈은 처음에는 불쾌했지만, 어차피 게임 속에서의 일이니 그냥 넘겼다. 그러면서 자신은 정말 착한 짱이라고 생각했다.

종훈 패거리들은 피시방에서 나와 거리를 헤맸다. 밤 10시. 집에 들어가기 싫어하는 애들에게는 갈 곳이 뻔했다. 놀이터로 우르르 몰려갔다. 벤치에는 이미 한 무리의 학생들이 자리를 차지하고 있었다. 또래의 남자애들이 여자애들과 섞여 있었다. 거친 욕이 간간이 터져 나왔다. 종훈은 일단 미끄럼틀 난간에 기대어 남자애들을 차분히 탐색했다. 강해 보이는 놈은 없었다. 종훈은 일부러 담배를 물고 다른 애에게도 권했다. 담배 연기가 벤치 쪽으로 날아갔다. 그러자 여자애 하나가 큰 소리로 말했다.

"어디서 담배 냄새가 나는 거야?"

"네 발 냄새가 심해서 담배로 냄새 없애는 중이야."

종훈은 일부러 보라는 듯 담배를 빙글빙글 공중에서 돌렸다. 벤치에 모여 있던 아이들이 일제히 종훈을 째려보았다. 종훈은 여유 있게 웃으며 말했다.

"그렇게 힘줘서 보면 눈에서 레이저라도 나오냐? 야, 눈 깔아. 먹물 쭉 뽑기 전에."

벤치의 남학생들이 흠칫 놀라는 것 같았다. 숫자도 종훈 일행이 많았지만 종훈이 범상치 않다는 것을 느낀 것이리라. 상대가 약한 모습을 보일 때는 더 강하게 밀어붙여야 한다는 것을 종훈은 경험을 통해 알고 있었다. 한 남학생에게 피우던 담배를 던지며 다가갔다. 남학생이 움찔했다. 옆의 여학생이 그 남학생의 팔을 잡아끌며 말했다.

"야, 그냥 가자. 이상한 애야. 가만히 있는데 막 싸움을 걸잖아. 말려들지 마."

하지만 벤치 학생들은 움직이지 않았다. 그중 한 아이가 말했다.

"이게 겁도 없이 누구 앞에서 폼을 잡고. 너 제대로 온몸 마사지 좀 받아야겠다."

"좋아, 그 마사지 좀 받아 보자. 뭘로 해 줄 건데?"

종훈이 벤치로 한 걸음 더 다가갔다. 다른 애들도 종훈을 따라서 행동했다. 그리고 자신이 지을 수 있는 가장 험악한 표정으로 남학생들을 둘러보았다. 종훈은 단지 놀이터의 벤치에 앉으려는 것이 아니었다. 누구하고라도 싸움을 해야 아빠 때문에 생긴 스트레스가 풀릴 것 같았다.

그때 순찰차가 등을 번쩍이며 다가왔다. 경찰이 차에서 내리더니 말했다.

"너희들 거기서 뭐하니?"

학생들이 놀이터에 모여 있어 불안하다는 신고를 받은 모양이었다. 종훈은 김샜다는 표정을 지었다. 아까 그 여자애가 종훈 일행이 먼저 시비를 걸었다고 말하려는데, 남자애들이 말을 막으며 아무 일

없었다고 했다. 경찰은 학생들의 학년과 이름, 주소를 물었다. 벤치 일행은 종훈보다 한 학년 위였다. 종훈은 지기 싫어 동네에서 떨어진 다른 고등학교 이름을 대고, 주소는 언젠가 본 적이 있는 아파트 이름으로 대충 얼버무렸다. 다른 애들은 당황한 나머지 종훈과 같은 아파트 이름을 댔다. 그것이 한 아파트에 사는 학생들이 이웃 동네에 몰려와 뭔가 일을 벌이려는 것처럼 보일 수 있다는 사실을 미처 생각하지 못한 채.

경찰은 집 전화번호도 물었다. 종훈은 아무 일도 벌이지 않았는데 왜 묻느냐며 대들었다. 하지만 경찰은 전화번호를 계속 물었다. 이번에는 상석이 나섰다. 전화를 하면 혼나게 되니 알아서 집으로 가겠다고. 상석은 진심으로 한 말이었다. 상석의 부모는 상석이 독서실 가는 줄 알고 있었다. 상석의 진심이 전해졌는지 경찰은 한 번만 봐줄 테니 빨리 집으로 돌아가라고 말했다. 그리고 한 바퀴 돌고 다시 올 때 놀이터에 그대로 있으면 경찰차에 태우겠다고 말했다.

종훈은 아이들과는 헤어지는 게 좋겠다고 생각했다. 괜히 순찰차에 걸려 봐야 좋을 게 하나도 없으니까. 종훈은 애들을 보내고 혼자 거리를 어슬렁거리다가 집으로 들어와 버렸다.

다음 날 아침 엄마가 맛난 반찬을 차려 놓고 종훈을 깨웠다. 엄마는 아빠와 종훈이 한바탕 소동을 벌인 다음이면 종훈에게 더 잘해 주었다. 하지만 종훈은 이런 일이 반복되는 것이 싫었다. 종훈은 밥상을 거들떠보지도 않고 현관문을 쾅 닫고 나왔다.

수업 시간은 벌써 지났지만 종훈은 터덜터덜 학교로 향했다. 교문 앞에는 아무도 없었다. 혹시나 했는데 사범이 보이지 않자 종훈은 역시나 하면서 씁쓸한 웃음을 지었다. 종훈이 몸을 구기며 교문 안으로 몇 걸음 옮겨 놓는데 뒤에서 무슨 소리가 들렸다. 몸을 돌려 보니 경비실 문을 열고 사범이 나와 있었다.

"교문 앞에 서서 널 기다리고 있었더니 애들이 아침부터 왜 왔냐고 하도 아는 척을 해서 말이야. 그래서 경비실에 들어와 있었지."

예전에 종훈을 교문 앞에서 메다꽂을 때만 해도 사범이 누구인지 아는 애가 없었지만, 지금은 사정이 달라졌다. 사범은 종훈의 어깨를 툭 치며 말했다.

"지금은 길게 이야기 못 할 테니까 저녁에 도장에서 보자."

"제가 왜 제 발로 거기 갈 거라고 생각하시죠?"

"왜냐고? 너는 클라라가 아니니까. 어마어마한 행운이 필요하니까. 그리고 그 행운을 내가 줄 거니까."

종훈은 차갑게 웃으며 말했다.

"도장에 로또 1등 복권을 다발로 쌓아 놓고 계신 건가요? 설령 그렇다고 해도 관심 없습니다. 저를 메다꽂든 제 비닐 가방을 찢든 사범님께는 가지 않을 겁니다. 더 이상 바보 같은 짓은 하지 않을 거예요."

사범은 종훈의 눈을 보면서 다정하게 말했다.

"기다리마. 언제든 필요할 때 나를 찾아라."

"제게 왜 이러시는 거죠?"

"그게 궁금하면 도장에 와서 내 비밀 이야기를 들으렴. 원래 마지막 과제가 끝나면 말해 주려 했던 그 이야기."

"그 이야기가 뭐든 이젠 흥미 없어졌어요. 사범님과 저는 어차피 갈 길이 다른 사람이니까요."

사범은 착잡한 표정을 지었지만 이내 밝게 바꾸며 말했다.

"네가 조심스럽게 다가오다가 갑자기 반대 방향으로 떠난 것처럼, 언젠가 불현듯 또 방향을 바꿔 내게 다시 올 것이라 믿는다. 그게 오늘 저녁이면 더 좋고. 내일이라도 나쁘지 않지. 어쩌면 1년 뒤라고 해도 나쁘진 않아. 내가 주는 행운을 받을 수만 있다면."

"대체 그 행운이 뭐죠? 이렇게 열 받게 하는 거요? 사람 마음 혼란스럽게 하는 거요?"

종훈은 소리를 높였다. 사범은 단호하게 말했다.

"정반대지. 마음의 평화."

"훗. 정말 믿기 힘든 말이네요. 내내 그 평화를 말하지만 정작 나는 사범님 만난 후로 전혀 평화롭지 않아요."

"네가 혼란스러운 것은 내가 진심을 담아서 주려는 것을 거부하려고 해서야. 내가 주는 것이 혼란스러워서가 아니다."

"됐어요. 가 보세요. 다음에 나타나면 우리 조직 형들에게 모두 연락할 겁니다. 그도 안 되면 변태로 신고하거나요. 그러니까 힘한 꼴 당하기 싫으면 그만 오라고요."

말을 마치자마자 종훈은 교실로 내달렸다. 사범은 더 이상 종훈을 붙들지 않았다. 종훈은 학교에서 내내 왜 사범이 자기에게 집착하는지 생각해 봤다. 전화를 걸어 욕을 실컷 한 자신에게 왜 행운을 주겠다며 나타난 것인지, 도무지 이해가 되지 않았다. 종훈은 사범을 만나고서 마음이 많이 복잡해졌다. 그리고 복잡한 마음은 자꾸 종훈에게 뭔가를 해야 한다고 재촉하는 것 같아 불편했다. 차라리 마음이 답답한 예전이 더 편했다는 생각이 들었다.

마지막 수업 시간 직전 고등학교 1학년 일진 선배에게서 연락이 왔다. 수업 끝나고 보자는 문자였다. 종훈은 냉큼 그러겠다는 답장을 보냈다. 자기가 부른 것을 아무한테도 말하지 말고 오라는 문자가 다시 왔다. 수업이 끝나고 부리나케 선배가 말한 아파트 상가의 카페로 달려갔다. 그런 곳을 약속 장소를 잡은 것은 뜻밖이었다. 선배는 교복을 입은 채로 구석 자리에 앉아 있었다.

선배를 보자마자 종훈은 90도로 깍듯이 인사했다. 1년 차이밖에 나지 않는 선배지만 이런 태도에는 2년 이상 차이 나는 선배보다 더 신경을 썼다.

"지금부터 하는 이야기는 절대 비밀이다. 만약 새어 나가면 너밖에는 범인이 없으므로 바로 내 손에 죽을 줄 알아라."

종훈은 귀를 바짝 세우고 선배의 말을 들었다.

"어제 세영고등학교에서 우리 구역을 도발해 왔어. 이번에 고등학교에 들어와서 조직에 새롭게 영입한 애가 있어. 여자애들 잘 꼬여서 공급해 주는 놈인데, 그놈이 동네 친구들 불러서 놀이터 벤치에서 사바리 풀며 놀고 있다가 병신처럼 서서 당했대."

"걔네들이 여기까지 왜요? 몇 명이 왔는데요?"

"다섯 명. 그중에 두 놈은 완전 삐리처럼 보였는데, 한 놈이 담배 날리며 졸라 후까시 잡은 거 같더라고. 그거에 말려서 2학년 짱 여자 친구 있는 데서 제대로 붙지도 못하고 일방적으로 말빵으로만 당하고 끝났나 봐. 똥개도 제 집 앞에서는 반은 먹고 들어간다는데 쪽팔려서. 선배가 불러서 애들 기강을 어떻게 잡았기에 이따위 일이 벌어지냐고 제대로 씹더라. 자기 1학년 때는 이런 일 없었다며."

선배는 음료수를 벌컥벌컥 들이켰다. 종훈은 눈치를 보며 홀짝홀짝 음료수를 마셨다. 선배가 말하는 사건 정황을 들을수록 속이 뜨끔했다. 아무래도 어제 종훈이 놀이터에서 벌인 일과 똑같은 것 같앉다.

"일단 전면전은 안 되고 1학년 문제는 1학년끼리 해결하라고 선배가 지시했으니, 저쪽에 도전장을 보낼 거야."

종훈은 가슴이 덜컥 내려앉았지만 아무 말도 못 하고 묵묵히 듣고만 있었다. 선배가 저렇게 날뛰는데 자기가 그랬다고 말할 수 없었다. 게다가 의도는 그렇지 않았지만 서열 지키는 것을 중시하는 선배에게 제대로 한 방 먹인 게 될 테니 자초지종을 들어줄 것 같지도 않았다. 선배는 종훈의 귀에다 대고 조용히 말했다.

"내가 알아봤다고 절대 말하지 말고, 그쪽 1학년 짱의 약점 좀 알아 가지고 와라. 가족이든 신체적 약점이든 여자 친구든 뭐든 잡고 늘어질 만한 것이면 다 좋아. 싸우기 전에 협상 카드로 쓰게."

종훈은 어떻게 해야 할지 막막했다. 하지만 선배의 지시를 거절할 수 없어 알아보겠다고 하고 헤어졌다.

이틀 뒤 종례 시간에 담임이 택배 박스 하나를 들고 교실로 들어왔다. 그리고 종훈을 교탁 앞으로 불렀다. 아이들은 한 번도 없던 일이라서 놀라는 것 같았다. 가끔 잘생기거나 인기 있는 아이에게 편지나 선물이 오는 경우는 있어도, 종훈은 그런 것과 어울리지 않았기 때문이다. 아이들보다 더 놀란 것은 종훈이었다.

'도대체 누구지? 선물을 보낼 사람이 없는데.'

고개를 갸웃거리며 종훈이 앞으로 나갔다.

"박종훈, 너 인기 좋구나."

마치 상을 받는 것처럼 종훈이 담임에게 박스를 받아 들자 반 아이들은 '오!' 하면서 장난스럽게 박수를 쳤다. 종훈은 괜히 얼굴이 달아오르는 것 같아 서둘러 자리로 돌아와 앉았다. 그러고 나서야 발신자의 이름을 보았다.
 '신수정?'
 누군가 싶어 머리를 갸웃했다. 그러다가 이내 '수정'이 그 수정이 구나 싶었다. 뜻밖이었다. 종훈은 힐끗거리는 아이들 시선을 느끼며 박스를 책상 아래 넣고 뜯어 보았다. 박스 안에는 예쁜 편지 봉투와 조그만 박스가 또 들어 있었다. 조그만 박스 위쪽을 살짝 열어서 안을 보았다. 조각 케이크가 두 개 들어 있었다.
 '이런 걸 왜 보냈지?'
 종훈은 편지 봉투를 재빨리 집어 들었다. 내용이 뭔지 몰라도 애들이 보지 못하게 숨겨야겠다는 생각이 퍼뜩 들었다. 종훈은 편지를 가방 안으로 툭 떨어뜨렸다. 비닐 가방을 계속 들고 다녔다면 이런 것을 숨기지 못할 뻔했다는 생각도 잠깐 했다.
 담임이 종례를 마치면서 종훈에게 무엇을 받았는지 보여 줄 수 없느냐고 물었다. 종훈은 조그만 박스를 꺼내서 조각 케이크 두 개를 꺼냈다. 하나는 장식이 없는 노란색 파운드케이크고, 다른 하나는 둘레에 빨간 줄무늬가 들어가고 위에는 여러 색깔의 시럽이 있는 케이크였다. 아이들이 일제히 '오호' 하며 방청객과 같은 반응을 보였다. 종훈은 시럽이 있는 케이크를 한 입 베어 물었다. 너무 달았지만 종훈은 맛있는 척하며 계속 먹었다.
 "저 녀석, 선생님이나 친구들에게 한번 맛보겠느냐는 말도 없이."
 담임이 빙긋이 웃으며 교실에서 나갔다. 일진과 몇몇 애들이 종훈의 자리로 몰려왔다. 종훈은 이번엔 노란 케이크를 손으로 살짝 떼어 먹어 보았다. 바나나 맛이 확 났다. 아까 것이 너무 달았다면 이번 것은 입 안에서 바나나 향이 은은하게 퍼졌다. 비록 겉모습이 시선을 사로잡지 못하지만 맛은 더 좋았다. 서열이 종훈 다음인 상진에게 나머지 케이크를 주었다. 상진이 케이크를 입안 가득 쑤셔 넣으면서 물었다.

"누가 보낸 거야?"

"나도 몰라."

"편지 같은 것도 없어?"

"없어."

"앙큼하게도 신비주의 전략을 쓰네. 설마 이름도 안 썼을라나?"

상진은 장난스럽게 웃으며 박스를 보았다. 하지만 자기가 아는 이름이 아니니까 더 이상 캐묻지 않았다. 하긴 종훈도 수정에 대해서 잘 알지는 못했다.

'고작 세 번 만났는데 편지와 선물을 보내다니. 더구나 그 만남에서 사이가 좋았다고 할 수도 없는데 왜 이런 것들을 보낸 거지?'

종훈은 다른 때와 달리 재빨리 집으로 내달렸다. 그리고 방에 들어오자마자 편지 봉투를 뜯고 편지를 꺼냈다. 편지지가 몇 장이나 되었다.

'이렇게 긴 편지는 난생 처음 받아 보네.'

예전에 함께 어울린 여자애에게서 짧은 쪽지를 받은 적은 있지만, 정성이 듬뿍 담긴 이런 편지는 처음이었다. 종훈은 묘한 기분을 느끼며 편지를 읽어 나갔다.

 종훈아. 내가 편지해서 놀랐지?
사범님께 네가 마음 상하는 일이 있다는 말을 전해 듣고 이렇게 편지

선배의 비밀 미션

를 쓰는 거란다. 어쩌면 너를 위로하려는 것보다는 네 이야기를 듣고 생각난 것들을 말해 주고 싶은 마음에 편지를 쓰는 것인지도 모르겠다.

나는 지난번 말한 친구 사건 때문에 경찰서를 많이 들락거렸어. 처음에는 가해자 무리로, 중간에는 참고인 중 하나로, 나중에는 내가 당한 일을 이야기했더니 피해자처럼 되더라고. 한바탕 폭풍이 지나간 다음에는 긴장이 풀리더라. 그리고 무기력해져서 우울증에 빠졌지. 엄마는 "네가 그놈들에게 당한 것도 아닌데 왜 그러냐." 고 답답해했지. 하지만 나도 운이 나빴으면 친구처럼 될 수 있었다는 생각에 괴로웠어. 내 대신 친구가 당하도록 했다는 생각도 지울 수 없었지. 그 친구는 내가 일진으로 끌고 들어온 아이였으니까.

그렇게 몇 개월을 보내다가 훌쩍 집을 떠났단다. 집에 있는 돈을 다 긁어모으니 10만 원 정도가 되더라고. 혹시나 몰라 엄마 보석까지 챙겨서 버스를 탔어. 영화에서 본 것처럼 동해 바다를 보면 좀 나을까 싶었지. 하지만 동해에 가니 더 외롭더라. 아무도 나를 모르고, 내 기분을 몰라주는 것이 당연한 곳을 일부러 찾아가다니 바보 같은 일이었지. 모래사장에 누워 하늘을 봐도, 바다에 발을 담궈도 내 안의 답답함이 시원하게 씻겨 나가지 않는 거야.

기운이 빠져 모래사장에 누워 있다 보니 어느덧 밤이 되었어. 집으로 돌아가 버릴까도 생각했지만 아무 것도 해결된 것 없이 그냥 돌아갈 수 없었어. 하는 수 없이 잠자리를 찾았어. 그런데 미성년은 여관도 부모 동의가 있어야 들어갈 수 있다더군. 좀 지저분해 보이는 여관에 들어가서 사정 이야기를 했더니 바로 받아 주더라구.

알고 보니 나 같은 청소년들이 많이 투숙하는 여관이었어. 문밖에서 들려오는 소리로 미루어 보아 걔네들은 아예 집에서 나온 것 같더라. 싸우는 소리, 남녀가 뒤엉켜 내는 이상한 소리 등등 방음이 안 돼서 옆방에서 뭐 하는지 다 알 수 있었어. 지저분한 방에 누워 있으니 정말 내 인생이 바닥으로 떨어진 느낌이 들었어. 내가 혼자 투숙을 한 게 찜찜했던지 여관 주인은 뭐 불편한 거 없냐고 자꾸 전화하지, 옆방이며 복도는 난리지, 도통 내 문제에 집중할 수가 없더라고.

다시 정신을 차려 보겠다며 길을 나서도 여관방에서 숨죽이며 웅크려 있는 내가 정말 한심하더군. 앞으로 뭘 해도 희망이 없을 것 같았어. 그래서 극단적인 생각도 해 봤어. 지금 생각해 보면 말도 안 되는 일이지만. 사실 내가 나를 위해서 정말 도전한 일이 없는데도 결과가 안 좋다며 그런 생각을 했다니. 하지만 그때는 내가 얼마나 괴로운지 다른 사람에게 보여 주고 싶었어. 그래서 "왜 한심하게 이러냐?"가 아니라 "너 정말 많이 괴롭겠구나." 하는 위로의 말을 주변 사람들에게 듣고 싶었던 거야. 그리고 "내가 너를 이끌어 줄게. 이제 행복하게 해 줄게."라는 말도 듣고 싶었지.

내가 너무 앞서 가는 것일 수도 있는데, 아무도 나를 알아주지 않는다는 생각을 할 때 사람은 극단적인 선택을 하게 되어 있단다. 난 그게 두려워. 그날 내가 생각했던 일을 네가 선택하지 않기를 바란다. 너를 괴롭히는 이유는 아주 많을 거야. 하지만 '그러니까'나 '그래서'로 그 이유들을 엮다 보면 행복에서 멀어지고 어두운 늪에 빠지게 된다. '그럼에도 불구하고'라는 말을 붙이며 생각을 해야 행복할 수 있어. 이것은 사건이 터진 다음에 나를 찾기 위해 노력하면서 내가 얻은 교훈이야. 나는 운이 좋아 장기간 상담을 받고 청소년을 위한 특강 강사로 오신 사범님을 만나 이제는 내 길을 찾았어. 그리고 대안 교육 센터에서 공부를 하면서 남을 돕는 봉사까지 하게 되었지. 그렇지만 모두 다 그런 행운을 얻는 것은 아니야.

이미 너는 행운을 잡고 있으니 그것을 뿌리치지 않으면 돼. 잘 생각해 보렴. 내가 생각하기에 사범님은 너를 인정해 주고 받아들이려 손을 내밀고 있어. 투박한 손이지만 진실한 손이란다. 네가 최고라고 생각하는 네 서열은 학교를 떠나면 아무 의미가 없어. 오히려 다른 사람들이 보기에 네 서열은 그만큼 바른 길에서 벗어나 바닥에 처박힐 위험이 있다는 표시일 뿐이야. 너도 솔직히 좋은 것만은 아니잖아. 만약 네 현재 상태가 바닥이라고 생각한다면, 그만큼 절실하게 손을 잡으렴. 어차피 바닥이라며 너를 더 파괴하지 말고.

함께 보내는 케이크는 내가 센터에서 배운 실력으로 직접 만든 거야. 나는 처음에 시럽을 왕창 써서 맨질맨질하고 예뻐 보이는 케이크를 만들려고 했어. 사람들의 눈길을 사로잡아 인정받기 쉬우니까. 그런데 막상 제빵 기술을 배워 보니 모양이 아니라 내용을 잘 채우는 게 정말 힘들더구나. 바나나 파운드케이크와 같이 온전히 맛으로 승부해야 하는 케이크에서 정말 실력이 드러나는 법이거든. 직접 먹어 보니까 어떠니? 남들한테 보이기에 좋은 것이 아니라, 정말 자신에게 좋은 것을 선택하는 행복이 무엇인지 느끼기 바라며 정성껏 만들어 보았단다.

참고로 이렇게 바나나 향을 내려면 싱싱한 바나나를 쓰기보다는 껍질이 검게 변해서 좀 먹기 그렇다 싶고 속이 약간 으깨진 것이 더 좋아. 난 그래서 이 케이크를 만드는 게 더 좋았어. 사람들이 가치가 떨어졌다고 생각하며 무시하는 것에서도 다른 가치를 찾을 줄 아는 내가 더 성숙한 듯한 기분이 들거든. 사범님과 함께하는 시간들은 바로 그런 기분을 느끼게 해 줘서 좋아. 너도 부디 그 행복한 기회를 잡기 바란다. 다시 도장에서 만나면 내가 잘해 줄게. 혹시 내가 마음 상하게 한 것이 있다면 정말 미안해.

> 그럼, 밝은 모습으로 보게 되기를 바라며 이만 마칠게. 진정 좋은 선택을 하기 바란다.
>
> 수정이 누나가

종훈은 편지를 여러 번 읽었다. 처음에는 수정이 오버를 한다고 생각했다. 그러나 나중에는 진심으로 걱정하는 마음이 느껴졌다. 지난번 만났을 때 일진이 된 사연을 들으면서 자신과 수정이 비슷하다는 생각을 하게 되었다. 종훈은 무엇보다도 수정이 자신을 이해해 주니 고마웠다.

종훈은 수정을 떠올리며 다시 열심히 하겠다고 결심했다. 그리고 사범과 수정을 만나기 전에 변한 모습을 보여 줘야겠다고 생각했다. 다가올 중간고사가 좋은 기회였다. 종훈은 책을 폈다.

"사나이답게 멋지게 하는 거야."

하지만 갑자기 공부가 잘 되지는 않았다. 며칠 후, 지난번 선배가 종훈에게 전화를 했다.

"야, 만나자. 시킬 일이 있다."

선배의 부름을 받고 종훈은 부리나케 약속 장소에 나갔다.

"너 임마, 많이 컸다. 지난번 시킨 일 안 하고 잠수 타냐?"

"그게 저도 알아보는 중인데…… 정보가 안 나오니…… 죄송해서 연락을……."

"너 진짜 패싸움 있었으면 너부터 아작 내려고 했어. 알아봤더니 세영고등학교에 그런 이름을 가진 애도 없고 그럴 만한 애가 없다고 하더라고. 자연스럽게 패싸움도 흐지부지되었지. 하지만 다음번에 또 내 지시 어기면 넌 바로 가루가 될 줄 알아."

종훈은 선배 앞에서 아무 소리도 못하고 기가 죽었다.

"자식, 내 너에게 만회할 기회를 주마."

선배는 며칠 전 고등학교 근처에 새로 생긴 빵집에 갔다고 했다. 장난삼아 빵 몇 개를 훔쳤는데, 아르바이트 여학생이 그것을 어떻게 알았는지 다가와 뺏으려 해서 실랑이를 벌였다고 했다.

"이렇게 가져가면 자기 알바비에서 까야 한다나? 돈 몇 푼 때문에 당돌하게 손님한테 그러냐? 나 완전 애들 앞에서 개쪽 당했다니까. 그냥 장난으로 한 건데. 내가 진짜 훔칠 마음이었으면 편의점 들어가서 제대로 금고를 훔치지, 빵이 뭐냐?"

선배는 자기가 잘못했으면서도 억울하다는 듯 말했다.

"그냥 퉤퉤 더럽다며 빵 던져 주고 나오려는데, 이게 계속 훈계를 하잖아. 제 분수도 모르고. 그래서 싸대기를 날렸더니, 이번에는 시시 티브이로 내 얼굴 찍힌 거 있다고 협박을 하네. 사과하지 않으면 경찰에 바로 이르겠다나? 그래서 잘못했다고 하고는 일단 좋게 나왔는데……."

선배는 두 손으로 이마를 여러 번 매만지고 나서는 말을 이었다.

"지난번 세영고등학교 건도 있고, 이번에는 애들 많은 학교 앞에서 빵집 여자 알바에게도 당하고 요즘 내 체면이 말이 아니다. 이건 뭐 완전 평민들까지 날 다 우습게 여길 정도야. 내 얼굴이 찍힌 영상이 있어서 내가 직접 나설 수도 없고. 그래서 말인데…… 네가 복수 좀 도와줘야겠다. 이번에는 제대로."

"어, 어떻게요?"

"그냥 손 좀 봐주는 건 저지른 죄에 비해 너무 가벼워. 그년이 먼저 시시 티브이 영상 어쩌고 했으니……."
 선배는 종훈에게 여자 아르바이트생 옷을 찢은 다음 사진을 찍어 넘기라고 말했다.
 "그냥 찍지 말고 밀가루도 뿌리고 계란도 던져라. 화끈하게 졸업 빵 시키는 것처럼 하면 돼. 훗, 빵에 목숨 걸더니 꼴좋게 되는 거지."
 선배는 그 빵집을 가르쳐 준다며 종훈에게 나가자고 했다. 빵집이 바라다보이는 곳에서 선배가 말했다.
 "시간은 일주일 줄게. 오전 알바만 하고 1시부터 2시 사이에 어디를 간다고 하니까 그때를 노려 봐. 아님, 밤에 집 근처에서 기다렸다가 까든지 새벽에 집에서 나올 때 확 덮치든지."
 "새벽이요?"
 "저 빵집 주인이 돈독 올라서 애들 등교할 때부터 빵을 파느라 6시에 문을 연다더라. 아무튼 일주일 뒤에는 내게 화끈한 사진을 가져와야 한다. 너도 재미있을 거야. 얼굴이 제법 반반한 편이거든."
 종훈은 선배의 말을 들으며 빵집을 바라보았다. 선배 말이 맞다면 교대 시간이 거의 가까워졌을 것이다. 빵집 문이 열리고 한 여학생이 나왔다. 선배는 고개를 돌려 종훈에게 그 여학생이 목표물이라고 말했다. 종훈은 깜짝 놀랐다. 선배가 말한 여학생은 바로 수정이었기 때문이다.
 선배와 헤어지고 종훈은 수정의 뒤를 밟았다. 수정은 몇 정거장을 걸어가서 어떤 건물로 들어갔다. 건물 안내판에는 대안 교육 센터라고 쓰여 있었다. 위 층에는 청소년 쉼터도 있었다. 종훈은 센터로 들어가 안내하는 곳 앞에 섰다. 중년으로 보이는 여직원이 종훈에게 물었다.

"어떻게 오셨나요?"

"신수정 학생을 찾아왔는데요?"

"무슨 일로 찾지요?"

"동생인데, 안에 있으면 잠깐 만나게 해 주세요."

"동생? 못 들어 본 거 같은데? 수정이는 아직 오지 않았어요."

"어, 방금 들어가는 거 봤는데?"

"그럼 위층에 있나 한번 알아볼게요."

"아니, 그러실 필요 없이 제가 올라가 볼게요."

"아니에요. 남학생은 여학생 쉼터에 출입할 수 없어요. 거기는 여학생들의 사적인 생활 공간이거든요. 수정이 왔으면 내려오라고 할게요."

직원은 어딘가로 전화를 해서 수정을 찾았다. 그리고 얼마 지나지 않아 수정이 내려왔다. 종훈을 본 수정은 깜짝 놀랐다.

"어, 네가 여기 웬일이니?"

"잠깐만, 사람 없는 곳으로 가서 이야기하자."

수정은 종훈을 데리고 회의실 안으로 들어갔다. 그리고 허브차를 가지고 와서 종훈에게 건넸다. 지난번 사범이 줬던 것과 비슷한 맛이었다. 종훈은 수정을 물끄러미 쳐다보다가 한숨을 쉬었다. 어디서부터 이야기할까 고민하다가 종훈은 대뜸 이렇게 말했다.

"성질 좀 죽이고 살지."

"너나 성질 죽이고 살아. 너 아직도 도장에 안 갔지? 내 편지는 받았니? 어쩜 편지를 받고도 답장이 없냐?"

"공부하느라 바빴어."

"정말?"

수정은 반가운 목소리로 물었다. 종훈은 쑥스러워 대답 대신 화제를 돌렸다.

"에휴, 남 걱정 말고 본인 걱정이나 하세요, 수정 씨."

종훈은 선배에게 들은 사건의 정황을 확인하며 이야기를 풀어 나갔다. 수정은 그 학생이 비겁하게 자신의 잘못을 인정하지 않고 말도 안 되는 위협을 해서 더 강하게 나갔다고 말했다.

"그 선배는 고등학교 1학년 짱이란 말이야."

"그래서? 그래 봤자 학년 짱이지, 세상 전부를 맘대로 할 수 있는 게 아니잖아. 학교 밖으로 나오면 개네들은 아무것도 아니야. 신고하면 바로 잡혀 가. 이 동네 밖에만 나가도 힘 못 써. 개네들이 가장 겁내는 게 뭔지 알아? 전학이나 퇴학이야. 다른 곳에 가면 아무것도 아니기 때문이야. 그러면서 여기에서는 다 자기가 통제하고 사는 척 하지. 마치 엄석대처럼 말이야."

"지금 우리가 소설 읽고 토론하는 거 아니잖아. 이건 현실이라고, 현실."

"현실이 그래. 영웅 같은 건 없어. 만약 가출해서 오갈 데 없어 여기 쉼터 오면, 짱이고 나발이고 아무것도 안 통해. 그 녀석도 어리니까 그런 거지. 하도 한심하게 굴길래 누나로서 그 녀석에게 충고해 준 거야."

"네가 무슨 동네 보안관이야? 답답하네. 그것 때문에 당신이 위험에 처했다고요. 선배가 타깃으로 찍었어."

종훈은 선배의 지시를 그대로 전했다. 수정은 이야기를 다 듣고 나서 당장 그 녀석을 경찰서에 신고하겠다고 말했다. 종훈은 그러면 자신이 배신자로 찍혀 위험해진다고 했다.

"그럼, 넌 왜 그 얘기를 내게 말해 주는 거니? 그냥 그런 줄 알고 네가 와서 졸업빵 같은 것을 하면 순순히 협조해라 그 말이야?"

종훈은 마음이 시키는 대로 여기까지 와서 수정에게 말했다. 그러나 '왜?'라는 질문 앞에서는 할 말이 없었다. 어떤 마음이 그렇게 시킨 것인지 스스로도 잘 알 수가 없었다. 친구의 폭력 사건 이야기를 하며 흔들리던 수정의 모습을 기억해서인지, 자신이 아는 여자에게는 그런 짓을 하고 싶지 않아서인지, 자신의 마음을 다독이려고 편지를 보내 준 것이 고마워서인지, 아니면……. 종훈이 대답을 못 하고 있으니까 수정이 다시 말했다.

"너 설마 내가 잘 모르는 여자였다면 그 선배라는 놈의 말 순순히 따르려 했던 것은 아니지? 응, 아니지?"

종훈은 선뜻 대답하지 못하고 머뭇거렸다.

'정말 나는 무엇을 하려던 것일까? 모르는 사람이라고 해도 선배의 말을 어기려고 했을까?'

수정이 타이르듯이 조용히 말했다.

"네가 모르는 사람이라고 해도 절대 그런 나쁜 짓을 해서는 안 돼. 그런 짓은 피해자뿐만 아니라 너에게도 상처가 된다고."

둘 사이에 잠깐 침묵이 흐른 뒤 수정이 종훈에게 물었다.

"그럼 너는 이제 이 일을 어떻게 했으면 좋겠니?"

종훈은 가만히 자신을 들여다봤다. 선배의 지시 때문에 수정을 따라오게 되었지만 어떻게 문제를 해결할지는 생각해 보지 않았다. 여태까지 맘대로 싸우며 능동적으로 살아왔다고 생각했지만 전혀 아니라는 사실이 드러나는 것 같아 부끄럽고 화가 났다. 종훈이 아무 말도 하지 않자 수정이 차분하게 자신의 생각을 말했다. 선배가 범죄를 지시한 사실을 증명하기 위해서 미리 경찰에 알리고 선배에게 사진을 찍었다고 거짓말을 해서 불러낸 다음 덮쳐야 한다는 등 제법 치밀한 이야기까지 나왔다.

"어머머, 나 정말 똑똑한가 봐. 이런 것도 생각하고. 그 자식에게 화끈한 맛을 보여 줘야지. 다시는 그따위 생각을 하지 못하게."

수정은 법이나 합리적 수단으로 선배를 벌주는 아이디어를 짰다. 그러다 만화에서나 가능할 아이디어가 나오면 까르르 웃기까지 했다.

'심각한 일인데, 발랄하게 저런 이야기까지 하다니.'

종훈도 아이디어를 생각해 보았다. 그러나 거기에는 전제가 있었다. 수정에게 나쁜 짓을 할 수는 없지만, 그렇다고 선배의 지시를 거절할 수도 없다는 것. 만약 거절한다면 처절한 응징을 당할 것이다. 이러지도 저러지도 못하는 상황에 종훈은 가슴이 답답해 왔다. 한숨이 저절로 나왔다. 그러다 갑자기 종훈의 머릿속에 아이디어가 하나 번쩍 떠올랐다.

"가짜로 사진을 합성하면 어떨까?"

"어떻게?"

"네 얼굴 사진과 다른 여자 사진을 합성해서 선배에게 보내면 되잖아. 어차피 선배가 원하는 것은 그 사진이니까."

"싫어."

수정은 딱 잘라 거절했다. 종훈은 수정을 설득했다.

"아무도 다치는 사람 없잖아. 내가 이제부터 누나라고 불러 줄게. 이번만 눈 딱 감고 내가 하자는 대로 하자, 응?"

"다치는 사람이 왜 없어. 험한 꼴을 당한 내 사진이 나쁜 자식의 손에 들어가는데."

"사진은 합성한다고 했잖아. 내가 아는 애들 기술 좋아. 가짜 사진이니까 너랑은 상관없잖아."

"참을 수 없는 건 그 자식이 나라고 생각하는 사진을 들고 나를 짓밟았다고 생각하며 웃는 거야. 그 사진을 다른 놈들과 보면서 자랑하는 상황을 상상하는 것만으로도 기분 나빠."

수정은 흥분을 가라앉히려고 잠시 숨을 고르다가 종훈을 바라보며 말했다.

"그리고 그러는 것은 네게도 안 좋아. 그 녀석은 이런 일뿐만 아니라 다른 더러운 일에도 계속 너를 이용할 거라고. 어쩌면 가짜 사진을 들고 거꾸로 너를 협박할지도 몰라."

"그때 되면 나도 막 나가는 거지. 다이 다이로 붙어서 확 뒤엎어 버릴 거라고."

"그렇다면 왜 지금은 그러지 못하니? 끝이 뻔히 보이는데, 왜 그렇게 싸울 마음으로 지금 선배를 경찰에 넘기지 못하는 거야? 너 설마 그게 의리라고 생각하는 건 아니겠지?"

"아니야. 그런 거 아니야."

의리라는 이름으로 미화하고 있지만, 사실은 보복이 두려워 조직에 남아 있다는 것을 종훈은 일진이 되고 한참 뒤에야 알았다. 하지만 이제는 너무 늦었다.

"아무래도 우리끼리 해결하긴 힘들 것 같다. 일단 내가 사범님하고 상의해 볼게. 아니면 지금 나랑 같이 갈래?"

종훈은 급히 고개를 가로저었다. 뵐 면목이 없었다.

"억지로 가자고 하진 않을게. 그러나 사범님이 너에게 특히 애정을 많이 쏟고 있는 건 알고 있어라. 여기 쉼터의 고등부 학생들에게도 태껸 지도를 하고 상담도 자주 하지만, 너만큼 신경을 많이 쓰지는 않는 것 같거든."

수정은 잠깐 생각하더니 말했다.

"네 전화번호 좀 알려 줘. 결정이 나면 연락 줄 테니."

종훈은 수정과 전화번호를 교환했다.

"다음에 만날 때는 꼭 누나라고 해야 한다."

수정이 장난스럽게 눈웃음을 치며 말했다.

"나, 원래 누나 없어. 외동이란 말야. 입에 붙지 않아서 못해."

종훈은 수정의 얼굴을 똑바로 쳐다보지도 못한 채 얼버무리고 센터에서 나왔다.

폭력에 젖어 드는 심리 이해하기

일진은 나쁜 행동을 신입 조직원에게 시킨다. 그러면 신입 조직원의 충성도가 높아진다. 이런 배경에는 심리학적 기제가 숨어 있다.

사람들은 낯선 상황에 노출되면 마치 3자처럼 자신의 행동을 보며 평가한다. 이것을 심리학에서는 자기 지각 이론이라고 한다. 처음 나간 모임에서 박수를 치라고 사회자가 유도하면 사람들은 박수를 친다. 그러면 사람들은 그런대로 재미가 있어서 박수를 치게 되었다고 생각하게 된다. 마음을 움직여서 행동을 유발하는 것이 아니라, 행동을 먼저 이끌어 내 마음이 생기게 하는 것이다.

이를 잘 활용하는 곳이 홈 쇼핑 업체다. 이들은 돈을 나중에 지불하게 하거나 언제든 환불해 준다고 하며 일단 상품부터 써 보게 하는 경우가 많다. 꼭 필요해서 사는 것이 아니라도 일단 물건을 들여 놓으면, 소비자는 무의식중에 '아, 원래 이것을 필요로 했나 보군.' 하고 판단할 가능성이 높기 때문이다. 즉 다른 사람이 물건을 사면 그것이 필요해서 샀다고 생각하듯, 자신의 행동을 마치 3자의 행동처럼 지각해서 마음을 꿰어 맞추는 것이다.

자기 지각 이론은 무리가 되는 행동을 강요할수록 더 높은 충성도를 이끌어 낼 수 있다고 주장한다. 예를 들면, 대학의 입학식이나 직장의 신고식에서 무리하게 술을 먹이고 평소 하지 않는 창피한 일을 강요하는 것이 그렇다. 비밀을 공유할 정도로 친한 사이가 될 때까지 기다리며 정을 쌓는 것이 아니라, 비밀을 꺼내 놓게 하거나 비밀로 남기고 싶은 사건을 일부러 만들어 급격히 정이 쌓인 듯한 심리적 효과를 거두는 것이다. 일진 조직에서 나쁜 행동을 강요해 충성도를 높이는 것 또한 이런 원리 때문이다.

자기 지각 이론은 인지 부조화 이론으로 발전한다. 미국의 심리학자 레온 페스팅거는 똑똑한 사람들도 왜 사이비 종교에 빠지는지 궁금해 했다. 연구 결과 그는 다음과 같은 결론을 얻었다. 사람들은 자신이 원래 지닌 신념과 반대되는 행동을 하게 된 경우 스트레스를 받는다. 그런데 스트레스는 해로우니까 인간은 본능적으로 스트레스를 줄이려고 노력하게 된다. 스트레스를 줄이려면 인지(생각이나 신념)를 행동과 조화시켜야 한다. 그런데 행동은 이미 저지른 것이니 되돌릴 수 없다. 그래서 인지를 행동에 맞게 바꾼다. 즉, 무의식중에 원래부터 그런 행동을 선호했던 것으로 자신을 속인다. 페스팅거는 사이비 종교 모임에 억지로 끌려가 박수를 친 교수가 나중에는 더 열렬히 전도를 하는 것도 인지 부조화 때문이라고 설명했다.

처음에는 폭력을 싫어한 사람이 폭력에 젖어 드는 것도 마찬가지다. 폭력을 행사한 사람은 마치 나름대로 이유가 있어 자신이 선택한 행동이나 되는 것처럼 합리화하려 한다.

폭력에 젖어 드는 심리를 이해하는 것은 문제를 해결하는 데에도 큰 도움을 준다. 종훈이 사범과 이야기를 나눌 때 진정한 반성이 아니라 변명을 하는 것은 자신이 저지른 행동 때문에 인지가 부정적인 방향으로 틀어졌기 때문이다. 따라서 긍정적인 인지에 맞게 행동을 일치시키도록 주변에서 도움을 줘야 한다. 이때 혼자 앉아서 형식적인 반성문을 쓰게 하는 것으로는 인지 부조화의 작동을 막지 못한다. 문제가 생긴 생생한 맥락에서 자신의 잘못을 확인하도록 해야 한다. 피해자와 대면시키거나 연극처럼 역할 놀이를 하는 것이 좋다. 준비가 안 되었다면 소설이나 영화, 전기 등을 보며 자신의 문제를 올바르게 보도록 하는 것도 좋다. 이것은 사범이 종훈에게 계속 과제를 내주는 이유이기도 하다.

9

주먹을 꼭 써야 할까?

종훈은 사범이 내릴 결정을 기대했지만 여전히 마음이 편치 않았다. 선배의 얼굴이 계속 떠올라서 종훈은 자신이 먼저 나서기로 작정했다.

'선배가 협박해서 사진을 넘길 수밖에 없었다고 말하고 수정이하고 사범님께 용서를 구하지 뭐. 대신에 다음부터 정말 잘 할 거야. 그리고 차근차근 계획을 세워서 선배도 끌어내려야지. 어쩌면 소설 『우상의 눈물』에서 최기표를 몰아낸 것처럼 표시 안 나게 성공할 방법이 있을 수도 있어. 2학년 짱이 싫어하는 것 같으니까 그것을 이용해도 되고.'

종훈은 선배를 몰아내고 일진 자리도 유지하면서 사범에게 더 가르침을 받는 상상을 했다. 그러자면 일단 처리할 일이 있었다. 여러 연예인들의 사진과 일본 누드 사진을 합성해 친구들을 즐겁게 해 주는 아이에게 전화를 걸었다. 몇 차례 시도한 끝에야 겨우 그 아이가 전화를 받았다. 종훈은 부아가 치밀어 첫마디부터 다짜고짜 욕을 해 댔다. 그러고 나서 종훈이 말했다.

"성철. 이건 너하고 나만의 비밀이다. 다른 애들이 아는 순간, 넌 아무도 모르게 바로 땅에 묻힐 줄 알아."

종훈은 필요한 작업을 지시하고 끊었다. 종훈은 선배가 자신에게 하는 그대로 상대방을 거칠게 대하는 것이 이런 일 처리에는 더 효과적이라고 생각했다. 일진인 자신도 겁내서 따랐다면 다른 아이들에게도 확실히 통할 것이라는 생각만 했다.

다음 날 성철은 빵집에 가서 친구들끼리 사진을 찍는 척하며 수정을 도둑 촬영했다. 여자들을 몰래 카메라로 잘 찍어 '도촬의 신'으로 불리고, 야한 자료를 많이 갖고 있어 '리틀 김본좌'라는 별명을 가진 성철이었다. 하지만 이번에 성철은 다른 생각을 했다. 몸매가 좋은 여자, 얼굴이 예쁜 여자 사진은 많이 찍었지만 오늘 찍는 여자 사진은 찝찝했다.

'저 여자는 누구일까? 왜 종훈은 저 여자 사진을 합성하려는 것일까?'

빵집에 들어와 10분 정도 힐끗거리며 수정을 쳐다보았다. 수정은 성철의 시선을 느끼는 것 같았다. 성철은 일부러 친구들과 이야기를 한참 더 했다. 다른 친구들은 몰래 카메라 사진을 찍기 위해 나왔다가 목표물을 찾은 다음에 바람을 잡는 것이라 생각해서 대화에 동조해 줬다. 비밀스러운 작업을 한다며 자기들 딴에는 아주 재미있어 했다. 성철도 복잡한 마음을 벗어던지려 노력했다.

'나는 사진이나 찍어서 합성해 주면 되는 거야. 혹시 문제가 생기더라도 나는 괜찮을 거야. 나는 아무것도 아는 게 없으니까. 그게 사실이잖아. 나는 종훈이 시키는 대로 한 것뿐이야.'

성철은 적당한 때를 노려 다른 친구들 사진을 찍는 척하며 수정의 옆모습을 몇 차례 찍었다. 더 좋은 사진을 얻기 위해 카메라를 가방에 넣고 렌즈가 있는 부분만 열어 둔 채로 옆에 있는 장식장에 올려놓았다. 그리곤 카메라를 작동시킬 리모컨을 손에 쥔 채 수정을 테이블로 불렀다.

"저기 천장에서 먼지가 떨어지는 것 같아요."

성철이 가리키는 대로 수정이 위를 쳐다보았다. 그 순간 성철은 손 안에 쥐고 있던 리모컨의 버튼을 몰래 눌렀다. 이후 연속 촬영 기능으로 수정의 모습이 근접 촬영되었다. 그 사실을 모르는 수정은 일단 사과를 하고 사장님께 말해서 인테리어 문제인지 알아보겠다고 말했다. 그 사이 다양한 각도로 잡힌 수정의 얼굴은 고스란히 디지털 카메라에 담겼다. 성철 일행은 빵집에서 나왔다. 20미터 쯤 걸어 나와서 누가 먼저랄 것도 없이 환호성을 질렀다.

"오 예!"

"어디 봐봐."

마치 전리품을 구경하는 것처럼 아이들은 디지털 카메라를 중심으로 둥글게 모여 섰다. 성철은 몇 장 보여 주고 나서 작업한 다음에 완성품을 공개하마고 했다.

"처음에 다 보여 주면 재미없잖아. 김본좌의 실력을 기대하라고."

하지만 성철은 사실 보여 줄 생각이 전혀 없었다. 종훈과의 비밀을 지키려면 최종 완성품을 아이들이 안 보는 게 좋았다. 그것이 자기뿐 아니라 친구들에게도 좋을 것이라 생각했다.

'애들에게는 다른 야한 사진을 보여 주면 돼. 그럼 이 사진은 금방 잊을 거야.'

집에 온 성철은 바로 작업을 했다. 천장을 보는 얼굴, 살짝 찡그린 표정, 사과를 하느라 고개 숙인 얼굴 등을 갖가지 크기로 변화시켰다. 그리고 인터넷에 널린 다른 아이들의 졸업빵 사진에 붙여 가며 시험을 했다. 밀가루를 잔뜩 덮어쓰고 옷이 갈기갈기 찢겨 교복인지 알아볼 수조차 없는 사진과, 아예 교복은 사라지고 속옷만 입고 있는 사진, 심지어 나무 기둥에 묶여 있는 사진도 있었다. 얼마 후 완성품이 나왔다. 흡족했다.

성철은 종훈에게 문자를 보냈다. 종훈은 금세 성철 집 앞으로 달려왔다. 성철은 종훈이 확실히 급하기는 한가 보다 생각했다. 성철은 사진을 담은 시디를 넘기며 종훈이 자신을 괴롭히려 할 때 방어할 수 있는 일종의 보험 같은 것이 생겼다고 생각했다. 종훈은 이런 사실도 모르고 성철에게 다시 한 번 겁을 주었다.

종훈은 집으로 돌아와 시디를 컴퓨터에 넣었다. 선배에게 넘기기 전에 확인을 해야 했다. 하지만 몇 장을 보고 기분이 이상해서 시디를 도로 꺼냈다. 가짜라는 것을 알고 봐도 성철의 기술 덕분에 정말 수정이 폭력을 당해 찍힌 듯한 착각이 들었다. 그런 시디를 자기가 갖고 있다는 것 자체가 찝찝했다. 방에서 꾸물꾸물 뭔가가 기어 나와 종훈의 몸을 축축한 손으로 어루만져 아래로 끌어내리는 기분이었다.

일요일 아침이 되자 종훈은 선배에게 문자를 보냈다. 한시라도 빨리 시디를 건네주고 잊어버리고 싶었다. 종훈은 선배와 약속한 햄버거 가게로 향했다.

선배는 어떻게 사진을 찍었는지 자세히 듣고 싶어 했다. 종훈은 상상으로 꾸며 말했다. 말을 하면서 더 폭력적인 단어를 쓰게 되었다. 흥분한 선배가 "그때는 양말을 입에 넣어 소리를 못 지르게 했어야지." 하면서 낄낄댔다. 어느덧 종훈은 선배한테 맞춰 이야기를 꾸미며 무용담처럼 떠벌리고 있었다. 결국 종훈은 수정을 충분히 욕보이고 사진을 찍은 것이 되어 버렸다.

"그래, 잘난 체하더니 꼴좋다. 잘했어. 이제 완전 걸레가 되었군. 나중에 또 연락하마."

선배가 시디를 가지고 휙 사라지고 나자 긴장이 풀린 종훈은 테이블에 고개를 묻고 엎드렸다. 자신이 선배에게 한 더러운 말들이 생각났다. 그리고 선배의 입에서 나온 '걸레'라는 말이 귓가에 맴돌았다. 종훈은 스스로 한심했다. 종훈은 테이블에 머리를 세게 박고 박고 또 박았다. 직원한테 쫓겨나서도 건물 벽에 계속 머리를 박았다. 결국 머리에서 피가 흐르고 종훈은 기절을 하고야 말았다.

얼마나 시간이 흘렀을까. 종훈은 고개가 흔들리는 것 같아 눈을 뜨려 했다. 하지만 좀처럼 눈이 떠지질 않았다. 꿈을 꾸는 걸까? 몸을 움직이려 했다. 마치 가위에 눌린 것처럼 움직일 수가 없었다. 누가 뺨을 때리는지 짝짝거리는 소리가 났다. 잠시 후 겨우 눈을 깜박거릴 수 있었다. 하지만 여전히 아무것도 보이지 않았다.

"어머, 정신이 드나 봐."

희미하게 목소리가 들렸다. 소리 나는 쪽으로 고개를 돌렸다. 그러나 거짓말처럼 아무것도 보이지 않았다. 희미한 것이라도 보이는 게 아니라, 마치 두 눈이 뽑힌 것처럼 아무것도 볼 수 없었다. 발을 일부러 차 보았다. 살도 꼬집어 보았다. 아팠다. 그러나 그뿐 여전히 아무것도 보이지 않았다.

"불 켜. 누가 불 껐어."

그때 누가 종훈의 손을 잡아 주었다.

"기절했다가 다시 깨면 어느 정도 시간이 지나야 볼 수 있어. 심호흡을 하면 조금씩 보이게 될 거야. 나도 기절해 봐서 알아. 의사 선생님 말씀대로 따르고!"

사범의 목소리였다. 종훈은 입을 다물었다.

"마음을 편안하게 먹고 눈을 좌우로 움직여 봐요. 팔과 다리도 천천히 움직여 보고요."

종훈은 의사가 지시하는 대로 몸을 움직였다.

"아직 다리 쪽은 힘이 없네요. 하지만 조금 있으면 나아질 거예요. 다시 천천히 눈을 떠 보세요."

"이제 좀 보여?"

가까이에서 수정의 목소리가 들렸다. 수정의 얼굴을 어떻게 볼까 걱정이 되었다. 종훈은 눈을 질끈 감았다. 그런데 의사가 플래시로 종훈의 두 눈을 억지로 열어 살폈다.

"이제 동공이 정상으로 돌아오고 있네요. 엑스레이 결과로는 두개골에 이상이 없는 것으로 확인되었지만, 뇌진탕이 있을 수도 있으니 수액을 맞으며 경과를 살펴봅시다."

"고맙습니다, 선생님."

사범의 목소리였다. 사범이 잠시 의사와 이야기를 더 나누고 나서 종훈에게 물었다.

"어떻게 된 것인지 이야기해 줄래? 보니까 다른 데는 상처가 없던데."

종훈은 사실대로 말할 수가 없었다.

"네 전화에 수정이 번호가 맨 마지막으로 남아 있어 병원에서 전화를 했더구나. 마침 내가 수정이하고 같이 도장에 있었거든."

종훈은 햄버거 가게에서 나와 수정에게 전화를 걸어 미안하다 말할까 하다가 서둘러 끊은 것이 기억났다. 그래서 더 세게 벽에 머리를 박은 것도.

수정이 조심스럽게 말했다.

"햄버거 가게 직원이 119를 불렀대. 네가 피 흘리며 바깥에 쓰러져 있어 신고했다고 하더라. 어떤 남자애하고 얘기하다가 걔가 나간 다음에 머리를 계속 박았다던데, 혹시 그 애가 네가 말한 일진 선배야? 걔가 너를 어떻게 한 거야?"

종훈은 눈을 질끈 감고 대답을 하지 않았다. 수정은 성난 목소리로 말했다.

"기어코 그 녀석이 네게 이런 짓을 하다니……. 내가 좀 더 서둘렀어야 하는데. 미안해."

종훈은 수정이 고마웠다. 사범이 조용히 종훈에게 물었다.

"정말 그 녀석에게 맞기라도 한 거니? 그동안의 이야기는 수정이에게 들었다."

"아니에요. 그냥 괴로워서 제가 자해한 거예요."

"왜?"

두 사람은 동시에 외쳤다. 종훈도 스스로 물어보았다. 왜 그랬을까? 선배에게 테러를 지시받으며 당하는 자신이 한심해서? 선배 앞에서 수정을 욕보이는 말을 하고 시디를 넘긴 것이 수정에게 미안해서? 뭐가 되었든 수정과 사범 앞에서 선뜻 이야기하기는 힘들었다.

"굳이 지금 말 안 해도 된다. 나중에 듣도록 하지."

사범의 말에 종훈은 마음이 조금 편안해졌다.

"왜 제게 잘해 주시는 거죠?"

사범은 입을 굳게 다물고 한참 동안 아무 말도 하지 않았다. 이윽고 사범이 한숨을 길게 내쉰 다음 말했다.

"일종의 빚 갚기라고 할까?"

"학창 시절에 일진에게 많이 맞았어요? 한풀이인가요?"

사범은 어렵게 다시 입을 뗐다.

"나는 중학교 2학년 때까지 별 볼일 없는 애였어. 아니, 나 자신이 그런 아이라고 생각해서 스스로 움츠러들었지. 다른 애들은 다 잘하고 있는데, 나만 왜 이 모양인가 자책하며 지내는 시간이 많았어. 아버지는 그런 나를 한심하다며 매질로 자극을 주려 했지. 하지만 반항심만 키울 뿐이었어. 애들과 몰려다니며 못된 짓을 하기 시작했지. 그러다 중학교 2학년에 접어들며 키가 갑자기 커졌어. 중학교 3학년 때에는 지금 같은 키와 덩치를 갖게 되었지."

그다음 이야기는 종훈의 이야기와 겹치는 면이 많았다. 차이가 있다면 사범이 고등학교 1학년 때 겪은 일을 종훈은 중학교 2학년 때 경험했다는 것이었다.

"고등학교 2학년 때 담임이 국어 선생님이었는데 내게 성장 소설을 읽혔어. 나처럼 집에서 아버지에게 폭력을 당하는 주인공이 많더군. 친구에게 놀림을 당했던 주인공도 있었고. 자기가 당한 만큼 돌려주겠다며 악독하게 굴다가 제 꾀에 자기가 넘어가는 주인공도 있었어. 자신이 얼마나 나쁜 놈인지는 모르고 주변 사람들만 욕하고 세상은 불공평하다고 말하는 주인공도 있었지. 그런 식으로 나와 통하는 여러 주인공들의 이야기를 통해 간접으로나마 인생 경험을 한 것이 내게 큰 힘이 되었어. 마치 그 주인공들이 내 상처를 이해하고 설명해 주는 증인이 된 느낌이었어. 그리고 사람을 성숙시키는 것은 반항 자체가 아니라 반항을 한 뒤 얻게 되는 치열한 고민이라는 것을 어렴풋이 느끼게 되었어. 난 고민이 부족해서 계속 다람쥐 쳇바퀴 도는 방황을 계속했던 거야. 결단을 내렸어. 고등학교 3학년 때에는 열심히 공부해서 대학을 갈 수 있었단다."

"나름 성공하셨네요."

"그렇지. 그냥 깡패가 될 수도 있었는데 선생님의 지도로 인생이 바뀌었으니 감사할 일이지. 대학교를 졸업하고서는 대학원까지 진학해서 공부를 계속했다. 그러나 가장으로서 집안 경제를 책임져야 하니 공부에 집중할 수 없어서 뜻대로 안 되더라고. 박사까지 가지 못하고 석사 졸업만 했어. 대학원 졸업증만으로 번듯한 회사 취직은 힘들지만 학원에서는 좀 먹히더구나. 명예가 아니라면 차라리 돈이나 많이 벌자며 학원가에 들어왔지. 마침 논술 특수까지 불어서 꽤 많은 돈을 벌었어. 그러다 서른 중반에 제법 성공했다며 고등학교 동창회도 나갈 수 있게 되더구나."

사범은 뜸을 들였다가 이야기를 시작했다.

"동창애들은 예전 추억을 떠올리고 최근 하는 일을 물어보며 즐거운 시간을 보냈어. 그리고 인맥을 쌓아서 자기 일에 도움이 될 수 있는 부분을 찾으려고 동창회에 나오지 않은 아이들의 안부를 묻기도 했지. 그러다 뜻밖의 소식을 접하게 되었어……. 승균이라는 친구가 자살했다는 것이었지."

종훈은 눈을 크게 떴다. 고등학교와 중학교에서 벌어지는 자살 소식을 여러 번 들었고 종훈 자신도 죽고 싶다고 버릇처럼 말했지만 자살 소식은 언제나 큰 충격이었다.

"왜…… 자살했는데요?"

"우울증으로 죽었다고 하더라고. 고등학교 때 하도 맞아서 애가 매사에 주눅 들고 우울증에 걸린 거지. 고향에 남아 있던 친구들 말에 따르면 걔 부모님이 한동안 동네에서 계속 울부짖었대."

종훈의 머릿속에 부모님이 울부짖는 모습이 떠올랐다. 사범은 떨리는 음성으로 말했다.

"내가 다른 친구들과 아무 생각 없이 습관적으로 때렸던 그 아이가 상처로 죽어 갔는데, 나는 그걸 까맣게 몰랐던 거지. 20대 청춘에 어두운 방에 있다가 죽었으니까, 우리가 한참 군대 갔다 오고 취업 준비하며 제 살 길을 찾느라 바쁠 때 그 애는 방에서 죽을 궁리를 했던 거야."

수정이 끼어들었다.

"사범님 잘못만으로 자살했다고 할 수는 없잖아요?"

"나도 처음에는 그렇게 생각했어. 2학년 때까지는 가해자로 때리다가 3학년 때는 내가 공부에 관심을 가지면서 상황은 좀 달라졌으니까. 하지만 편치 않은 꿈을 계속 꾸게 되었어. 돌이켜 생각해 보니, 그 애가 아파하는 걸 알았는데도 내가 뭘 한 게 없는 거야. 가해자에서 방관자로 바뀌었을 뿐 그 애의 상처를 한 번도 보듬어 준 적이 없었지. 게다가 나는 논술 학원 강사였기에 폭력보다는 평화를, 증오보다는 사랑을, 차별보다는 배려를 이야기하는 글들을 많이 접해야 했단다. 옛날에 아무 생각 없이 배치했던 고전 요약 강독, 논술 문제의 제시문들이 나에게 날카로운 양심의 채찍을 가했어. 어느 날 하퍼 리의 『앵무새 죽이기』라는 소설을 요약해 주게 되었는데, 그 책을 분석하는 내내 심장에서부터 혀끝까지 불로 지져지는 것 같았단다."

종훈은 그 책이 어떤 내용인지 궁금해졌다.

"답답한 마음에 고향에 내려갔더니 무덤도 없이 승균이를 화장한 후 납골당에 넣어놨더라고. 승균이 부모님은 10년도 더 지나 안타까운 소식을 듣고 뒤늦게 찾아온 친구로 나를 맞아주시더군. 나는 내가 가해자 중 하나라고 차마 말할 수가 없었어. 미안하다고만 했지. 부모님의 주름진 눈가에 하염없이 눈물이 흐르더군. 그것을 보며 나도 많이 울었단다. 그냥 그렇게 대해도 되는 애처럼 아무 생각 없이 우리가 습관적으로 때린 것에 승균이는 생명을 놓을 정도로 지쳐 갔던 거야."

사범의 목소리가 잠겼다. 종훈은 자신이 습관적으로 때리는 상석을 생각했다. 상석을 통해 승균의 모습을 보았다. 그리고 자신을 통해 사범의 과거 모습을 보았다. 몸서리가 쳐졌다.

"만약 어떤 아이를 놀릴 만한 약점이 있다면, 가장 속상해하는 사람은 바로 그 당사자일 수밖에 없잖아. 그러면 그 상처를 보살필 생각을 했어야지. 그런데도 우리는 안 그래도 상처받고 있는 아이의 가슴을 더 헤쳐 놓으면서 시시덕거린 거야. 악마처럼."

종훈은 사범의 이야기를 들으며 자신도 예외가 아님을 처음으로 가슴 깊이 느꼈다. 태껸 첫 수업에서 자신이 정신적 상처 이야기를 했을 때 아이들이 놀라서 쳐다보았던 일이 생생하게 되살아났다.

사범은 수정을 잠시 바라보고 난 후 종훈에게 말했다.

"지난번에 수정이와 함께 있을 때 우리 모두 선택의 문제를 이야기했지? 그 질문은 사실 내가 자신에게 했던 것이야. 내가 승균이를 다르게 대했다면 어땠을까? 승균이를 적극적으로 보호하거나 친구로서 대해 줬다면 어땠을까? 설령 나까지 왕따를 당하게 되더라도 우리 둘에서는 더 끈끈하게 정을 나누며 그 힘으로 승균이가 학교생활의 어려움을 딛고 일어나게 되지 않았을까? 그러면서 함께한 고난을 추억처럼 동창회에서 말할 수 있지 않았을까?"

종훈은 어금니를 꽉 깨물었다.

"폭력을 방관하는 것도 범죄라는 사실을 가슴 깊이 깨닫는 것은 정말 고통스러웠단다. 논술 시간에 이미 '착한 사마리아인 법'을 설명하며 내가 말했던 것이지만 말이야. 『우상의 눈물』과 『우리들의 일그러진 영웅』에 대해서 가르칠 때도 내용을 분석하는 데에만 치중했지 정작 그 의미를 가슴으로 받아들이지 못했어. 폭력은 누가 먼저 시작했느냐, 어느 폭력이 더 심각하느냐로 책임을 물을 것이 아니라, 폭력에 얼마나 동조하고 있느냐에 따라 책임을 물어야 하는 문제였어. 그저 최기표가 문제다, 엄석대가 문제다, 환경 탓이다, 학교 선생님 때문이다 등등 누구 탓을 하고 단죄를 하는 것이 문제 해결의 핵심이 아니었던 거야."

잠시 말을 멈춘 사범의 입가에 뜻 모를 미소가 살짝 지어졌다 사라졌다.

"이미 중년이지만 이대로 나이가 든다면 안 되겠다는 생각이 들더라고. 완전히 처음부터 바꿀 필요가 있었어. 애들을 가르치기 위해서가 아니라 내가 더 올바르고 행복하게 살기 위해 책을 읽고 영화를 보고 미술 작품을 보고 음악을 들으며 공부를 하기 시작했단다."

 사범은 원래 남들과는 다른 독특한 것을 좋아해서 태껸을 배웠다고 했다. 하지만 비폭력과 평화를 위한 공부를 하면서 태껸을 익히자 전혀 다른 의미로 다가왔다고 했다.

 "노벨 문학상 수상자인 프루스트가 말한 것을 조금 바꿔 말하자면, 인생의 전환점이 될 만한 진정한 발견은 오랜 항해 끝에 신천지를 보는 것이 아니라 매일 접하는 것이라도 다르게 보는 거였어. 이 말도 논술 수업하며 많이 인용한 것이지만 정작 나는 그 의미를 몰랐던 것이지."

 사범은 남자다움을 과시하려고 배웠던 수련 태도를 버리고 태껸에 매진하여 3년 후엔 사범 자격증도 받게 되었다고 했다. 사범 자격증을 받자마자 도장을 차리려 여러 장소를 물색하다가 예전에 봉사 활동을 다녔던 가출 청소년 쉼터가 멀지 않은 종훈이 동네에 매물이 나와 여기로 온 것이라고 했다. 지금은 수강생이 없어서 경제적으로 안 좋지만 센터의 아이들을 불러서 가르칠 수 있어 좋아했다고 했다. 사범은 종훈을 보면서 말했다.

 "그런데 이런 복잡한 배경을 갖고 너를 본 것이 문제였어."

 사범의 이야기를 들으며 종훈은 하나씩 머릿속에서 퍼즐을 맞추고 있었다. 그래서 왜 사범이 자신에게 관심을 기울이는지 어느 정도 이해가 되기 시작했다. 그런데 종훈은 '문제'라는 단어 앞에서 다시 퍼즐이 망가지는 기분이 들었다.

 "너는 내가 승균이에게 진 빚을 갚을 수 있는 한풀이 대상이 아니었던 거야. 너는 너였어. 비록 네가 나와 닮은 부분이 많더라도 처음에 너를 너무 억지로 끌고 가려 한 것 자체가 폭력이었던 거야. 아무리 너를 위한 것이라고 해도 말이야. 그런 말은 체벌을 하거나 공부를 강요하는 사람들도 하는 입에 발린 말이니까."

수정이 끼어들었다.

"그래도 그게 자극이 되어서 나름대로 종훈이도 도움이 되었을 거예요. 안 그래?"

종훈이 미처 대답하기도 전에 사범이 말했다.

"내부에서의 싸움만 더 복잡하게 만들었겠지. 지난번 종훈이가 전화로 소리 질렀던 것처럼 말야. 종훈이는 자극이 아니라 포용이 필요했던 거였어. 평가가 아니라 인정이 필요했고. 익숙하지 않은 상황으로 자꾸 끌어내니 자신이 조절할 수 없을 것 같아 아주 불안했을 거야. 성숙에는 시간이 필요한데, 노력을 해도 별로 달라지는 것은 없으니 조바심도 났을 테고. 그렇게 내가 종훈이에게 필요한 것을 주지 못했으니 아슬아슬한 경계에서 종훈이는 계속 곡예를 해야 했겠지. 어떤 날은 새롭게 태어나려 결심했다가, 어떤 날은 기대보다 못한 성과에 실망을 하기도 하면서."

종훈은 사범이 자신의 마음을 진정으로 이해해 주는 것에 감동했다. 무엇을 하라고 자극을 주는 사람은 많았다. 사범의 방법이 독특해서 마음이 움직이기는 했지만, 거부감이 들었던 것도 사실이었다. 그러나 이렇게 종훈의 두려움과 욕구를 이해하고 사범이 속마음을 이야기하니 반항하는 마음이 스르르 풀렸다.

"이제 내가 끌고 가지 않고 기다릴게. 네가 내 손을 잡을 때까지. 그리고 그 손을 잡으면 앞에서 끄는 게 아니라 뒤에서 밀어 줄게."

종훈은 사범의 손을 잡으며 말했다.

"사범님, 고마워요."

수정이 어색한 정적을 뚫고 쾌활하게 말했다.

"이렇게 다정한 모습을 보니 질투 나는 걸요? 지난번에도 둘만이 아는 말을 하더니. 사범님, 앞으로 저도 신경 써 주셔야 해요. 두 배로요. 저는 늦게 시작하는 만큼 앞에서도 끌어 주고 뒤에서도 밀어 줘야 빨리 따라잡을 수 있을테니까요."

종훈이 재빨리 덧붙였다.

"저도요."

"너희들 무슨 자장면 곱빼기 주문하는 것도 아니고, 이게 뭐니? 분위기 좀 잡으려 했더니 결국 코미디로 끝나는구나."

"인생 뭐 있나요? 원래 코미디지."

종훈의 말에 수정이 핀잔 주듯 말했다.

"나이도 가장 어린 애가 못하는 말이 없어!"

둘이 아옹다옹하는 모습을 보며 사범은 기가 막히다는 표정을 지었다.

각종 검사를 마치고 이상이 없다는 것을 확인하고 나서 모두 함께 병원에서 나와 도장으로 향했다. 사범은 종훈에게 조심스럽게 이번 문제를 어떻게 해결할지 물었다. 하지만 종훈은 아직 의지를 다지지 못했다. 사범은 종훈이 부담스러워하니 일단 일진 선배를 신고하는 일은 유보하기로 했다.

"어쨌거나 종훈이 네가 선택을 해야 하는 문제다. 저절로 해결되는 문제가 아니라는 것을 잊지 말기 바란다. 이 문제에 대한 네 태도를 결정해야 다음에 비슷한 일이 생겨도 바로 결단을 내릴 수 있어."

도장 밖으로 다시 나온 수정은 아르바이트로 받은 돈으로 종훈에게 모자를 사 줬다. 이마의 상처를 가리라고 사 준 것이지만, 멋져 보여 종훈은 벗고 싶지 않았다. 종훈의 손에는 또 다른 선물이 들려 있었다. 도장을 떠나기 전 사범은 책장에 꽂혀 있던 소설책을 선물로 줬다.

"이 책으로 다시 과제를 시작하는 거다. 이제 두 번 남았어."

종훈은 고개를 끄덕였다. 마음속에서는 더 많은 과제를 함께 하고 싶었다. 과제로 주어진 책은 소설 『앵무새 죽이기』였다. 종훈은 집으로 돌아가자마자 책을 읽기 시작했다. 제법 두꺼운 책이었지만 오히려 도전 의식이 생겼다.

다음 날인 월요일, 종훈은 신이 나서 학교에 갔다. 새로워지자는 마음을 먹자 주변이 모두 좋게 변한 듯 상쾌했다. 교실에 들어와서는 모자를 벗고 앞머리를 물에 적셔서 내렸다. 상처가 자연스럽게 덮였다.

아이들은 머리 스타일을 바꾸고 일찍 등교해서 책을 읽는 종훈의 모습에 낯설어 했다. 지난번에도 하루 종일 소설책을 읽더니 종훈이 많이 변했다. 그리고 최근에는 있는지 없는지 모를 정도로 얌전하지 않은가. 다른 일진 동료들은 짱이 슬럼프 같다며 수군거렸다. 그러면서 서열 2위인 상진의 눈치를 보기 시작했다. 최근 상진의 눈빛이 더 날카로워졌다. 몇몇 말하기 좋아하는 애는 예언자처럼 큰 싸움을 점치기도 했다.

교실에는 긴장감이 감돌았지만, 정작 종훈은 평안했다. 그런 서열 문제보다 더 신경을 써야 할 문제가 생겼기 때문이다.

'왜 이 책의 제목이 '앵무새 죽이기'일까?'

지난번처럼 인터넷을 참고해서 줄거리를 요약하지 않았다. 토요일 아침까지 머릿속으로 생각을 정리했다. 그리고 온전히 줄거리를 적기 시작했다. 숙제 검사를 받아야 했지만, 일단 자신이 만족할 수 있는 답을 만드는 것이 중요했다.

『앵무새 죽이기』는 미국의 경제 대공황기를 배경으로 하고 있다. 이야기를 이끌어 가는 주인공은 스카웃 핀치라는 어린이다. 그녀는 오빠 젬 핀치와 변호사인 아버지 애티커스와 함께 산다. 엄마는 죽고 없으며 아버지는 재혼하지 않았다. 핀치 남매는 이웃에 사는 아서 래들리라는 사람을 비밀이 많은 인물이라며 두려워하면서도 궁금해한다. 남매는 그에 대한 소문을 듣고 그가 어떤 사람일지 상상해 본다. 래들리는 아이들의 관심을 눈치 채고 좋게 생각하지만 남매 앞에 모습을 드러내지는 않는다.

한편 아버지 애티커스는 법원에서 흑인 톰 로빈슨의 국선 변호인으로 임명된다. 그는 젊은 백인 여자인 메옐라 어웰을 강간하려 했다는 혐의를 받고 있었다. 여러 사람의 반대에도 불구하고 애티커스는 톰을 변호하려고 한다. 그 바람에 남매는 또래들에게 집단 괴롭힘을 당하고, 아버지는 '깜둥이 애인'이라는 별명으로 불리게 된다. 스카웃은 아버지의 명예를 위해 싸우고 싶은 충동에 사로잡힌다.

재판에서 변호사 애티커스는 고소인인 메옐라와 그녀의 아버지가 거짓말을 했다는 것을 밝혀낸다. 오히려 메옐라가 톰에게 접근했고, 그것을 본 그녀의 아버지가 그녀를 붙잡았음이 드러나게 된다. 이처럼 톰의 무죄를 입증할 증거가 나왔지만, 배심원들은 어이없게도 톰에게 유죄를 선고한다. 재판 결과에 절망한 톰은 탈옥하려다가 총에 맞아 죽는다.

한편 재판 과정에서 거짓말이 드러나 창피를 당한 메옐라의 아버지인 밥 어웰은 복수를 계획한다. 그는 할로윈 축제를 마치고 집으로 돌아가던 남매를 공격한다. 저항하는 과정에서 오빠 젬의 팔이 부러진다. 바로 그때 어떤 남자가 나타나 남매를 구한다. 스카웃은 한 번도 본 적이 없지만 그가 래들리임을 눈치 챘다.

보안관이 현장에 도착해서 밥 어웰을 발견했을 때 그는 이미 죽어 있었다. 보안관은 밥 어웰이 자신의 칼 위에 엎어져서 죽은 것이라고 상황을 정리한다. 래들리와 인사를 나눈 스카웃은 그의 현관에 서 있는 동안 그의 삶을 상상해 본다.

종훈은 사범의 조언대로 책에 나오는 인물들 각각의 입장에서 생각해 봤다. 『앵무새 죽이기』의 등장인물들은 저마다 상처를 지닌 사람들이다. 그중에서도 종훈은 아서 래들리에 마음이 쓰였다.

아서 래들리의 집은 365일 문이 굳게 닫혀 있었다. 그래서 마을 사람들에겐 두려움의 대상이었다. 하지만 사실 아서 래들리는 아버지의 집착으로 파괴된 삶을 사는 피해자였다. 그의 아버지는 잘못된 종교 신념 때문에 즐거움까지도 죄악으로 여겨 아들을 옥죄었다. 그리고 그것에 반항하는 아들을 밖으로 내보내면 집안의 명예를 더럽힐까 두려워하는 속 좁은 사람이었다. 그래서 아서 래들리는 정신적 자유와 신체적 자유를 모두 빼앗겨 힘겨운 삶을 살게 되었다.

종훈은 래들리만큼은 아니지만 그와 비슷한 상황에 처해 있는 자신을 생각하며 동정과 공감을 느꼈다. 아서 래들리가 주인공 남매의 생명을 구해 주는 장면에서는 속이 다 시원했다. 답답함이 따뜻함으로, 다시 기쁨으로 바뀌는 것을 종훈은 경험했다.

하지만 종훈은 책을 읽으며 주인공처럼 좋은 아버지를 두지 못한 것이 절망스럽기도 했다. 훌륭한 변호사인 아버지는 사회적 편견에 맞서 누명을 쓴 흑인 톰 로빈슨을 변호했다. 두보스 할머니는 "검둥이를 변호한다."며 아버지를 욕했다. 그래서 주인공은 할머니 집의 화단을 망쳐 놓았다. 그러자 아버지는 한 달 간 할머니 곁에서 책을 읽어 주라는 벌을 내렸다. 얼마 후 할머니는 세상을 떠나고, 장례 후 아버지에게 아이들은 따지듯 묻는다. "아빠를 비난하고 욕했던 사람에게 오히려 잘해 주는 이유가 뭐예요?" 아버지는 이렇게 말했다. "나는 너희들에게 진짜 용기가 무엇인지 보여 주고 싶었다. 총이나 드는 어쭙잖은 용기가 아니라 진짜 용기, 상대방에 대한 배려 말이다."

종훈은 이 부분을 읽으며 가슴이 찔렸다. 가슴이 쿵쾅거려도 옥상으로 올라오라고 으름장을 놓거나 과감히 패싸움을 벌이는 것이 최고의 용기라 생각했던 종훈이었다. 그런데 이런 말을 훈화로 들을 때와는 다르게 감정 이입을 해서 소설을 읽으니 감동이 밀려오며 반성을 하게 되었다.

톰이 백인 처녀 메옐라를 성폭행하려 했던 것이 아니라는 결정적 증거가 나왔지만 배심원들이 유죄 판결을 내리는 장면에서는 분노를 느끼지 않을 수 없었다. 톰이 탈옥하다 들켜 총살당하는 장면에서는 속상해서 책을 덮어 버리기도 했다. 책을 읽으며 종훈의 머릿속에는 여러 생각이, 가슴속에는 여러 감정이 뒤섞여 혼란스러웠다. 그 사실 그대로 줄거리를 요약했다.

토요일 저녁 7시, 종훈은 설레는 마음으로 도장으로 가 자신이 정리한 글을 사범에게 내밀었다. 사범은 종훈이 내민 줄거리 요약을 찬찬히 읽어 보았다. 지난번처럼 줄을 긋기도 했다. 숙제를 다 읽고 나서 사범은 자신의 표정만 살피고 있던 종훈에게 말했다.

"섣불리 결론을 내리지 않아서 더 좋군."

뜻밖의 말이었다.

"네가 많이 자극을 받고 흔들리라고 권해 준 책이란다. 명작은 나중에 다시 읽으면 느낌과 생각이 또 달라지는 책이지. 그냥 한 번에 주제를 간파할 수 있는 책은 오히려 명작이 되기 힘들단다. 네가 이토록 많은 것을 주워 섬기고 고민이 많이 생긴 것을 보니 이 책이 명작은 명작인가 보다."

종훈은 책 제목에서 말하는 앵무새가 소설 속의 어떤 인물이냐고 물었다.

"앵무새는 네 말대로 순수한 흑인 톰 로빈슨일 수도 있고, 자기 아버지에게 가혹한 처벌을 당한 아서 래들리일 수도 있어. 어쩌면 주인공의 아버지인 애티커스 변호사가 도와줄 수밖에 없었던 많은 피해자 혹은 가해자들일 수도 있지. 가해자들도 한때는 순수한 영혼을 가졌지만, 상처를 받아 다른 사람을 해치는 잘못을 벌인 것일 수 있으니까. 그렇다면 앵무새는 결국 어떤 등장인물 하나가 아니라 순수한 영혼을 상징하는 것이 아닐까?"

종훈은 고개를 끄덕였다. 그러자 다시 사범이 말했다.

"그러나 그렇게 한두 줄로 요약하기에는 이 책에서 담고 있는 이야기가 무척 많지. 예를 들어 이 부분만 봐도 그래. 나는 사실 이 부분에 대한 생각을 더 많이 하기를 바라는 마음으로 책을 권한 것이다."

사범은 책장을 넘겼다. 흑인을 변호한다는 이유로 손가락질받는 다며 울먹이는 자식들에게 애티커스 변호사가 이야기하는 장면을 찾아 소리내어 읽었다.

"모든 변호사들은 생애 중 가장 중요한 공판이 있다. 아빠에게는 이번이 그렇다. 앞으로 학교에서 너희들이 이 일로 불쾌한 일을 겪게 될 거다. 그때는 누가 무슨 말을 해도 상관하지 말고 주먹이 아닌 머리로 싸워라."

사범은 종훈을 보면서 이렇게 덧붙였다.

"너는 이 책을 읽으며, 혹은 읽기 전에도 앵무새를 죽이는 것과 지키는 것 중 어떤 것이 좋은 선택인지 이미 알고 있었을 것이다. 네가 앵무새를 죽이지 않는 편에 서기 위해서는 많은 힘든 일을 겪게 될지도 모른다. 그때는 누가 무슨 말을 해도 상관하지 말고 주먹이 아닌 머리로 싸우길 바란다."

책을 읽으며 주인공과 같은 훌륭한 아버지가 없다고 서운해했던 종훈은 눈시울이 뜨거워졌다. 꼭 아버지가 아니더라도 자신이 따라야 하는 사람이 눈앞에 있었다.

"사람은 꼭 주먹을 써야 하는 것은 아니다. 그 손으로 다른 사람과 악수를 할 수도 있다. 다른 사람의 손을 잡아 줄 수도 있고, 그를 위해 음식을 만들 수도 있고, 곡물을 키울 수도 있으며, 그가 감동을 받을 글을 쓸 수도 있고, 음악을 만들 수도 있으며, 그림을 그릴 수도 있다. 그가 자유롭게 뛸 수 있는 터를 닦아 줄 수도 있고, 편히 쉴 수 있는 집을 만들 수도 있고, 그가 불안하지 않은 환경에서 웃으며 살 수 있도록 하는 법 조항을 쓸 수도 있다. 만약 이 책에서 네가 감동을 받았다면, 이제 너는 너의 손으로 무엇을 할 것인지 생각해야 한다."

사범은 다음 과제의 기한을 정하지는 않았다. 무엇을 과제로 할지는 종훈 스스로 정해야 했다. 사범은 폭력에서 벗어나는 방법으로 비폭력 대화법으로 일상에 변화를 주라고 했다. 그리고 책의 부분

부분을 넘겨 가며 지난번보다 더 세밀한 예를 들어 주었다. 그렇게 실천이 어렵지만은 않을 것 같았다.

"변화는 거창한 내일의 결심이 아니라, 바로 오늘부터 실행하겠다는 조용한 다짐에서 나오는 법이야. 부디 내일 위대한 너보다는 방금 전보다 조금 더 나은 너를 만들기 위해 더 집중해라."

종훈은 무겁지만 가슴을 든든하게 채우는 책임감을 느끼며 집으로 돌아왔다. 그리고 다시 태어나는 기분으로 살겠다며 마음을 다잡았다. 사범의 충고대로 다른 시각으로 세상을 보기 위해 물리적으로도 변화를 줘야겠다고 생각했다. 방의 배치를 바꿨다. 엄마가 와서 효율적으로 정리하는 방법을 알려 줬다. 평소 같으면 참견이라 생각하고 거부했을 텐데, 도움이라 생각하고 엄마의 손길을 받아들였다. 그랬더니 마음이 편해졌다. 개운하게 방 정리를 끝내고 종훈은 벌렁 침대에 누웠다.

그러나 아직 부족한 느낌이 들었다. 옷을 바꿔야겠다고 생각했다. 엄마에게 옷을 사고 싶다며 공손히 부탁했다. 엄마는 일찍 등교하고 집에 일찍 들어와 책을 읽는 아들의 변화가 반가웠다. 엄마는 예상보다 더 큰 돈을 줬다.

"예전에는 돈 달라고 해도 잘 주지 않더니 웬 일이야?"

"예전에는 이렇게 조곤조곤 어디다 쓸 거라고 이유를 말하며 돈 달라고 하지 않았잖니?"

종훈은 엄마에게 미안했다. 자신도 아버지처럼 윽박지르듯이 엄마를 대했던 것이다. 그 전에는 그런 자신의 모습이 보이지 않았지만 소설 속 등장인물처럼 엄마의 눈으로 보니 자신이 잘못했던 것이 보였다.

"엄마, 그동안 미안했어. 앞으로 정신 차리고 잘할게. 자랑스러운 아들이 될게."

"넌 항상 자랑스러운 아들이었어. 엄마가 제대로 보호하지 못해서 네가 망가지는 것 같아 엄마야말로 떳떳하지 못했다."

엄마의 말에서 진정성이 느껴졌다. 그러나 쉽게 동의할 수 없었다. 사고만 치고 다닌 자신이 왜 자랑스럽다는 것일까? 아버지와 학교, 경찰서 등에 끼어서 누구보다도 더 지친 사람이 엄마라고 종훈은 생각했다. 하지만 엄마는 다른 생각을 하고 있었던 것이다. 어쩌면 종훈 스스로 만든 생각의 감옥에 갇혀 자신을 벌주고 있는지도 모르는 일이었다.

'엄마가 소리를 친 것은 자신의 사랑을 내가 알아듣게 표현 못하고, 제대로 아빠를 막아 주지도 나를 도와주지도 못해서 그런 것은 아닐까? 내가 한심해서가 아니라 오히려 자기 자신이 답답해서……'

종훈은 엄마의 행동들이 다른 식으로 해석되기 시작했다. 신기했다. 마치 산에 올라가 가이드가 어떤 식물을 들어 보이며 이름을 말하면 산 속에서 잘 보이지 않던 그 식물이 사방 천지에 퍼져 있는 것이 도드라져 보이는 것처럼, 종훈의 기억 속에 숨어 있던 엄마의 사랑과 안타까움이 보이기 시작했다. 천정이 바로 뚝 떨어져 자신의 가슴을 짓누르는 것 같은 기분이 들었던 밤은 이제 둥둥 몸이 떠오르는 듯한 행복이 되었다. 종훈은 편안히 잠에 들었다.

폭력에 젖은 사회 돌아보기

 종훈과 수정, 사범은 저마다 다른 이유로 폭력에 젖어 들었고, 또 저마다 폭력에 다르게 반응한다. 사범이 과거를 회상하는 대사를 살펴보면 방관이나 폭력이 큰 문제가 되는지 몰랐다는 이야기가 나온다. 이것은 그만큼 우리 사회가 폭력 문화에 젖어 있다는 말이다.

 폭력 문화를 설명하는 이론 중에는 폭력 하위문화 이론이 있다. 사회학자 볼프강과 페라쿠티가 대표적인 학자인데, 이들은 다른 지역보다 미국 남부에서 폭력 범죄가 빈번하게 발생한다는 사실에 주목하고 원인을 추적했다. 그 결과 폭력을 쓰는 것이 당연하다거나 그럴 수도 있다는 시각이 팽배해 있음을 확인했다. 그런 시각이 폭력이 자라나는 양분을 제공한 것이다. 따라서 폭력으로 어떤 문제를 해결할 수 있다는 시각부터 버려야 한다. 그렇지 않으면 폭력 문제를 해결하려고 나온 방안은 미봉책이거나 일시적인 억압 조치로서 다른 부작용을 낳는다. 사범이 체벌 금지를 지지하는 것도 폭력 하위문화 이론에 바탕을 두고 있다.

 수정은 폭력의 상호 작용론을 대변한다. 수정은 큰 사건을 겪은 다음 폭력에서 벗어나 정당한 절차로 문제를 해결하려 한다. 과거에는 자신의 불만을 터뜨리고 이익을 도모할 방법이 따로 없다고 생각했지만, 이제는 합리적 방법으로 해결할 수 있다고 보기 때문이다. 만약 합리적 문제 해결에 대한 믿음이 없다면 '법보다 주먹'이라는 말로 대변되는 것처럼 폭력으로 문제를 해결하려고 할 것이다. 따라서 폭력을 없애려는 개인의 건전한 가치와 함께 그에 맞는 적절한 제도적 장치를 마련하고 실행해야 한다.

 현재 폭력 문제가 갈수록 심각해지는 것은 수단과 방법을 가리지 않고서라도 성공하라는 메시지가 너무 강하게 청소년에게 주입되어 법이나 제도에 대한 신뢰가 그만큼 없어졌기 때문이다. 폭력의 상호 작용론으로 보면, 지나치게 성공 욕구를 자극하지 않는 것도 폭력 방지와 해결을 위해 필요하다.

건강한 역할 모델 찾기

청소년은 자주 몽상에 빠진다. 공부를 갑자기 잘하게 되는 꿈, 운 좋게 인생의 멘토를 만나 승승장구하게 되는 꿈, 길거리에서 캐스팅되어 돈을 많이 버는 연예인이 되는 꿈 등등. 하지만 몽상에 빠졌다가 현실을 보면 전혀 딴판이다. 몽상에 젖어 만족했던 것만큼 현실에 좌절한다. 그리고 그 좌절은 공격성으로 이어져 자신을 공격하거나 남을 공격하게 된다. 자해를 하거나 우울증에 빠지는 것은 자신을 공격하는 것이다. 이런 것을 심리학에서는 좌절-공격 이론으로 설명한다.

그러나 좌절을 해도 공격하지 않고 다른 행동 대안을 찾을 수 있다. 학습 이론가인 앨버트 밴듀라는 좌절에 대한 반응이 학습 경험에 따라 달라진다고 주장한다. 자신이 관찰한 모델이 좌절했을 때 폭력으로 분노를 표출한 것을 자주 보았다면, 그렇게 할 확률이 높다. 그러나 좌절했을 때 자신의 단점을 확인하고 다시 도전하는 모습을 본다면, 성숙하게 반응할 것이다. 사범과 수정을 보며 변하는 종훈처럼 말이다. 그렇다면 현재 드라마와 영화가 좌절에 대한 반응을 너무 안이하게 폭력적으로 묘사하고 있지 않은지 돌아봐야 할 것이다. 이 소설에서 교사들이 학창 시절 사범에게 성장 소설을 읽히거나 종훈에게 전기를 읽히는 것도 밴듀라의 학습 이론에 바탕을 두고 있다.

살다 보면 좋은 일만 있을 수 없다. 허황된 환상에 빠지지 않아도 좌절하게 된다. 좌절할 일이 없기를 바라는 것보다 좌절하게 되더라도 심리적 상처를 회복할 수 있는 힘을 기르는 것이 중요하다. 그 힘은 건강한 역할 모델을 보고 따라하는 것으로 얻을 수 있다. 꼭 신문이나 방송에 나오는 사람이나 위인이 아니어도 된다. 우리 주변에서 힘든 일을 겪으면서도 용기를 잃지 않는 사람을 찾아 보는 것도 좋다.

10
누구를 노려야 하는가?

　종훈은 다음 과제를 무엇으로 할지 생각해 보았다. 우선 자신의 꿈을 찾기로 했다. 그냥 남보다 더 강해져서 최고의 자리에 오르는 욕심만 있던 종훈이었다. 그랬기에 그것은 아예 아무것도 없는 바다에서부터 출발해야 하는 고민이었다.
　종훈은 다른 아이들에게도 꿈을 물어봤다. 애들은 처음에 종훈이 장난을 치는 줄 알았다. 심각한 표정으로 꿈을 물어보다니. 종훈이 계속 조르자 아이들은 마지못해 대부분 직업을 꿈으로 이야기했다. 심지어 특정 회사 이름을 이야기하는 아이도 있었다. 어떤 아이는 별 재능이 없는데 연예인이 되고 싶다고 하면서도 노력을 하지 않았다. 의사나 한의사가 되어 사람들에게 좋은 일 하면서 돈을 많이 벌고 싶다는 아이도 있었고, "부모님이 바라는 대로"라는 말을 붙이며 꿈을 이야기하는 아이도 있었다. 그 꿈들이 크건 작건 간에 종훈의 가슴을 움직이지는 못했다. 종훈은 아마도 남의 꿈이라서 그런가 보다 생각했다. 며칠간의 고민 끝에 남의 꿈을 훔쳐보는 것이 아니라 자신이 꿈을 만들어야겠다는 생각에 이르렀다.

최근에 조용하게 바뀐 모습에 담임 선생님이 종훈을 불렀다. 종훈은 선생님과 상담을 하면서 알게 되었다. 담임 선생님이 자신을 주의 깊게 관찰하고 있었다는 것을. 그냥 문제를 일으킬까 봐 주시하는 것이 아니라, 어떻게 부정적 자극을 주지 않으면서 도움이 될지 고민하고 있었다는 것도 알게 되었다. 종훈이 사범에 대해 이야기하자 선생님은 그런 멘토가 생긴 것은 좋은 일이라며 함께 기뻐해 주었다. 그리고 자신도 멘토로서 좋은 영향을 주고 싶으니 기회를 줄 수 있냐고 물었다.

"네, 당근이죠."

둘은 환하게 웃었다. 종훈은 자신이 만든 담임 선생님에 대한 이미지 때문에 그동안 쉽게 다가가지 못한 것을 반성했다. 종훈이 고민을 털어놓자 선생님은 다양한 사람들의 삶을 보면서 자신의 적성을 확인할 수 있도록 수필이나 전기를 많이 읽고, 다큐멘터리도 보라고 권했다. 그렇게 보다 보면 자신과 마음도 비슷하고 상황도 비슷한 사람에게 끌려 꿈을 좀 더 구체적으로 만들 수 있을 것이라고 했다.

"굳이 그 속의 주인공과 똑같은 결과를 내려고 노력할 필요는 없어. 주인공이 어떻게 자신의 길을 찾아가는지 그 과정을 보는 게 중요해. 좋은 역할 모델이 있으면, 꿈을 만들어 나가는 노하우를 알게 되어 좋아."

선생님은 이런 말도 했다.

"평균 수명이 점점 늘어나 너희들은 백 살까지 살 텐데, 고작 십몇 년 살면서 얻은 정보만으로 평생을 결정할 기세로 달려드는 것은 말이 안 되지. 또 그렇게 생각하면 부담이 되어서 도전적이기보다는 안정적으로만 생각하는 문제점도 있고. 뭐가 되었든 네가 밝고 행복하게 살 수 있는 꿈을 찾기 바란다."

종훈은 선생님의 말을 듣고 좀 더 느긋하게 꿈을 생각하기로 했다. 지금 당장 공부를 열심히 하지 않으면 벼랑 밑으로 굴러 떨어져 평생 거지처럼 살 것 같은 기분이 들거나 혹은 지금 당장 누구를 쓰러뜨리지 않으면 평생 찌질이로 살 것 같은 두려움이 들어 서두르는 게 아니라, 이왕 다시 시작하는 것 제대로 가 보자는 생각을 하게 되었다.

그러는 사이에 예기치 못한 일이 터졌다. '○○ 새침 얼짱녀'라는 사진이 인터넷에서 화제가 되었다. 수정의 합성 사진이었다. 사진에는 황당한 추측 댓글들도 달려 있었다. 연예인이 데뷔하기 전에 구설수로 사람들의 이목을 집중시키는 마케팅을 하는 것이라는 댓글도 있었고, 합성이라는 댓글, 한국이 아니라 일본 혹은 중국이라는 댓글 등이 있었다. 사진이 퍼지는 것을 막기 위해 종훈은 바로 성철을 찾아갔다.

"너 요즘 내가 풀어 줬더니 죽고 싶어 환장했냐? 사진 왜 올렸어?"

성철은 자기가 그런 것이 아니라고 말했다. 성철의 표정을 보아 하니 거짓말은 아닌 듯했다. 종훈은 목소리를 약간 누그러뜨렸다.

"어떻게 하면 이 사진들을 내릴 수 있니?"

성철은 그것은 불가능하다고 했다. 종훈은 사실이 아니라는 이야기를 열심히 퍼뜨려야 한다고 부탁했다. 그렇지 않으면 성철과 종훈 모두 큰일을 당하게 될 것이라고 말했다.

"나는 네가 시켜서 이 일을 한 거잖아."

성철은 조심스럽게 말했다. 성철의 말은 사실이었다. 하지만 종훈은 그 사실을 두 귀로 확인하니 화가 났다. 부정하고 싶은 만큼 더욱. 그래서 자기도 모르게 성철의 멱살을 잡았다.

"이렇게 된 이상 어차피 너나 나나 똑같아. 빨리 해결해. 합성한 것은 바로 너니까."

너무 세게 멱살을 잡혀서인지 배신감을 느껴서인지 모르지만 성철의 얼굴이 새빨갛게 변했다. 종훈은 그저 이 모든 일이 없었던 것으로 돌아갔으면 하는 바람만 간절했다. 성철과 종훈은 사진이 합성이라는 댓글을 열심히 달았다.

하지만 다음날이면 그렇지 않다는 댓글이 다시 달렸고, 여전히 황당한 댓글이 넘쳤다. 더 많은 사진을 보내 달라는 댓글, 자신이 직접 몇 만 원 주고 관계를 가졌는데 어땠다는 글, 수정의 과거를 안다며 거짓말을 더 보태는 글, 아예 다른 교묘한 합성 사진을 올리는 사람도 있었다. 그리고 종훈의 중학교 이름을 들먹이며 졸업빵을 한 것이라는 말과 자신이 일진 선배에게 했던 거짓말이 더 부풀려져 올라온 글도 있었다. 그것을 본 종훈은 일진 선배에게 전화를 걸었다.

"선배님, 혹시 지난번 아르바이트생 사진 인터넷에 올리셨어요?"

흥분한 목소리의 종훈과는 대조적으로 선배는 느긋하게 대답했다.

"그년이 분수도 모르고 까불어서 세상이 얼마나 무서운지 알려 주려고 올렸다, 왜. 나머지 댓글은 나도 몰라. 뭐, 네가 자랑하고 다니는 걸 애들이 퍼뜨렸나 보지."

종훈은 수정과 관련된 사실을 성철 말고는 아무에게도 말하지 않았다. 아니, 성철에게도 어떤 이유로 합성을 하라고 하는지 말하지 않았다. 선배가 자신에게 모든 책임을 뒤집어씌우는 것이 분명했다. 원래 나쁜 선배라는 것은 알고 있었지만 입버릇처럼 의리 운운했기에 이 정도일 줄은 몰랐다.

"그년은 내가 알아서 계속 요리해 줄 테니까, 넌 까불지 말고 니 애들 단속이나 잘해. 요즘 들리는 소문에 너 완전 새가슴 돼서 찌그러져 있다며? 모범생 흉내 낸답시고 완전 배신형으로 돌았다더라. 이런 문제 신경 쓰지 말고 네 일이나 잘 돌봐."

종훈은 참을 수 없었다. 약속을 안 지켰으니 선배 자격도 없다고 말했다.

"선배고 뭐고 계급장 떼고 남자답게 일대일로 붙자."

종훈의 말에 선배는 잠시 멈칫하는 듯했다. 종훈은 조금 겁이 났다. 하지만 수정은 물론이고 자기 자신을 위해서라도 더 이상 피할 수 없는 싸움이라는 생각이 들었다. 종훈이 한 번 더 도발했다.

"왜 쫄리냐? 너야말로 새가슴이네. 애들 죽 데리고 와서 잘난 체하지 말고 일대일로 남자답게 붙자고, 누가 더 센지."

종훈의 말이 끝나자 선배는 걸걸한 목소리로 천천히 말했다.

"네가 완전히 미쳤구나, 선배도 못 알아보고! 네가 그러고도 무사할 것 같니?"

선배는 계속 욕을 해 댔다. 종훈도 마찬가지로 욕을 했다. 선배가 먼저 전화를 끊었다. 문제는 하나도 해결되지 않았다. 내일 학교에 가기 전에 선배에게 납치될지도 모르는 일이었다. 혹은 선배의 사주를 받은 상진 일당과 싸움을 벌이게 될 수도 있었다. 종훈은 거울을 봤다. 새롭게 마음을 다진다며 샀던 새 옷을 입고 있지만, 눈매는 예전으로 다시 돌아와 있었다.

"그래, 마지막으로 멋지게 한번 붙어 보는 거야. 마지막으로."

종훈은 죽기 아니면 죽이기라고 생각했다. 사범에게 알릴까도 생각했지만, 그러면 수정의 문제를 다 이야기해야 할 텐데 사범의 실망하는 눈을 바라볼 자신이 없었다. 사범과 수정이 모르게 이 문제를 해결하고 다시 착한 마음으로 돌아가리라 스스로 다독였다.

다음 날 아침 학교 앞에는 다행히 선배 일진들의 모습이 보이지 않았다. 종훈은 정류장에 내리자마자 뛰다시피 해서 교실로 들어왔다. 자리에 앉자 그제야 식은땀이 등을 적시고 있음을 느꼈다. 어제 결연하게 싸움 의지를 다졌지만 겁나는 것은 어쩔 수 없었다. 긴장을 풀 수가 없었다. 어제까지만 해도 동료에 가까웠던 다른 중학교 3학년 일진들이 달려들 수도 있기 때문이었다. 종훈은 한껏 눈을 부라리며 주변을 쳐다봤다. 예전 모습처럼.

교실에는 반 아이들이 거의 다 등교를 했다. 항상 일찍 오던 상석이 오히려 늦었다. 상석이 자기 자리에 가방을 놓고 곧바로 종훈에게 다가왔다. 약 일주일 전에 더 이상 빵을 가져오지 않아도 된다고 말했는데도 계속 가져오는 상석이었다. 종훈은 됐다고 사양하려 손을 가로젓는데 상석은 잠바 안에서 빵이 아닌 다른 것을 꺼냈다. 커다란 스패너였다. 종훈은 놀라서 멈칫했다. 상석은 발발 손을 떨고 있었다. 하지만 곧 뭔가를 결심한 듯 갑자기 눈빛이 변했다.

"짐승 같은 자식. 이거나 받아라."

종훈은 앉은 자리에서 어쩌지 못하고 머리로 날아오는 스패너를 팔로 막았다. 그 자리에 주저앉고 싶을 정도로 팔이 아팠다. 하지만 반사적으로 종훈은 책상을 밀치고 상석에게 달려들었다. 그리고 재빠르게 뒤로 돌아 무릎으로 등을 찍어 상석을 쓰러뜨렸다. 한 손으로 상석의 팔을 뒤로 꺾어 스패너를 빼앗았다.

"선배가 이러라고 시키던? 비겁하게 너같이 싸움도 못하는 놈에게 시키다니. 그 새끼가 나를 완전 얕잡아 봤구나."

상석은 쓰러진 채로 고개를 쳐들고 종훈을 노려보았다.

"나쁜 새끼. 넌 그놈의 선배, 서열, 싸움 이런 것밖에 모르지? 네가 한 나쁜 일은 아무렇지도 않지?"

종훈은 상석을 쳐다보았다. 상석은 게임 속 스패너를 들고 싸우는 캐릭터와는 차이가 한참 나는 비쩍 마른 몸이지만 눈매만큼은 매서웠다. 상석은 경멸에 가득 찬 눈으로 종훈에게 독기 넘치는 말을 쏟아부었다. 선배가 시켜서 한 일이 아니라는 생각이 들었다. 그저 자신에게 화가 나서 상석이 나선 것이라는 생각이 들자 종훈은 자신이 상석에게 못되게 굴었던 것이 미안해졌다.

'오죽하면 이 녀석이 이럴까.'

종훈은 상대방의 입장에서 생각해 보았다. 그리고서 무릎을 꿇으며 말했다.

"내가 그동안 너를 못살게 굴어 미안하다. 용서해 주라."

상석은 그 모습을 보며 가증스럽다는 표정으로 말했다.

"흥, 또 멋있는 척하려고 위선을 떠는군. 집어쳐. 애들 앞에서는 나를 보호하는 척하면서 돈 뜯고 심부름이나 시키는 놈인 거 애들도 다 알고 있으니까."

"그래, 내가 정말 잘못했다. 앞으로는 절대 그러지 않을게. 용서해 주라."

"이제야 좀 아나 보네. 네가 정말 잘못했다고 생각한다면 경찰서로 가서 자수를 해."

'자수?'

종훈은 놀란 눈으로 상석을 쳐다보았다. 상석은 더욱 화가 나는지 종훈을 위아래로 훑어보며 소리쳤다.

"그럼, 여학생에게 폭력을 쓰고 다른 사진까지 더 찍어 인생 망치려 한 놈이 그냥 넘어가려 했던 거야? 그렇지. 넌 그런 놈이지. 내가 그래서 너를 이렇게 내 손으로 처벌하려 한 거야."

종훈은 그게 아니라고 소리쳤다. 상석은 믿지 않았다. 종훈은 모든 정황을 이야기했다. 다른 애들이 듣고 있다는 생각을 하지 못한 채, 그저 상석이 스패너를 들고 덤빈 이유가 사실이 아니라는 것을 이야기하고 싶었다. 상석은 성철에게 확인해서 종훈의 말이 사실이 아니라면 바로 경찰서에 신고하겠다며 성철의 반으로 향했다.

종훈의 팔뚝에서는 피가 떨어지고 있었다. 하지만 선뜻 나서서 종훈의 팔을 묶어 주려는 아이는 한 명도 없었다. 상진 등 다른 일진들이 보고 있었기 때문이다. 종훈의 생각이 맞는다면 곧 일진들의 보복이 시작될 것이다. 선배 일진이든, 다른 중학교 3학년 일진이든. 마치 종훈이 어떤 애를 왕따시키며 괴롭힐 때 투명 인간처럼 굴었듯이 이제 아이들은 종훈을 투명 인간처럼 대했다. 종훈은 커튼을 찢어 한 손으로 자신의 팔을 묶으려 했다. 팔을 건드릴 때마다 참을 수 없는 고통이 밀려왔다.

그때 교무실에 다녀온 반장이 교실 문을 열고 들어왔다. 반장은 피로 물든 종훈의 팔을 보자 달려가서 지혈을 하려고 했다. 종훈은 반장의 손을 밀치려 했지만 반장의 힘이 셌다. 종훈의 팔을 커튼 천으로 꼭꼭 묶은 반장은 종훈을 억지로 양호실로 데려갔다.

"야, 양호 선생님에게는 실수로 유리창에 베었다고 말해. 알았지? 안 그러면……."

종훈은 눈을 부라리며 반장에게 을러댔다.

"안 그러면?"

반장이 종훈을 빤히 바라보며 물었다. 종훈은 눈에 힘을 풀며 한숨 쉬듯 말했다.

"그렇게 말해 달라고 부탁하는 거야. 그리고 상석이가 놀랐을 테니 가서 챙겨 주고."

"대체 무슨 일이 있었던 거야."

"나중에 말해 줄게."

"약속하는 거다?"

"응."

반장은 종훈을 눕히고 양호 선생님께 자초지종을 설명한 다음 곧장 교실로 돌아갔다. 양호 선생님은 지혈제를 뿌리고 부목을 댄 뒤 붕대를 감았다. 그리고 우선 응급 처치는 했지만 병원에 가서 더 치료를 받아야한다고 말했다. 하지만 종훈의 귀에는 양호 선생님의 목소리가 들어오지 않았다. 상석이 자신에게 덤비던 그 충격적인 순간이 반복되고 있었다. 영화 장면처럼 상석과 자신의 시각에서 번갈아 가며 장면을 구성하자 더 마음이 무거워졌다.

병원에 간 종훈은 점심시간이 되어서야 다시 학교로 돌아왔다. 찢어진 살을 꿰매고 파상풍 주사를 맞고 깁스를 하느라 시간이 걸렸다. 담임 선생님은 어쩌다가 유리창으로 넘어져서 다치게 되었냐고 물었다. 아마 반장이 그렇게 둘러댄 것 같았다. 깨진 유리창은 오후에 교체하기로 했으니 변상 문제는 신경 쓰지 말라고도 했다. 아마 반장이 상황을 꿰어 맞추느라 유리창을 깬 듯했다. 종훈은 반장을 생각하며 눈을 감았다. 선생님은 종훈이 손을 다쳤으니 급식을 먹기 힘들면 반장에게 부탁하라는 당부의 말도 잊지 않았다.

종훈이 다시 교실에 들어갔더니 반 아이들이 어색한 표정으로 종훈을 맞이했다. 반장이 먼저 종훈에게 다가왔다. 그 뒤로 상석이 머뭇거리면서 따라왔다. 반장이 종훈에게 말했다.

"다 들었어. 오해가 있었더구나. 상석이는 자기가 속으로 좋아하는 빵집 여학생이 그런 일을 당했다고 생각하고 흥분했던 거야."

상석은 쭈뼛거리다가 종훈에게 미안하다고 말했다. 종훈은 그제야 사정을 알 수 있었다. 비록 폭력적인 방법이지만 상석은 수정을 위해 나섰다. 자신은 굉장히 용기 있는 척했지만 상석보다 비겁한 사람이라는 생각도 들었다. 반장이 상석에게 말했다.

"네가 종훈이 팔을 이렇게 만들었으니 종훈이 밥 먹여 줘."

"아, 됐어. 나도 내 힘으로 먹을 수 있어."

종훈이 완강하게 말하자, 반장이 종훈에게 귓속말로 말했다.

"너를 위해서가 아니라, 너에게 미안해하는 상석이를 위해서야."

반장은 종훈에게 한쪽 눈을 찡긋해 보였다. 종훈은 피식 웃고 나서 고개를 끄덕였다. 상석은 밥을 가져다가 종훈을 먹여 주기 시작했다. 상석이 주는 밥을 받아먹으며 종훈은 왜 반장이 일부러 상석에게 밥을 먹이게 했는지 알 수 있었다. 피 흘리며 싸운 상대가 아니라 다시 반 친구인 상석으로 보이기 시작했다. 밥을 다 먹었을 때에는 마음이 좀 편안해졌다. 반장은 밥을 먹고 상석과 종훈이 있는 자리로 와서 앉았다.

"일단 애들에게는 너희들 문제 소문내지 말라고 말했지만 솔직히 그게 지켜질지는 나도 장담할 수 없다. 지금도 너희 둘 힐끗힐끗 보면서 이야기 나누는 거 봐라."

종훈은 잠시 생각하더니 담담히 이야기했다.

"어차피 선생님과 전체 학생들에게 오늘 아침에 있었던 일이 퍼질 거라면, 내가 직접 선생님께 말하는 게 좋겠어."

"상석이 네 생각은 어떠니?"

반장이 상석에게 물었다. 그제야 종훈은 자기가 여전히 예전 습관대로 상석을 배려하지 않고 있다는 것을 깨달았다. 종훈은 뒤늦었지만 상석에게 물었다.

"그래 상석아, 네 생각은 어때?"

상석은 다시 겁 많은 아이의 눈빛을 하고 있었다. 종훈은 잘못은 모두 자기에게 있으니 처벌을 받게 되어도 자기가 받을 거라며 안심시켰다. 하지만 상석은 불안한 눈을 굴리며 말했다.

"사실대로 선생님께 말한다는 것은 내가 널 공격한 것도 말한다는 거고, 그러면 우리 부모님이 다 아시게 될 텐데……."

"내가 먼저 무기를 꺼냈다고 할게. 네가 내게 따져서 겁주려고 그랬다고. 난 예전에도 그런 적이 있어 이상해 보일 것도 없어. 순순히 당하던 너는 너무 화가 난 나머지 내게서 무기를 빼앗아 정당방위를 한 것이고."

종훈은 단호한 어조로 말했다. 상석은 놀라서 말했다.

"그건 사실이 아니잖아."

"애들은 내가 너를 때린 것부터 봤을 거야. 그 전에는 평소처럼 내게 빵을 갖다 주나 보다 하고 신경도 쓰지 않았겠지. 하긴 나도 그랬으니까."

종훈의 말끝에서 힘이 빠졌다. 상석은 진정으로 미안하다고 말했다. 종훈은 반장을 보며 말했다.

"알았니? 그런 거다."

반장은 빤히 종훈을 쳐다보며 말했다.

"그것으로 문제가 해결될까?"

"적어도 상석이의 문제는 덮을 수 있겠지."

"그게 의리니?"

"아니, 그동안 내가 상석에게 잘못한 것에 대한 반성의 표시야."

"반성의 표시는 그렇게 하는 게 아니지 않니?"

반장의 말을 듣고 종훈은 눈을 번쩍 떴다. 제 딴에는 제법 책임지는 모습을 보인다며 결단을 내린 것인데 말이다. 반장은 잠시 뜸을 들이더니 말했다.

"공식적으로 사과를 하는 것이 어떠니? 상석이뿐만 아니라, 네가 잘못했다고 생각하는 애들에게 이번 기회에 사과를 한다면 애들도 진심을 느껴서 상석이를 도와줄지도 몰라. 아니, 너까지 보호해 줄지 모르지."

보호? 자신이 많이 썼던 말이다. 다른 학교 애들이 못 건드리게, 다른 조직이 못 건드리게 보호한다고. 그러나 그렇게 말하고 괴롭혀 온 아이들에게 거꾸로 보호를 받는다니. 그게 말이 되는 소리냐고 반장에게 따졌다. 반장은 일단 해 보자고 했다. 진실 되게 용서를 구하면 애들의 마음이 움직일 거라고 했다.

"선생님이 시켜서, 혹은 네가 잘못한 일을 넘기려고 하는 사과와는 분명 다른 효과를 내게 될 거야."

확신에 가득 찬 반장의 말에 용기를 얻었다. 반장은 점심시간이 끝나고 선생님이 교실로 들어오기 전에 애들에게 말했다. 수업이 끝나고 쉬는 시간에 아무도 나가지 말라고. 중요한 발표가 있다고. 그러자 아이들은 오늘 아침에 있었던 일에 대한 호기심으로 눈을 반짝거렸다.

수업 시간 내내 종훈은 어디서부터 이야기를 시작해야 할지 생각하느라 머리가 복잡했다. 상석의 일? 3학년 시작부터 험악하게 기선을 잡으려 했던 일? 2학년 때 서열이 급부상하면서 힘을 과시하려 아이들을 못살게 군 일? 1학년 때 다른 애들과 비슷하게 싸움이 싫었지만 그것에 빠지게 된 일? 생각하면 할수록 후회가 밀려 왔다.

수정이 말한 '선택의 순간'이 보였다. 어쩔 수 없이 이렇게 흘러 왔다고 생각했지만 매번 선택의 순간은 있었다. 굳이 그러지 않아도 됐던 일, 꼭 해야만 했던 일이 가려지면서 종훈은 자기도 모르게 눈물이 흘렀다. 종훈은 눈물을 감추기 위해 자리에서 엎드렸다.

드디어 수업 종료 종이 울렸다. 선생님이 나가고 반장이 교탁 앞에 서서 이야기를 시작했다. 반장은 부반장과 임원들을 교실문 밖에 세워 다른 반 아이들이 못 들어오게 했다. 종훈은 이를 악물었다. 싸움보다 더 많은 용기가 필요했다. 『앵무새 죽이기』에서 다른 사람에 대한 배려가 가장 큰 용기라고 했던 내용이 떠올랐다. 배려를 실행할 용기가 없었던 것을 이야기하기 위해 용기를 내야 하다니.

교탁 앞에 선 종훈은 사범의 말을 떠올렸다. 내일이 아닌 바로 오늘 시작하라는 말. 서툴러도, 부족해도 더 미뤄서는 안 된다는 생각을 하며 고개를 들었다. 이미 아이들의 시선이 자신에게 집중되고 있음이 느껴졌다. 그동안 "뭘 봐!" 하면서 힘으로 억눌렀던 그 시선. 종훈은 먼저 고개를 숙이고 미안하다고 말했다. 아까 생각을 정리할 때는 자신의 입장에서 잘못한 일, 그럴 수밖에 없다고 여겼던 이유들이 떠올랐다. 하지만 막상 앞에서 아이들의 얼굴을 보자, 이들이 받았을 상처가 떠올랐다. 자신도 받았던 그 상처. 한 명 한 명 기억을 더듬으며 자신이 준 상처를 이야기하고 일일이 고개를 숙이며 용서를 빌었다. 그리고 더 이상 일진에 몸담지 않고 변화된 생활을 하겠다고 했다.

하지만 아무도 용서한다는 말을 하지 않았다. 1학년 때 친구였다가 폭력을 당했던 영표도 사과를 받았지만 입을 꾹 다물고 있었다. 종훈은 말로만은 안 될 것이라 생각했다. 입을 떼기 더 힘들어졌다. 밤의 어둠보다 더 어두운 대낮의 침묵이었다. 고작 일곱 명에게 사과를 했는데 이미 쉬는 시간이 다 끝났다. 종훈이 사과를 하는 사이 애들은 그동안 종훈과 어울려 다녔던 일진 친구들을 힐끔힐끔 쳐다봤다. 일진들은 같잖다는 표정으로 종훈을 쳐다봤.

수업을 하러 들어온 과학 선생님은 교실 분위기가 이상하다며 꼬치꼬치 캐물었다. 반장이 너스레를 떨고 나서야 분위기가 약간 풀렸다. 수업이 끝나고 반장은 반 아이들에게 잠시 자리에 있으라고 했다. 그리고 자신의 생각을 아이들에게 말했다.

"종훈이 계속 말로 사과를 하는 것이 아니라, 변화된 행동으로 용서를 구한다면 우리들은 어떻게 해야 할까? 여태까지 당한 것만큼 갚겠다며 달려들어야 할까? 아니면 우리가 끌어안아야 할까?"

반장은 특히 아까 사과를 받은 아이들을 주시하며 말했다.

"너희들도 알겠지만, 종훈이 일진에서 나와 평범한 학생으로 생활하려면 많이 힘들 거야. 보복도 받겠지. 그것을 감내하면서까지 변하겠다고 하니까 우리도 종훈을 용서하고 도와줘야 하지 않겠니?"

반장의 말이 끝나자 아이들은 조금씩 고개를 끄덕이기 시작했다. 그러나 일진들이 자리를 박차고 일어났다.

"놀고들 있네. 니들 지금 우리에게 반란을 일으키겠다는 거야? 좋아. 두고 보자, 누가 이기나."

일진들은 누가 반장의 제안을 받아들일 것이냐고 물었다. 그리고 누가 동의를 하는지 기억하겠다고 말했다. 아이들은 주눅이 든 표정으로 아무 말도 하지 않았다. 반장과 종훈만 달랐다. 반장은 또박또박 말했다.

"여긴 너희들만의 학교가 아니야."

"그래, 맞아. 엄친아, 공부 잘하는 애들을 위한 학교지. 아니지, 이제는 비겁한 배신자를 위한 학교이기도 하지."

일진 중 한 명이 비꼬았다. 그때 쉬는 시간이 끝나는 종이 울렸다. 일진들은 약속이나 한 것처럼 우르르 밖으로 나갔다. 종훈은 그들이 무엇을 준비할지 알았다. 2학년 때도 배신자를 처단한다며 전체 일진을 불러내어 학교 구석구석을 지킨 적이 있었다. 종훈은 그 끝을 잘 알기 때문에 자신도 모르게 몸이 부르르 떨렸다. 반장이 교무실로 달려가 담임 선생님을 모시고 왔다. 담임은 수업에 들어온 영어 선생님께 양해를 구하고 종훈과 상석을 불렀다.

담임 선생님은 상담실에서 반장과 종훈, 상석에게 자초지종을 들었다. 상석은 고개를 숙이고 종훈의 이야기를 들었다. 선생님은 종훈을 따끔하게 혼내고 난 뒤 상석에게도 말했다.

"아무리 화난다고 해도 그렇게 했어야 했니?"

상석의 어깨가 더 움츠러들었다. 상석은 선생님께 잘못했다고 말했다. 그러면서 자신이 무기를 가져왔다고 말을 하려 하자 종훈이 말을 막았다.

"너 왜 쓸데없는 거짓말을 하니? 더 이상 예전의 내가 아니라니까. 보복이 두려워서 내 잘못까지 뒤집어쓸 필요 없어. 나 이제 정말 정신 차렸어."

상석이 입을 닫았다. 선생님은 종훈과 상석을 번갈아 쳐다보았다. 그리고 잠시 생각하더니 표정을 바꿔 상석에게 물었다.

"그 여학생이 그렇게 좋았니?"

상석은 고개를 끄덕였다. 담임은 이번에는 고개를 돌려 종훈에게 물었다.

"너는 그 여학생에게 그렇게 못된 짓 하지 않은 게 확실하지?"

종훈은 단호하게 그러지 않았다고 대답했다. 담임은 일진 선배가 다니는 학교에 연락을 하고 경찰에 알릴지 말지 결정하겠다고 했다. 자리에서 일어나며 담임은 마지막으로 덧붙였다.

"너희들 모두 수업이 끝난 다음에는 나하고 함께 하교하도록 하자. 자, 이제 그만 수업에 들어가도록."

교실에 돌아오며 종훈은 다른 반을 힐끗 보았다. 일진들 자리가 비어 있었다. 오늘은 어떻게든 넘길 수 있을지 모르지만 끝까지 피해 갈 수는 없을 것이다.

수업이 끝나고 담임 선생님이 불렀다. 일진 선배가 학교에서 없어졌다는 것이다. 큰 사고가 날지 몰라 경찰에 연락했다고 했다.

"걔네들이 너희 집도 알고 있니?"

"네."

"그럼 안 되겠군. 너는 나하고 우리 집으로 갈까? 부모님께는 내가 잘 설명드릴게."

집으로 돌아가는 것이 찜찜했던 종훈은 선생님의 말이 고마웠다. 그러나 잘못하면 모두가 위험해지는 일이었다. 종훈의 머릿속에 갑자기 떠오르는 사람이 있었다.

"저, 방과 후 활동 수업하시는 태견 사범님께 가면 안 될까요?"

"그래? 네가 좋을 대로 하렴."

하지만 종훈은 다시 걱정이 밀려왔다. 자신이 수정의 사진을 합성하면서 문제를 피해 가려 한 것을 이야기해야 하기 때문이었다. 사범과 수정이 바란 것이 이런 식의 문제 해결은 아니라는 것을 잘 알기에 부끄러웠다.

담임 선생님은 다른 아이들을 집에 먼저 내려 주었다. 종훈은 선생님의 차를 타고 집에 가서 간단히 옷가지와 교과서를 챙겼다. 선생님은 걱정하는 엄마를 안심시키느라 진땀을 뺐다. 종훈은 엄마에게 미안했다. 친구들 집을 돌아다니며 어울려 노느라 며칠 집에 안 들어간 적은 있었지만, 이런 일로 집을 떠나 있게 되니 가슴이 아팠다. 엄마에게도 조심하라고 당부하며 종훈은 짧게 인사하고 집에서 나왔다.

도장에 도착하자 종훈은 마음이 더 무거워졌다. 담임 선생님과 사범은 서로 반갑게 인사했다. 종훈은 그 옆에서 쭈뼛거리며 서 있었다. 사건의 정황을 들은 사범은 직접 눈으로 사실 확인을 한다며 인터넷을 켰다. 종훈의 얼굴이 화끈거렸다. 사범의 표정도 어두워졌다.

"종훈아. 이건 수정이에게도 상처가 될지 몰라."

사범의 말을 듣고 담임 선생님이 종훈을 두둔하고 나섰다.

"종훈이한테는 제가 이미 알아듣게 이야기했습니다. 본인도 많이 반성하고 있고요. 그러니 그만 혼내시고 이제 이 문제를 어떻게 해결하면 좋을지 생각해 보죠."

셋은 머리를 맞대고 여러 가능성을 이야기했다. 결론은 일진 선배가 이 문제를 사주했다는 것을 밝히고 경찰에게 넘기는 방법으로 모아졌다. 사범과 담임 선생님은 종훈이 실제로 범죄를 저지른 것은 아니니 별 문제 될 것이 없다고 생각했다.

종훈은 이번 일만이 아니라 그동안 선배와 벌인 모든 비행을 낱낱이 고발하기로 했다. 담임 선생님이 돌아가시고 나서 종훈은 서둘러 인터넷의 일진 커뮤니티에 접속했다. 다행히 아직 탈퇴를 시키지 않아 로그인을 할 수 있었다. 그곳에는 각종 모임, 조직의 행동 강령을 비롯해 일탈 행동을 경쟁하듯이 자랑스럽게 올린 사진도 있었다. 종훈은 화면을 복사하고 내용을 저장했다. 사범이 가끔 화면을 볼 때면 얼굴이 화끈거렸다. 그동안 자랑스럽게 이야기했던 것들이 모두 부끄러운 일들이었다.

어느 정도 일이 마무리되자 사범은 종훈에게 이제 함께 집에 가서 자자고 말했다. 사범 집에 갔지만 낯선 환경에 보복 걱정까지 겹쳐서 잠이 오지 않았다. 사범은 종훈에게 잠이 안 오면 억지로 자려 하지 말고 이야기나 하자며 거실로 불렀다.

"아까는 혼을 냈지만, 사실 네가 일진 선배의 지시를 거절하기 힘들었을 거라는 걸 알아."

사범은 미국의 심리학자인 스탠리 밀그램의 복종 실험을 이야기해 주었다. 실험 내용은 대강 다음과 같았다. 실험을 진행하는 사람이 기억력 실험을 한다며 교사 역할을 할 사람을 모집하는 광고를 냈다. 평범한 사람 40명이 실험에 지원했다. 실험의 진행자는 그들에게 교사의 역할을 부여하고 실험실로 데리고 갔다. 그리고 15볼트부터 450볼트까지 전기 충격을 주는 30개의 버튼을 보여 주며 "칸막이 너머 학생이 문제를 못 맞출 경우 벌로 버튼을 누르세요. 저희가 알아보고 싶은 것은 징벌을 당하는 학생의 학습 효과입니다." 하고 이야기했다.

진행자의 지시대로 실험에 끝까지 참가하면 돈을 받기로 한 참가자들은 순순히 따랐다. 실험 전에 시험 삼아 15볼트 버튼을 눌러 참가자의 팔에 전류가 흐르게 해서 찌릿한 느낌을 경험하게 했다. 실제로 전기 충격이 가해짐을 확인한 교사 역할의 실험 참가자들은 이제 학습자들의 문제 풀이에 따라 반응하기만 하면 되었다. 이들은 지시 받은 대로 학생이 문제를 틀릴 때마다 15볼트씩 높여 가며 전기 충격을 주었다. 150볼트가 넘어가면서 끔찍한 비명 소리가 났다. 실험 참가자가 "더는 못하겠습니다." 하고 말했지만, 실험 진행자는 엄격하게 말했다. "실험을 계속해 주십시오."

실험 참가자는 계속 15볼트씩 올렸다. 300볼트가 되자 학습자는 비명도 못 지를 정도가 되었다. 그래도 문제가 틀렸으니 버튼을 누르라는 실험 진행자의 말에 "저러다 죽기라도 하면 어떻게 합니까! 더는 못하겠어요!"라며 항변했다. 그러나 실험 진행자는 다시 엄격한 목소리로 말했다. "걱정 마세요. 절대 죽지 않습니다. 그리고 모든 건 주최 측이 책임지겠습니다."

그 말을 듣고 실험 참가자의 65퍼센트는 심장에 문제가 있는 사람이라면 죽을 수도 있는 450볼트까지 전기 충격을 올렸다. 실험 전

설문 조사로 참가자들에게 "어쩔 수 없는 상황에 처하게 된다면 다른 사람에게 비인간적인 행위를 할 수 있겠습니까?" 하고 물었을 때 "그럴 수 없다."고 92퍼센트가 답했지만, 반대의 결과가 나온 것이었다. 실험 후에 450볼트까지 전기 충격을 올린 사람들에게 인터뷰를 해서 그렇게 비인간적인 행위를 한 이유를 묻자 "나도 왜 그랬는지 모릅니다."고 하거나 "내 책임은 없습니다. 시키는 대로 한 것뿐입니다."라며 발뺌했다.

사범이 인터뷰 내용을 설명할 때 종훈은 뭔가 뾰족한 것이 가슴을 찌르는 기분이 들었다. 다행스러운 것은 실험실에서 전기 충격을 받은 학습자는 사실 실험자와 미리 짜고 고통스러운 연기를 한 사람이었다는 것이다.

"종훈아. 이 실험으로 뭘 알 수 있는 줄 아니?"

곰곰이 생각해 봤다. 왜 사범이 이런 상황에서 이 이야기를 하는지. 여태까지 과제를 수행하며 얻은 생각들을 종합해서 답을 얻어 보려 애썼다. 종훈은 조심스럽게 입을 뗐다.

"평범한 사람도 잘못된 명령을 받으면 악한 행동을 할 수 있다는 거요."

"만약 네 말이 맞다면 그런 악한 행동의 결과는 누가 책임을 져야 할까?"

"지시자요."

"지시를 받은 사람은 아니고?"

"자기보다 힘센 사람이 시키는데 어떻게 개겨요."

"실험 결과를 다시 생각해 볼래? 65퍼센트가 지시자에게 동조해서 끝까지 갔지만, 반대로 35퍼센트는 중간에 멈추었단다. 강압적으로 지시를 해도 그들은 그 지시에 따르지 않았어."

"그야, 그들은 원래부터 착한 사람이었으니까 그런 거지요."

"그도 그럴 수 있겠지. 하지만 원래부터 착한 사람이라고 해서 비인간적인 행동을 하지 않을까? 실험자들의 설문을 보면 92퍼센트가 비인간적인 행동을 하지 않겠다고 약속했잖아. 그렇게 응답한 것을 보면 착한 사람들인 것이지. 무엇이 올바른지 판단할 줄 아는 92퍼센트의 사람이 대부분 권위자의 말을 그대로 따르는 실험 결과를 보면 네 말은 잘 들어맞지 않는 거 같아."

"그럼, 35퍼센트는 어떻게 거절할 수 있었지요?"

"실험 참가자는 돈을 받게 되어 있었어. 자신한테 이득이 돌아오니까 되도록 잘 보이고 싶었겠지. 자신의 이득을 추구하는 것 자체가 나쁜 것은 아니야. 문제는 다른 사람을 상처 주면서 자신의 이득을 추구하는 게 문제지. 35퍼센트는 그 이득을 기꺼이 포기할 수 있었기에 실험자의 지시를 따르지 않은 거야. 그래서 불합리한 명령을 내리는 지시자와 관계를 단절하고 자신의 인간성을 지킬 수 있었다. 내가 너에게 바라는 것도 이것이야. 적당히 일진의 울타리 안에서 편하게 학교를 다닐 수 있다는 것 자체가 허상이기는 하지만, 여하튼 그런 이득을 놓지 못하면서 일진에서 멀어지려 하는 것은 불가능하다. 관계를 완전히 단절하는 것만이 방법이야."

"어쩔 수 없으면요?"

"아니, 어쩔 수 없어서가 아니라 네가 선택해야 한다. 마치 실험 참가자들이 그랬던 것처럼. 일진이 몰려와서 때리니까 맞고 또 위협하니까 다시 일진으로 들어가지 않으려면, 네 스스로 선택해야 한다."

종훈은 눈을 감았다. 실험 내용을 떠올려 보았다. 사람들이 힘 있는 사람의 말을 얼마나 잘 따르는지, 여차하면 얼마나 비인간적 행동을 하기 쉬운지 보여 주는 실험이 아닐까 생각했다. 하지만 아니었다. 머리를 부딪쳐 기절했던 날 사범이 말했던 것처럼 결단에 대한 이야기였다.

"만약에 사람들이 모두 65퍼센트 쪽으로 선다면 이 사회는 망하게 될 것이다. 서로 책임을 지지 않아도 된다며 비인간적인 행동도 서슴지 않을 것이니까. 종훈아. 사람은 어떤 상황에서도 자기가 하는 행동을 스스로 선택할 수 있어. 불합리한 힘에 굴복하지 말고 스스로 판단하고 행동을 해라."

종훈은 일진과의 관계를 완전히 끊을 것을 결심했다. 그러나 주먹 서열이 아닌 다른 어떤 것으로 자신을 표현할지 두려웠다.

"어쩌면 네게 정말 필요한 것은 일상생활에서 폭력적인 생각과 행동을 버리는 것일 거야. 지난번에 『앵무새 죽이기』도 잘 읽었으니 이번에는 간디의 자서전을 읽어 보는 게 어떨까? 일진 아이들과 대적할 때 큰 도움이 될 거다."

종훈은 약간 황당했다. 일진과 명언 퀴즈 대결을 하는 것도 아니고 책을 읽는 것이 도움이 될 것이라니. 불안한 마음을 쫓고 정신 수양을 하는 데 도움이 된다면 모를까, 이런 위급 상황에서는 그다지 맞지 않는다고 생각했다. 그런 눈치를 챘는지 사범이 말했다.

"어쩌면 이 책이야말로 내가 전수할 수 있는 최고의 필살기를 담고 있다고 할 수 있지."

"간디가 이소룡도 아니고 무슨 필살기예요."

"읽어 보면 알게 돼. 오늘은 일단 자고."

"내일 당장 일진과 부딪힐지도 모르는데, 특별히 그냥 답을 주시면 안 돼요?"

"네가 다르게 변하겠다고 결심했다면 바로 지금부터 예전처럼 쉽게 가려는 마음을 거두어야 한다. 다른 마음으로 새로운 생활의 씨를 뿌리기 바란다. 그래야 나중에 거둬들일 것이 많단다."

사범이 자기 방으로 들어간 다음 종훈은 자리에 누워 생각했다. 사범의 말이 맞았다. 수정을 곤란에 빠뜨린 것 등 지금까지 자신이 한 짓은 모두 쉽게 가려는 마음에서 나온 것이었다. 다른 사람에게 자신이 급하다고 외치느라 힘을 낭비할 것이 아니라, 자기가 먼저 더 많이 움직여야 얻는 것이 있음을 그제야 깨달았다.

종훈은 불을 켜고 청소년용으로 정리된 간디 자서전의 첫 장을 넘겼다. 밤 새워 책을 읽었다. 영국에서 공부해서 법률가가 되어 인도에 도착했으나 변호사로 실패하는 간디의 모습은 뜻밖이었다. 기차역에서 차별을 받고 내동댕이쳐져 간디가 충격을 받는 장면에서는 종훈도 분노를 느꼈다. 인종 차별, 영국의 탄압 등등을 읽으면서 종훈은 주먹을 불끈 쥐었다. 그런데도 비폭력 운동을 펼친 간디의 선택을 이해할 수 없었다. 휘리릭 책장을 넘겼다. 간디의 자서전을 옮긴 번역자는 책 속에서 간디를 이렇게 평가했다.

> 간디는 거짓말이나 거짓된 짓을 하지 않아서가 아니라, 그런 짓을 한 것을 솔직하게 인정하고 만천하에 고백하며 다시는 그런 짓을 하지 않으려고 노력한 사람이기에 위대하다. 처음부터 순결한 영혼이어서가 아니라, 우리처럼 불결한 영혼이었지만 그것을 반성하고 진실하게 살려고 평생 노력했기 때문에 위대하다.

종훈은 이 말에 얼어붙었다. 밀그램 실험의 참가자 35퍼센트는 아주 강직하게 착한 영혼을 가진 사람들이라며 선을 그었던 종훈, 자신은 힘이 없어 65퍼센트 안에서 살 수밖에 없다고 생각했던 종훈. 이미 더러워져서 그저 흘러가듯 살 수밖에 없다며 자포자기했던 종훈. 변화를 결심해야 하는 이 순간에도 숨기는 비밀이 많은 종훈에게 참 아프게 다가오는 글귀였다. 특히 고백과 반성이라는 단어가 가슴을 후벼 팠다.

예전에 사범이 "너를 인정하라. 좋은 점뿐만 아니라 나쁜 점까지도. 그래야 행복할 수 있다."고 했던 말이 무엇을 의미하는지 비로소 가슴으로 느껴졌다. 다른 사람이 시켜 남을 괴롭힌 거라며 핑계를 댔지만, 종훈의 양심은 이미 알고 있었다. 어디를 가도 카메라처럼 보고 있는 양심은 모든 것을 기억하며 종훈에게 반성하고 고백하라고 늘 귓속말을 하고 있었다. 그 이야기에 귀를 기울이지 않아 가슴이 답답했던 것이다. 종훈은 진정으로 결심을 했다. 마음이 편해졌다.

아침이 밝아오고 있었다. 종훈은 밤을 꼬박 새웠지만 상쾌했다. 종훈은 사범에게 아침 인사를 했다. 그리고 사범에게 왜 자신이 일진 선배에게 질질 끌려 다닐 수밖에 없었는지를 모두 털어놓았다. 사범은 처음에는 굳은 표정으로 종훈의 이야기를 들었지만 일진과 완전히 관계를 끊기 위해 자수를 하겠다는 종훈의 의지를 확인하자 따뜻하게 안아 주었다.

"잘못을 충분히 반성했으니 네가 덜 책임지는 길도 있을 것이다. 처벌은 너를 괴롭히기 위한 것이 아니라 죄를 반성하게 하는 것이 목적이니까."

사범은 담임에게 연락하고 종훈과 함께 학교로 갔다. 상담실에서 종훈이 최종 결심을 이야기했다. 그간 선배와 함께 사람을 다치게 하고 물건을 훔친 일들도 다 털어 놓았다. 담임은 종훈의 손을 잡았다.

"큰 죄는 그놈에게 있는 것이니 너에게는 별일 없을 것이다. 내가 아이들하고 함께 네 선처를 부탁해 볼게."

종훈은 고개를 숙이며 말했다.

"네, 감사합니다. 하지만 저에게도 죄가 있는 것은 사실입니다. 꼭 그 선배의 지시를 따를 필요는 없었으니까요."

"그래도 이렇게 마음을 바꿔 먹었으니 정상 참작이 될 거야."

학교 앞에서 종훈을 잡겠다며 진을 쳤던 일진들은 모두 경찰차를 타게 되었다. 정해진 약속 장소에 나온 일진 선배도 잡혔다.

"너 죽고 나 죽자는 거야? 내가 곱게 들어갈 것 같아?"

대질 심문을 할 때 선배는 으르렁거렸다. 상상했던 것보다도 더 살벌했다.

"저도 감옥 들어갈 것 각오하고 말했어요. 선배님도 억울하면 제가 잘못한 거 다 말하세요. 선배님과 제가 함께한 거 많잖아요. 다 말씀하세요. 저도 힘닿는 대로 말할 테니……."

욕을 쓰지 않고 존댓말로 깍듯이 대답하자 선배는 더 길길이 뛰었다. 애들을 풀어서 끝까지 추적해 죽여 버리겠다는 말도 했지만, 그런 엄포가 이제 종훈에게 통할 리 없었다.

한 달이 지난 뒤, 종훈은 다시 학교에 나올 수 있었다. 한 달 동안 사범에게 자주 상담을 받았다. 더불어 많은 성장 소설과 책을 읽었다. 그리고 사회봉사 명령으로 장애인을 도우며 자기가 갖고 있는 많은 것들에 대해서 생각하게 되었다.

경찰은 혹시나 보복이 있을까 싶어 전학을 권했다. 하지만 어디

가나 일진의 네트워크는 있기 때문에 마찬가지일 것 같았다. 종훈은 그래도 자기가 속죄해야 하는 아이들, 자기를 도와줄 선생님과 사범이 있고, 탄원서에 사인해 준 아이들이 있는 여기만큼 좋은 곳이 없을 것이라는 생각을 했다.

어느덧 시험 기간이 되었고, 종훈도 시험공부를 했다. 당장 성적이 오르지 않더라도 최선을 다하고 싶었다. 사범과 담임 선생님의 특별 지도로 진도를 따라갔다. 특히 사범에게 배울 때는 검정고시를 준비하는 수정을 만날 수 있어 좋았다.

수정은 경찰서에서 종훈을 면회할 때 엉뚱하게도 '마법의 성'을 불렀다. 그런데 그 노래 가사에 그만 종훈은 울어 버렸다. 그리고 다시 사회에 나가게 되면 다른 생활을 시작하리라 결심했다. 수정이 클라라 하스킬의 연주에서 힘을 얻듯이, 종훈은 수시로 '마법의 성'을 들으며 용기를 냈다.

믿을 수 있나요
나의 꿈속에서
너는 마법에 빠진 공주란 걸

언제나 너를 향한 몸짓엔
수많은 어려움뿐이지만
그러나 언제나
굳은 다짐뿐이죠.

다시 너를 구하고 말 거라고

두 손을 모아 기도했죠.
끝없는 용기와 지혜를 달라고

마법의 성을 지나 늪을 건너
어둠의 동굴 속 멀리 그대가 보여
이제 나의 손을 잡아 보아요
우리의 몸이 떠오르는 것을 느끼죠.

자유롭게 저 하늘을
날아가도 놀라지 말아요.
우리 앞에 펼쳐질 세상이
너무나 소중해
함께라면

그날 이후 종훈은 이 노래를 들으며 늘 수정을 생각했다. 그리고 노래의 끝 부분에 이르러서는 수정처럼 누군가에게 큰 도움이 되면 좋겠다는 생각을 하게 되었다.

'내 경험을 바탕으로 어두운 동굴에 갇혀 고생하는 애를 구하면 어떨까? 그러기 위해서 나는 무엇을 하면 좋을까?'

종훈은 이 질문을 사범이 정하라고 한 마지막 과제로 삼았다. 최소 10년 정도 걸리는 과제였다. 일주일 과제도 빨리 승부를 내고 싶어 안달복달하던 종훈이었지만, 이 과제는 준비하는 내내 심장을 힘차게 뛰게 할 것 같아 뿌듯했다.

과제 수행 7년째에 접어든 종훈은 교생 실습을 하기 위해 어느 중학교를 찾았다. 한 남자아이가 교복 바지 옆에 턱시도처럼 반질반질한 천으로 라인을 덧대고, 상의는 아예 다른 옷으로 입고 다니는 것이 눈에 띄었다. 종훈은 미소를 지으며 그 아이에게 다가갔다. 그리고 이름을 물었다. 돌아오는 대답은 까칠했다.
"누군데 아침부터 귀한 이름을 묻고 그래……요."
종훈은 아침 햇살 같은 미소를 지으며 아이를 따뜻하게 쳐다보았다. 그리고 운동장에 마주 서 있는 두 사람을 아이들은 호기심 가득한 눈으로 쳐다보고 있었다.

일상의 폭력에 적절하게 반응하기

　폭력 사건을 다루는 기사 내용은 잔인한 경우가 많다. 하지만 그렇다고 해서 폭력에 대한 경각심이 높아지는 것은 아니다. 이 소설의 2장에는 종훈이 별것 아니라는 듯 폭력 기사를 읽는 장면이 나온다. 극악한 범죄 수준의 학원 폭력 기사에 비해 강도가 약하게 느껴지기 때문이다. 종훈처럼 쓱 보고 넘기는 독자들의 눈을 사로잡으려 신문 기사는 제목부터 잔인하게 뽑는다. 그리고 사건 내용도 적나라하게 묘사한다.

　통찰이 없는 이런 선정적 기사들은 사람들을 폭력에 둔감하게 만드는 문제가 있다. 인간의 뇌는 예전에 경험한 자극은 다음에 별다르게 느끼지 않는다. 더 강한 자극이 들어와야 반응하게 된다. 마치 이어폰으로 음악을 들으면 주어진 음량에 익숙해져 점점 더 큰 소리로 들어야 직성이 풀리는 것처럼. 또한 폭력에 대한 선정적 기사는 우리가 행복한 생활을 하는 데 직접적으로 방해가 되는 것이 간간이 나오는 극악한 범죄가 아니라, 내 주변에서 흔히 볼 수 있는 일상의 폭력임을 잊게 한다.

　일상의 폭력에 민감해야 올바르게 폭력 문제를 해결할 수 있다. 어떤 것이 폭력인지 느끼지도 못하는데 그것을 해결할 수는 없는 일이다. 종훈은 마지막에 이르러서야 일상의 폭력에 민감하게 반응하게 된다. 여러 과제를 거치며 입장 바꿔 생각하기, 공감하기, 배려하기를 경험하며 얻게 된 교훈 덕분이다. 종훈은 한 가지 기준으로 가치를 매겨 폭력적인 생각에 젖어 들었던 과거에서 벗어나 이제 다양성을 추구하며 창의적으로 문제를 해결할 것이다. 방과 후 활동 교사로 학교에 왔던 사범과는 또 다르게.

　"교육이란 알지 못하는 바를 알도록 가르치는 것이 아니라, 사람들이 행동하지 않을 때 행동하도록 가르치는 것이다." 이 격언은 『톰 소여의 모험』을 쓴 마크 트웨인이 한 말이다. 우리는 폭력이 나쁘고 평화가 좋다는 것을 잘 알고 있다. 이런 상태에서 필요한 것은 행동이다.

　교사가 된 종훈이 어떻게 행동하도록 가르칠지 상상하는 것이 저자가 여러분에게 제시하는 마지막 생각의 징검다리다. 종훈은 거시적 관점에서 폭력 문제를 분석하거나 문제를 해결할 대안을 마련하기 위해 고민할 것이다. 동시에 일상의 폭력에 더 민감하게 반응하며 행동으로 변화를 일구는 데 열정을 다할 것이다.

폭력 문제는 쉽게 해결되지 않는다. 복잡한 욕망의 고리가 폭력을 만들기 때문이다. 그것을 무시하고 단번에 어떤 정책으로 상황을 해결하고자 하는 것도 폭력적인 생각이다. 자신의 일상에서 조금씩 변화를 주어 문제를 해결하려는 것이 위대한 업적을 더 빨리 이루는 방법이 될 수 있다.

웃으며 폭력을 이겨 내기

세상에는 전쟁, 범죄, 폭행, 사이버 폭력 등 온갖 폭력이 만연해 있다. 그리고 그 수위도 날로 높아지고 있다. 이렇게 보면 평화는 아주 먼 것 같다. 하지만 사실은 그렇지 않다. 평화는 쉽게 얻을 수도 있다. 캐나다의 어느 학교 교장은 매일 아침 학교로 들어오는 아이들을 반기며 일일이 이름을 불러 주었다. 학교에는 평화가 정착되었고 아이들은 행복해졌다. 이것은 동화 속의 이야기가 아니다. 인정 욕구의 충족과 관심을 바라는 아이들이 잘못된 행동으로 이끌리기 전에 교장은 아이들에게 충분히 관심 받고 있음을 느끼게 해 주었기 때문이다.

청소년 계도 프로그램, 면학 분위기 조성 등 거창한 조치만 필요한 것은 아니다. 간단한 방법으로는 복잡한 문제가 해결되지 않을 것이라는 고정 관념은 창의적 문제 해결에 큰 걸림돌이 된다. 현실적인 방안을 만들겠다며 지금까지 생각해 낸 것이 오히려 현실에 맞지 않는 것은 아니었을까? 창의적인 문제 해결 방법을 찾고자 하는 독자를 위해 『평화 만들기 101』이라는 책을 권한다.

저자
후기

태만한 청소년.

대학생 시절 영어 시험에서 'juvenile delinquent'라는 단어를 처음 보았을 때 나는 '태만한 청소년'으로 번역했다. 그런데 지문 내용이 도무지 이해되지 않았다. 시험이 끝난 뒤 사전을 찾아보니 '비행 청소년'이었다. 그 순간 나는 피식 웃으며 머리를 탁 쳤다. 그런데 '태만한 청소년'이라는 번역은 내 머릿속에서 좀처럼 지워지지 않았다. 거의 20년이 지난 지금까지.

비행 청소년이라고 하면 정해진 규칙이나 의무를 무시하는 이미지가 떠오른다. 태만한 청소년이라 할 때의 멍하니 벽만 바라보거나 입을 벌리고 사람을 쳐다보며 굼뜨게 몸을 움직이는 이미지와는 사뭇 다르다. 그러나 자아 성장에 써야 할 에너지를 방전시키는 것은 소위 비행 청소년이나 태만한 청소년이나 모두 똑같다.

나는 이번 책을 쓰면서 내 자신에게서 태만한 청소년을 마주하게 되었다. 나는 청소년 시기에 멋지게 반항하고 싶었지만 그러지 못했다. 초등학교 6년 내내 동급생보다 왜소한 몸집과 열등한 이해 능력으로 무시를 받던 것에서 단번에 벗어나고 싶었다. 아이들에게 폭력을 당할 때 울먹거리다가 속으로 정반대의 상상을 하는 것처럼. 중

저자 후기 247

학교에 입학해서도 나는 비공식 영역에서 서열 상승을 계속 꿈꿨다. 그러나 현실은 그렇지 않았다. 못되게 굴 힘이 없어 나는 겨우 중간 정도 가는 아이로 지냈다.

그러다가 고등학교 1학년 때 공부 못한다고 나를 깔보던 아이를 발 아래 깔아 눕히고자 공부를 시작했다. 그 애는 전교 1등이었기에 내가 1등을 하는 수밖에 없었다. 그래서 6개월 동안 공부만 했다. 자리에서 일어나지 않아 방광염에 걸리고 먹지 않아 빈혈이 심해졌어도 멋진 복수를 꿈꾸며 공부에 몰두했다. 내가 1등을 했을 때는 인간 승리를 한 듯한 쾌감을 맛보았다.

하지만 공부로 내 인생을 어떻게 풍성하게 하겠다는 생각이나 꿈이 명확하지 않았던 나는 곧 방황의 길로 빠졌다. 퇴학당한 애들이 취직한 레스토랑에 놀러 가 맥주를 얻어 마시고 장학금으로 받은 돈을 롤러스케이트장 같은 곳에 가서 다 써 버렸다.

그렇게 나는 진정한 성장의 계단에서 한 걸음도 앞으로 나아가지 못했다. 좀비처럼 일어나 학교에 가서 혼자 나비가 되는 꿈을 꾸다가 저녁에는 다시 무덤에 들어오는 기분으로 하루하루를 보냈다. 그러다 고등학교 3학년 학기 말에는 학교를 제대로 나가지도 않았다. 그 방황은 20대까지 이어졌다. 그렇다. 나는 비행 청소년이자 태만한 청소년이었다.

고등학교를 졸업하고 8년 후, 나만큼이나 자신의 성장에 태만한 아이를 만났다. 고등학교나 진학할지 모르겠다며 그의 부모가 물어 물어 사고력 과외를 하는 나를 찾으면서 인연이 된 아이였다. 그 아이는 나와 함께 여러 분야의 책을 읽었다. 내가 공부나 돈의 서열로 다른 사람 위에 서려는 생각에 빠졌다면, 그 아이는 주먹 서열에 빠져 있었다. 중학교 2학년 겨울 방학 때 이미 경기도 분당의 최고 일진이었다. 당시 그 아이는 나보다 키도 더 크고, 주먹은 거의 내 두 배였다. 얼굴도 무척 잘생겨 인기가 아주 좋았다. 인터넷 소설에나 나올 법한 아이였다.

그런데 그 아이는 사실 속이 아주 여린 아이였다. 소위 '잘나가는 아이'의 삶을 누리면서, 공부도 좀 해서 엄마 속을 덜 썩이고 아빠와 덜 마찰하기를 바라는 아이였다. 또 서열 2위인 아이에게 거친 욕을 하고선 일을 보는 척 화장실에 가서 한숨을 내쉬는 아이였다. 나는 그 아이의 고백을 들으며 '피해자'로서의 폭력 가해자를 생각하게 되었다.

공부든 주먹이든 어느 하나의 서열에 매달리게 되면 진정한 자기를 잃기 쉽다. 나와 그 아이처럼 다양한 가치가 있다는 사실을 깨닫지 못하면, 어떤 한 가지 면에서 열등한 모습만 보고 그것이 자신의 전체 모습이라고 생각한다. 그런 생각은 자신을 부정하고 꾸민 모습으로 남들에게 인정받으려는 태도를 낳는다. 그리고 진정한 자신을 매만지는 일에는 태만해진다.

분당의 일진이었던 그 아이는 유독 나를 잘 따랐다. 내가 대단한 것을 갖고 있어서가 아니라 외로웠기 때문이다. 몇 차례 서로 주먹이 오가는 몸싸움까지 벌이고도 관심을 거두지 않는 선생에게 그 아이는 조금씩 마음을 열었다. 나도 그 애처럼 외로운 적이 많았기에 우리는 곧 친구가 되었다. 이 책도 그때 마음 그대로, 그 아이처럼 외롭고 불안한 청소년들과 친구가 되고 싶어서 썼다.

해외로 유학을 가 이제는 손을 놓쳐 버린 그 아이는 이 소설의 주인공 종훈의 모델이 되어 다시 내 가슴속으로 들어왔다. 그리고 시간이 흐르면서 그 아이는 나와 함께 다른 친구들을 하나씩 만났다.

청소년 도서 작가로 글을 쓰다 보니 여러 학교에 초청을 받아 청소년을 만나게 된다. 가출 청소년 쉼터의 청소년도 만나고, 겉으로는 지극히 모범생으로 보이지만 자신의 성장에는 태만한 청소년도 만난다. 내게 쪽지를 건네거나 이메일을 준 아이, 강연이 끝나고 쫓아 나와 자신의 이야기를 털어놓은 아이, 한창 청소년기를 보내는 내 조카들과 딸들의 이야기 등이 이 책에 녹아 있다.

내가 청소년이던 시절이 몇십 년이 지났건만, 학교의 폭력적 상황이 그리 달라지지 않았다는 것은 분명 불행한 일이다. 하지만 바꿔서 생각하면 그만큼 큰 변화의 자양분이 쌓여 있다고 볼 수도 있다. 분당의 최고 일진과 내가 의기투합할 수 있었을 정도로, 폭력이 추방되어야 한다는 공감대는 세대나 서열이 달라도 마찬가지다. 피해자나 가해자로서, 또는 방관자로서 모두 폭력에 불편했던 마음, 바로 당신이 갖고 있는 그 마음이 새로운 행복을 위한 출발점이다.

이 책은 청소년이 주인공이다. 이야기 구성만 그런 것이 아니다. 나는 청소년이 능동적으로 생각하고 움직여야만 비로소 학교 폭력 문제가 해결될 수 있다고 생각한다. 어른이 어떤 훌륭한 조치를 만들 수는 있다. 하지만 청소년들이 수동적이라면 해결될 수 없다. 이 책에서 사범은 변화의 전환점을 찾을 수 있는 다양한 경험의 기회를 종훈에게 주었을 뿐이다. 진정한 변화는 종훈이 스스로 깊은 생각을 통해 결심을 하면서부터 시작되었다. 청소년들이 종훈과 수정이 그렇듯 자신을 옥죄는 괴로움에서 벗어날 방법을 스스로 생각하며 야금야금 자유를 향해 나아가기를 바란다.

나는 학부모와 교사에게 문제를 마치 대신 해결해 줄 수 있는 것처럼 청소년을 대하지 말기를 부탁하고 싶다. 청소년이 자신의 삶의 주인공임을 잊지 않게 해야 한다. 더 많이 알고 더 많이 경험했다는 이유로 청소년의 문제를 대신 해결한다며 삶을 결정지으려 하는 것이야말로 무서운 폭력이다. 그러다 일의 결과가 좋지 않으면, 청소년은 큰 상처를 받고 마음의 문을 꽁꽁 처닫을 것이다.

물론 나도 학부모로서 두 딸에게 많은 지적을 하며 살고 있다. 그러나 반항기의 딸들 역시 내 행동에 대해서도 지적을 한다. 그 과정에서 남을 변하게 하려면 자신부터 변해야 한다는 것을 새삼 깨닫게 된다. 아마 여러분도 그럴 것이다. 청소년기를 보냈다고 해서 마음의 성장이 멈추는 것은 아니다. 우리는 평생을 성장의 과정에서 산다. 어른이어서 성장을 끝마친 것처럼 아이를 대하기보다는 계속 성장하는 과정 속에서 자신은 어떻게 대처하고 있는지 내보인다면, 아이와 큰 공감대를 형성할 수 있을 거라고 생각한다.

폭력을 몰아내는 비법을 굳이 말하자면 청소년, 교사, 학부모가 많은 생각을 하며 행동하는 것밖에 없다. 이 책이 그 일에 조그마한 도움이라도 된다면 더 바랄 나위 없겠다.

우리 이제 더는 태만하지 말자. 이미 너무 많이 돌아왔으니, 진정한 성장을 향해 발걸음을 옮겨 보자. 그리고 정말 자유롭게 날아 보자. 하늘빛 한껏 날개에 맞아 가며, 여럿이 함께.

2011년 7월
이남석

참고
자료

1. 비닐 책가방

- 르네 지라르, 김진식·박무호 옮김, 『폭력과 성스러움』, 민음사, 2000.
  종훈의 인물 성격을 설정하는 데에는 이 책을 참고했다. 르네 지라르는 이 책에서 폭력의 원인으로 인간의 욕망을 지목했다. 그런데 그 욕망은 스스로 선택한 것이 아니라 타인에 대한 모방 욕망에서 비롯된 것이다. 사람들 간의 차이와 다양성을 인정하지 않고 획일화된 가치를 기준으로 서열 매기는 것을 좋아하는 사회에서는 모방 욕망에 의한 폭력이 심화된다. 돈을 많이 벌어 좋아 보이는 사람, 공부로 성공한 듯한 사람을 보며 진정 자신이 원하는 것이 아닌데도 따라가려는 모방 욕망을 느끼기 쉽다. 그리고 자신과 비슷한 욕망을 추구하는 다른 사람들을 적으로 보게 된다. 그래서 어떻게든 그들을 이기기 위해 폭력을 쓰게 된다. 폭력의 근원을 성찰하는 데 유용한 책이다.

- MBC PD수첩, 학원 폭력 : 10대들의 권력 구조, 2010.
- 홍봉선 외, 『청소년 문제론 : 위기 청소년의 이해와 지원 방안』, 공동체, 2010.
  학원 폭력 행태의 심각성과 대안에 대해서는 청소년들의 개인 인터뷰와 함께 위의 자료에서 정보를 얻어 이야기를 구성했다.

2. 악동의 숙제

- Francis Fukuyama, The Origins of Political Order, Farrar Straus Giroux, 2011.
  우파 정치학자 프랜시스 후쿠야마는 이 책에서 '인정받기 위한 욕망'이 정치 구조 형성에 있어 중요할 뿐만 아니라 생물학적 근원까지 가지고 있다고 강조했다. 종훈의 캐릭터와 학교의 권력 구조를 묘사할 때 참고했다.

- 한국경제신문, '왕따의 반격' 동영상 주인공 화제! TV까지 출연 '영웅' 대접, 2011.
- 노컷뉴스, 호주 왕따 소년 괴롭힌 악동 "나도 피해자", 2011.
  소설 속 외국 왕따의 반격 사례는 위와 같은 실제 사건을 참고해서 구성했다.

- 진 트웬지·키스 캠벨, 이남석 옮김, 『나는 왜 나를 사랑하는가』, 옥당, 2010.
  폭력 동영상을 올리는 이유에 대한 내용은 다음과 같은 자료를 참고했다. 사회 심리학자인 저자들은 단순한 인정 욕구나 자신에 대한 사랑이 부족해서 폭력 동영상을 찍어 올리는 식의 문제 행동을 하는 것이 아니라고 진단한다. 자기 자신을 너무 사랑해서 다른 사람을 제물로 삼거나 스스로 순교자로 여기는 등의 폭력적인 자기애, 즉 나르시시즘으로 그런 행동을 벌인다고 설명한다.

3. 무대는 없다

- Gilovich, T. et al., *The Spotlight Effect in Social Judgment*, Journal of Personality and SocialPsychology, vol. 78, pp.211~222, 2000.
- Simons, D. J., & Chabris, C. F., *Gorillas in our midst : Sustained inattentional blindness for dynamic events*, Perception, vol. 28, pp.1059~1074, 1999.

  사범이 시장에서 실시한 실험은 위의 논문을 참고해서 이야기를 구성했다.

- 하임 G. 기너트, 신홍민 옮김, 「부모와 아이 사이」, 양철북, 2003.

  사범이 종훈에게 숙제의 가치를 설명하는 이야기는 이 책에 언급된 숙제 관련 내용을 참고해서 구성했다.

- 캘빈 S. 홀·베론 노르디비, 최현 옮김, 「융 심리학 입문」, 범우사, 1998
- 이부영, 「자기와 자기실현」, 한길사, 2002

  종훈의 사회적 행동 패턴이 미성숙하게 나타나는 것은 위의 책들을 참고해서 구성했다. 첫 번째 책은 페르소나뿐만 아니라 융 심리학에 대한 전체적인 조망을 하는 데 도움이 되고, 두 번째 책은 융이 창시한 분석 심리학을 인생과 자아실현의 문제를 중심으로 살펴볼 수 있다.

4. 방과 후 선생

- 전상국, 「우상의 눈물」, 민음사, 2005.

  사범이 구조적 폭력의 심각성을 느끼게 하기 위해 종훈에게 숙제를 낸 자료로 이 책을 참고했다.

- 김학준, 이수항, 「매헌 윤봉길」, 동아일보사, 2008.
- 황재문, 「안중근 평전」, 한겨레출판, 2011.

  애국선열의 일대기는 위의 책들을 참고했다.

- 정재성, 「전통무예와 택견」, 한국학술정보, 2008.

  택견에 대한 철학적 내용은 이 책을 참고해서 이야기를 구성했다.

5. 누가 문제인가?

- 공진성, 『폭력』, 책세상, 2009.

  드러나지 않는 폭력의 심각성에 대해서 생각해 볼 수 있다. 특히 전상국의 소설 『우상의 눈물』 속의 담임과 반장의 음모를 올바른 관점으로 파악하는 지침을 얻을 수 있다.

- 슬라보예 지젝, 이현우·김희진·정일권, 『폭력이란 무엇인가』, 난장이, 2011.

  이 책에는 '주관적 폭력', '객관적 폭력', '상징적 폭력', '구조적 폭력' 등 다양한 폭력 개념이 나온다. 특히 소설 『우상의 눈물』 등에서 나오는 구조적 폭력에 대한 생각을 키우는 데 큰 도움이 될 수 있는 내용이 많다. 이 책에 나와 있는 폭력에 대한 비판적 분석으로 일상에서 폭력에 대한 대처 방법을 찾을 수 있게 되기를 기원해 본다.

- Berkowitz, L, *Some Determinants of Impulsive Aggression Role of Mediated Asso-ciations with Reinforcements for Aggression*, Psychology Review, vol. 81, 1979.

  심리학에서는 폭력을 인간 내면의 심리적 특성으로 보고, 공격의 범주에 넣어 다루고 있다. 그리고 공격은 '타인에게 상처를 입히는 것'이라 정의한다. 그렇기 때문에 상처를 입히는 것이라 이름 붙일 수 있는 신체적 상해나 언어적 상해가 모두 공격에 포함되는 것이다. 그런데 공격 중에서도 그 상해의 정도가 심한 경우를 따로 폭력이라고 정의하기도 한다. 이 소설에서 폭력과 무력의 구별, 폭력의 정의와 세부 종류에 대한 부분은 위의 두 책과 논문을 참고하여 이야기를 구성했다.

- 마셜 B. 로젠버그, 캐서린 한 옮김, 『비폭력 대화』, 한국NVC센터, 2011.
- 수라 하트·빅토리아 킨들 호드슨, 정채현 옮김, 『내 아이를 살리는 비폭력 대화』, 아시아코치센터, 2008.
- 이윤정, 『아이는 사춘기 엄마는 성장기』, 한겨레에듀, 2010.

  사범이 언어폭력의 심각성을 경고하고 종훈의 욕을 제지하는 장면은 위와 같은 비폭력 대화 도서들을 참고해서 이야기를 구성했다. 사범은 종훈에게 무조건 감정을 삭이라고 하지 않는다. 남을 상처 주지 않기 위해 무조건 참는 것을 비폭력 대화라고 생각한다면 오히려 마음의 병을 키우게 될 것이다. 자신의 감정을 효과적으로 전달하는 방법으로 위 책의 비폭력 대화를 활용하면 좋을 것이다.

6. 누가 진짜 문제인가?

- 이문열, 「우리들의 일그러진 영웅」, 민음사, 2005.
  종훈과 수정의 토론 소재로 이 책을 참고했다. 좀 더 비판적으로 소설을 읽고 싶은 독자는 저자가 작가 후기에 언급한 또 다른 결말까지 읽어 보기를 권한다.

- 한나 아렌트, 김선욱 옮김, 「예루살렘의 아이히만」, 한길사, 2006.
  사범의 도서 설명 장면에서 이 책을 참고했다. 악에 물드는 교묘한 일상에 대한 통찰을 얻을 수 있다.

7. 벼랑과 늪

- MBC 황금어장, 용감한 형제 강동철, 2011.
  힙합 노래 한 곡을 듣고 폭력 청소년에서 유명 작곡가로 인생 전환을 한 주인공의 인터뷰에서 영감을 얻어 수정이 클라라 하스킬에 빠진 이야기를 구성했다.

- 조희창, 「전설 속의 거장」, 황금가지, 1998.
  클라라 하스킬에 대한 설명 등을 참고했다.

8. 선배의 비밀 미션

- 이성식, 「청소년 비행과 범죄 연구」, 청목출판사, 2011.
  선배 일진의 범죄 유발 행태는 이 책의 내용을 참고해서 이야기를 구성했다.

- Bem, D. J., *Self-Perception : An Alternative Interpretation of Cognitive Dissonance Phenomena*, Psychological Review, vol. 74, pp.183~200, 1967.
- Burger, J. M., *The foot-in-the-door compliance procedure*, Personality and Social Psychology Review, vol. 3, pp.303~325, 1999.
- Harmon-Jones, E., Brehm, J. W., Greenberg, J., Simon, L., & Nelson, D.E., *Evidence that the production of aversive consequences is not necessary to create cognitive dissonance*, Journal of Personality and Social Psychology, vol. 70(1), pp.5~16, 1996.

  선배의 비밀 미션 구성의 배경이 된 자기 지각 이론과 인지 부조화 관련 내용은 위의 논문을 참고했다.

9. 주먹을 꼭 써야 할까?

- 앨리스 밀러, 신홍민 옮김, 『폭력의 기억, 사랑을 잃어버린 사람들』, 양철북, 2006.
  사범의 과거와 현재의 비밀을 구성하면서 참고한 책이다. 어릴 적 폭력에 대한 상처가 깊은 사람은 이 책을 읽는 것이 좋다. 다양한 위인들과 여러 사례 속의 평범한 사람들에게서 자신의 모습을 발견하며 공감의 힘을 얻게 될 것이다. 종훈이 사범의 말에 의해 변하게 된 것도 공감의 힘이 작용한 것으로 가정하고 이야기를 구성했다.

- 하퍼 리, 김욱동 옮김, 『앵무새 죽이기』, 문예출판사, 2010
  사범의 세 번째 과제는 이 책을 참고해서 이야기를 구성했다.

10. 누구를 노려야 하는가?

- Milgram, Stanley, Obedience to Authority, Harpercollins, 1974.
- Blass, Thomas, The Milgram paradigm after 35 years, Journal of Applied Social Psychology, vol. 29(5), pp.955~978, 1999.
  스탠리 밀그램의 실험에 대한 내용은 위의 자료를 참고했다.

- 간디, 박홍규 옮김, 『간디 자서전』, 문예출판사, 2007.
  간디의 생애 및 평가에 대한 내용은 위의 도서를 참고했다.

- 야야 헤롭스트, 이노은 옮김, 『피해 의식의 심리학』, 양문, 2005.
  피해 의식에 사로잡힌 사람은 자신의 책임을 남에게 떠넘기고, 늘 자신이 피해자라는 생각 속에 불만으로 가득 차 있다. 그러다가 폭력에 의지하기도 한다. 종훈이 '피해자'에서 벗어나 '승리자'로 바로 서기 위해 노력하는 부분은 이 책을 바탕으로 구성했다.

- 메리 와인 애슈포드·기 도운시, 추미란 옮김, 『평화 만들기 101』, 동녘, 2011.
  이 책에는 비폭력 저항으로 평화를 이끈 세계 시민들의 감동적인 이야기가 가득하다. 그런데 그 실천 방법은 단순하다. 텔레비전 끄기, 폭력 미화 영화를 보게 되면 영화관에 환불 요구하기, 코미디 보기 등 정말 효과가 있을까 싶은 방법들이 대부분이다. 하지만 이 책은 실화다. 이 책의 주인공들은 하나같이 비폭력 저항으로 현실 속에서 평화를 만들어 냈다. 주먹이 아니라 머리로 싸우는 창의적인 대안 이야기는 책을 읽는 내내 웃음 짓게 할 것이다.